我是一個媽媽，
我需要柏金包！

耶魯人類學家的曼哈頓上東區臥底觀察

PRIMATES OF PARK AVENUE

WEDNESDAY MARTIN
溫絲黛·馬汀

許恬寧——譯

本書獻給布魯珊（Blossom）與達芙妮（Daphne）
以及全天下的媽媽

目次

各界推薦 007

序章——勇闖叢林 015

一——紐約有紐約的規矩 034

二——不配一起玩的低等人 073

三——入境隨俗／我是一個媽媽，我需要柏金包 112

四——曼哈頓藝妓 147

五——女人交心之夜 177

六——鎮靜劑與血腥瑪麗／瀕臨精神崩潰的曼哈頓母親 219

七——陰雨綿綿 257

八——田野筆記總結 296

謝辭 314

參考資料 319

Review

各界推薦

我愛死這本回憶錄了，一讀就停不下來！作者以巧妙的方式，從人類學的角度分析上東區的母親，讓人一窺那個驚人的世界……很久沒讀過這麼精采的書了。

——蔡美兒

《虎媽的戰歌》（*Battle Hymn of the Tiger Mother*）

與《虎媽的戰甲》（*The Triple Package*）作者

這本回憶錄從人類學角度解碼貴婦行為，描述作者搬到紐約上東區後，如何以一個局外人的身分，試圖融入當地的上流社會，但又保持客觀獨立的精神。

——《歐普拉雜誌》（*O Magazine*）

幽默風趣……一針見血……用揶揄口吻帶讀者認識有錢人自成一格的文化。

——《經濟學人》（*The Economist*）

令人想起女性主義作家貝蒂・傅瑞丹（Betty Friedan）《女性的奧秘》（*Feminine Mystique*）……本書步調輕快，個人生活中發生的小故事與文化觀察穿插在一起……深入探討一個不對外開放的世界。你可以說它膚淺，說它刻薄，表面上或許如此，但我們對有錢人又羨又妒的心態，讓我們忍不住一窺他們的世界。

——《金融時報》（*Financial Times*）

讓人瞪大眼睛的第一手內幕。

——《時人》（*People*）雜誌

作者馬汀坐在第一排的絕佳位置，為我們深入報導紐約上東區的文化。這本書令人會心一笑，有時偷打上流社會一巴掌……讓人重新思考很多事……作者對於那個花花世界的描繪十分精彩，光鮮亮麗的房仲，沒錢整修高級公寓的屋主……今日的社會不時興諷刺作家湯姆・沃夫（Tom Wolfe）式的評論，不再以喜劇口吻嘲諷富人……本書在這樣的一個年代，探討上東區人的喜怒哀樂，以及他們膚淺的一面，也提醒了我們，有錢人或許令人羨慕，但其實他們每一天也在擔心財富與地位不保。

——《紐約時報書評》（*New York Times Book Review*）

這本書的作者，是揮舞著美國運通黑卡的珍・古德（Jane Goodall），她帶著讀者了解上東區階級嚴明的媽咪。這趟紐約高級叢林部落的人類學之旅，原本一不小心就會變成嘲諷當地居民的記錄，然而作者讓我們看到其實全天下的母親都一樣，都希望子女健康快樂。

——《圖書館期刊》（*Library Journal*）重點書評

你是否覺得紐約貴婦是另一個星球的人？這本作者跑去臥底後寫成的八卦回憶錄，提醒我們只要是人，就有共通之處。

——《魅力》（*Glamour*）雜誌

一針見血，令人捧腹大笑。

——《哈潑時尚》（*Harper's Bazaar*）

《花邊教主》（*Gossip Girl*）版的媽咪社會學研究。

——InStyle.com

人人最愛的腥羶色……夏日海灘打發時間的絕佳選擇……讓人一翻就停不下來的休閒讀物。

——《紐約每日新聞》（*New York Daily News*）

用珍・古德的大猩猩研究，或是弗郎斯・德瓦爾（Frans de Waal）的倭黑猩猩心得，拿來解釋鄰居與同事的行為，實在太有趣了……作者馬汀抱怨那些錢比我們多、社會地位比我們高、一件衣服價格抵我們一百件的人，讓我們這些沒金湯匙可含的人，得到嘲弄的樂趣。

——《芝加哥論壇報》（*Chicago Tribune*）

既然全世界的聚落都是人類學者研究的對象，為什麼不能研究紐約上東區超有錢、超苗條、全身衣服超高級的媽咪？……戳破很多事的一本書。

——BookPage書評網

作者利用自己的學術背景（人類學課程、文化研究博士學位），以幽默的方式描述上東區這個富裕部落異於常人之處……讀了馬汀的書之後，我確認我們舊金山灣區和紐約也沒那麼不同。

——《舊金山紀事報》（*San Francisco Chronicle*）

把實境節目《家庭主婦》（*Real Housewives*）加上科普知識，就會得到作者溫絲黛．馬汀的新書。

——《匹茲堡郵報》（*Pittsburgh Post-Gazette*）

以幽默風趣的角度，看令人退避三舍的老曼哈頓上東區人。

——《康乃狄克郵報》（*Connecticut Post*）

本書採取十分有趣的角度……作者擁有博士學位，過去曾研究人類學與靈長類動物，因此她從東非狒狒的角度探討身旁的媽咪，順理成章。本書最精彩的部分是作者從生物的角度分析身邊的人，她用自然界許多動物對比人類女性，例如靈長類動物、做生育計劃的母鳥、視情況與雄性互動的母鼠——令人拍案叫絕……新鮮有趣。

——《影音俱樂部》（*The AV Club*）

如果當初珍・古德拿著柏金包抵達紐約公園大道，而不是帶著筆記本跑到坦尚尼亞荒野，她會寫出這本書。本書具備原創精神，幽默風趣，剖析汲汲營營的富人在紐約上東區與漢普敦度假勝地之間往返時，展示出哪些部落儀式。

——史帝夫・該隱 Steven Gaines
《樹籬旁的非利士人》（*Philistines at the Hedgerow*）作者

作者馬汀寫的一切東西我都很喜歡——她的觀察一針見血，機智幽默，不只一次讓我從不同角度看世界。

——珍・葛林 Jane Green

《紐約時報》暢銷書《格蕾斯的婚姻告急》（*Saving Grace*）作者

試圖在野地裡研究靈長類動物的人士，被千叮嚀萬囑咐絕不能把動物當人類來解釋，不可以用人類動機來解讀大自然裡靈長類動物的行為。但如果倒過來，用靈長類動物研究告訴我們的事，來解釋人類行為，從黑猩猩看人類？作者馬汀被迫運用深入的靈長類動物行為的知識，適應紐約超富裕上東區的反社會人格。本書用靈長類動物學，帶著讀者深入了解披著時尚外衣的人類心理，精采絕倫。

——羅伯特・馬汀博士 Robert Martin, PhD

生物人類學教授、菲爾德自然史博物館（The Field Museum）榮譽館長、《我們怎麼做：演化與人類繁衍的未來》（*How We do It: The Evolution and Future of Human Reproduction*）作者

學校裡欺負人的辣妹和她們的跟班長大後，會變成馬汀這本幽默自傳詳細描寫的女人。幸好馬汀在公園大道叢林活了下來，還獲得姐妹情深的情誼。

——蘿瑟琳・魏斯曼 Rosalind Wiseman

《女王蜂與跟屁蟲》（*Queen Bees and Wannabes*）作者

很妙的一本書，作者是天才。對人類學、時尚與部落有興趣的人，一定不能錯過。

——露西・賽克斯 Lucy Sykes
《冒牌者》（*The Knockoff*）作者

馬汀這本幽默風趣的回憶錄，是紐約上東區的生存寶典——適合所有必須在社會裡往上爬的人。不落俗套的一本書！

——茉莉・容法斯特 Molly Jong-Fast
《權貴巴結者手冊》（*The Social Climber's Handbook*）作者

Introduction

Primates of Park Avenue

序章｜勇闖叢林

我家大寶出生時，比我早生兩個孩子的童年好友，知道我婚後定居的地點十分不同於我們兩人的家鄉，送來《都市寶寶都穿黑色》（*Urban Babies Wear Black*）這本童書，說是給兒子當見面禮，不過其實也給了我這個在密西根小鎮長大的人，一點在紐約育兒的心理準備。翻閱那本天馬行空的彩繪硬頁書，等於上了一堂精簡的五分鐘社會學，助你快速弄懂都市小孩的獨特之處。首先不說別的，都市孩子光是穿著就與眾不同，他們走黑色雅痞風，不穿藍色、粉紅色、上頭印著可愛小花樣的衣服。此外，他們平日的飲食也和一般孩子不同，吃的是「壽司配拿鐵」，而不是「熱狗加牛奶」。再者，都市小孩的休閒活動也獨樹一幟，他們聽歌劇、逛藝廊，而不是在外頭玩沙盪鞦韆。我一頭鑽進童書的世界，比兒子還感興趣，產後在家的頭幾週一遍又一遍朗讀，有時就連孩子睡了也一再翻閱。

有一天我恍然大悟，我著迷的原因在於那本書的主角其實不是孩子，而是孩子的媽。書中插圖以浮光掠影的方式，呈現都會母親這種光鮮亮麗的生物，只見這裡一隻高跟鞋，那裡一條時髦狗鏈，有的媽咪在散步，有的在慢跑，有的在搭計程車，有的推著嬰兒車。都市孩子在時尚媽咪的照顧之下，有朝一日也將躋身時髦都會人士之列。我一邊念書給兒子聽，一邊死盯著書頁上閃閃發亮的美甲，或是貴氣逼人的貂皮嬰兒揹帶。我十分好奇，她們究竟是怎樣的一群人？這群容光煥發，有如時尚化身，孩子一個比一個優秀的女性，究竟如何才能解開她們身上的謎？她們平日做些什麼？用什麼方式度過每一天？

我渴望了解城市孩子的母親，因為我想多了解自己的同類，急著知道在曼哈頓當媽咪究竟是怎麼一回事。首先我知道，由於我即將在一個西方工業國育兒，我當母親的方式，將完全不同於自己過去多年研究的對象。我從前鑽研信史與史前時代的人類家庭生活，興趣是社會組織。我學到的知識告訴我，以狩獵與採集維生的族群，生活方式如同人類的老祖宗，集體養育孩子。母親、姐妹、姪女、外甥女，以及其他同族的人，組成龐大的人際網絡，所有人一起照顧他人的孩子，甚至幫忙哺乳，有如親生子女。我母親在密西根帶大我和我弟時，也有類似的人際網絡提供協助。我家附近住著十幾個鄰居媽媽，那些全職的現代家庭主婦扮演著親族的角色。母親如果得去辦點事，或想小睡一下，鄰居媽媽會看著我家的孩子。有時候，母親不需要別人幫忙看孩子，但渴望暫時脫離一下孩子的世界，和其他成人說說話，此時鄰居媽媽也會派上用場，提供大人的社交網絡。此外，各家的小孩也都會一起玩耍。家家戶戶的後院，串起每個家庭，大家你幫我，我幫你，今天我幫你看著在我家後院玩耍的孩子，明天換你幫忙照顧。不好意思你送我麵粉，蛋糕烤好的時候，一定分你幾片。

但如今我在城市當媽，我和我的紐約寶寶生活在一個十分不同的世界。我住在曼哈頓鬧區，鄰居成千上萬，每個人都忙著過自己的生活，沒個人影。他們所做的每一件事都發生在辦公室、公寓或學校等外界看不見的地方。儘管紐約人擠人，我和兒子卻生活在高度與世隔絕的狀態下，遠離鄉親，遠離故土，無法就近向親人求助。離我最近的親戚是先生那邊的姻親，但我和先生婚後離開原生家庭，另組小家庭，雖然夫家已算是離得最近，公婆至少也得開車半小時才能抵達我們家。而雖然他們全都很樂意過來探望我們母子，但畢竟年紀也大了，真需要幫忙時仍是愛莫能助。

我除了親人都不在身邊，另一半也和自己的爸爸以及西方成千上萬的父親一樣，妻兒才出院一週，就立刻銷假上班。曼哈頓物價高昂，這裡的父親尤其得放下妻小，立刻回公司賺錢。有一家老小得養的受薪階級壓力大到驚人。有一陣子，我和先生請專業保姆提供協助，曼哈頓的新手父母通常會靠口耳相傳介紹，請人傳授基本育兒知識。從前的人靠自己的母親和奶奶就行，現代人則得請人教。每天早上，保姆活力充沛地抵達我家門口，助我一臂之力，提醒我在婦幼醫院的簡易媽媽教室學到的東西。其實我很久以前曾幫人帶過孩子，所以還有一點印象，但除了保姆以及偶爾來訪的朋友，我幾乎都是獨自一人和新生兒共處，日復一日在焦慮中度過，擔心自己究竟有沒有做對，嬰兒到底是不是這樣照顧。

帶孩子的日子就像被囚禁在家中。我住的地方有個珍貴的小巧後院，我喜歡抱著寶寶坐在那裡。然而除了走進後院，我實在不太想踏出家門。紐約到處是神風特攻隊般的計程車司機。車水馬龍的街上，喇叭按個不停，擁擠的人潮行色匆匆，修路的電鑽不時突然出現在眼前。我在紐約住了十多年，向來如魚得水，但突然之間，市中心對我的兒子來說似乎不宜居住，甚至稱得上危機四伏。一個早我一、兩個月生產的好友，非常討厭在大城市裡帶孩子，早已逃至郊區，留我孤單一人，我又尚未在附近的

「媽咪與我」瑜伽教室交到新朋友；教室裡認真做著下犬式的新手母親們，似乎都不是上班族，但每天下課後，她們禮貌性點頭致意，接著就迅速各自離開。我猜她們趕著回家，趕著繼續把自己關在自己的房子裡，帶著自己的嬰兒，做著自己的事。

我每天都在想究竟有誰能教我？養著都市嬰兒的都市媽咪到底該怎麼做才對？

我的家鄉位於美國中西部，因此我有一個生活步調緩慢又相當傳統的童年。每天早上，我和一群年紀有大、有小的鄰居孩子一起走路上學。中午放學後，我們玩踢罐子，有時在家中後院打發時間，有時則跑到附近樹林，在沒有大人看管的情況下，一直玩到夕陽西下。週末的時候，我們騎腳踏車或擔任童軍。再大一點的時候，我偶爾會在晚上或週末當保姆。由於我平日就當慣了大姐姐，鄰居的小孩很愛找我玩，保姆這個職業順理成章成為我人生中的第一份工作。

我的成長背景平凡無奇，唯一值得一提的，大概就是我母親熱愛人類學與當年還是新興學門的社會學。母親喜歡的東西，大概造就了今日的我，她最愛的一本書是人類學家瑪格麗特．米德（Margaret Mead）的《薩摩亞人的成年》（*Coming of Age in Samoa*），米德認為西方人度過童年與青春期的方式，不是人類唯一的方式，也並非正確方式，西方人該學學薩摩亞人。《薩摩亞人的成年》最初於一九二八年出版時，引發美國人強烈抨擊，一九七二年再版時又再度被大加撻伐。母親告訴我，米德是研究異文化的人類學家，她和當地人住在一起，近距離了解他們。當地人做什麼，她就跟著做什麼，然後寫下自己的經歷。我小的時候，身旁有孩子的阿姨幾乎都是家庭主婦，當父親的叔叔伯伯則大多是醫生和律師，因此對童年時期的我來說，當一個人類學家聽起來極具異國風情，那是一份閃閃發亮的誘人工作。

除了家庭教育，我在成長時期還碰上珍．古德（Jane Goodall）掀起熱潮的年代。古德幽默風趣，一頭金髮梳成馬尾，身穿卡其褲，頭戴探險家帽子，經常在公眾面前大談靈長類動物。她觀察坦尚尼亞岡貝（Gombe）的黑猩猩，並在《國家地理雜誌》（*National Geographic*）的協助下，讓全世界認識她心愛的黑猩猩，喚醒大家的保育意識。簡言之，她完全就是我心目中的夢幻搖滾明星。此外，我家在吃飯的時候，除了會聊爸爸今天過得如何，媽媽過得如何，弟弟和我在學校又過得如何，還會聊到人類學家瑪麗・李奇（Mary Leakey）。愛抽雪茄的瑪麗有三個孩子，她在坦尚尼亞的奧杜威峽谷（Olduvai Gorge）與雷托利（Laetoli）發現的化石，讓這個世界對於史前時代的人類有了新的認識。

我家吃飯的時候，幾個弟弟如果打打鬧鬧，母親會引用演化論學者羅伯特・泰弗士（Robert Trivers）的理論，聊起「親代投資」（parental investment）與父母為何花資源在孩子身上，還有兄弟姐妹會為了爭寵而內鬥。我家弟弟如果乖，母親則談人類會偏袒血親的「親屬選擇理論」（kin selection）與利他主義。大約在我十歲的時候，有天母親一邊摺衣服，一邊顯然在思考生物學家威爾森（E. O. Wilson）的理論。她想，要是有一輛車快撞上她女兒，也就是我，她跑去救人，把我拉到一旁，那麼她做這件事的理由，除了是為了保護我，是否也是為了延續自己的基因？

在一九七五年左右那個年代，生物社會學採取前述這種有點簡化、就事論事的觀點來看待為人母這件事，讓我十分感興趣。我讀了母親的藏書——米德的著作旁，擺著另一位人類學家柯林・特恩布爾（Colin Turnbull）的書，有的談烏干達的伊克族（Ik），有的談薩伊的匹美矮黑人（Mbuti Pygmies）。母親的書架上還有女性主義作家貝蒂・傅瑞丹（Betty Friedan）的作品，以及《海蒂性學報告》（*The Hite Report*）、《寂靜的春天》（*Silent Spring*），與堆積如山的《自然史雜誌》（*Natural History Magazine*）。我大概是因為讀了那些東西，長大後便立志念生物學和文化人類學，深入研究女性的人生。我在這世上最感興趣的東西，就是熱帶草原上的狒狒如何替彼此梳理毛髮，以及牠們之間的友誼與權力爭奪戰。此外，我也對人類奇特的小圈子文化深感興趣，例如美國大學校園裡以希臘字母命名的姐妹會與兄弟會。我對他們的入會發誓儀式，超乎常人的忠誠度與勾心鬥角，深深著迷，曾針對新舊大陸上猴子、巧人（Homo habilis）與匠人（Homo ergaster）的腦容量大小，寫過一篇文章，結論是姐妹會的女孩和其他人科動物之間，沒有太大不同。

我二十多歲時，為了追求五光十色的生活，搬到紐約市，念起文化研究與比較文學博士。曼哈頓讓我的人生起了重大變化，人生目標天翻地覆。我後來還是讀完博士，但決定不過學術生活。此外，我對流行時尚也敏銳起來。原本就喜歡漂亮衣服的我，到了這個人人打扮入時的城市後，更有如著了魔。我甚至連細胞層面都起了變化：大城市帶來的興奮感，改變了我壓力荷爾蒙皮質醇的濃度，新陳代謝受到干擾，我成了有失眠問題的典型曼哈頓瘦子，睡不著就努力工作，除了幫雜誌寫稿，當外包編輯，也在學校兼幾堂課，賺來的錢都拿去繳房租。

我原本和其他住在富裕都市的高學歷女性一樣，遲遲沒結婚，也沒生孩子；但後來在三十五歲左右，嫁給一個土生土長的紐約人。我先生由於工作的緣故，無法離開紐約，而情感上也離不開這座城市。對我來說，他像大溪地人或薩摩亞人一樣，充滿引人入勝的異國情調。他對紐約市的歷史如數家珍，幾乎每一個街角、每一棟建築、每一個街區，都有他發生過的故事。先生一一用他對這座城市的熱情，破解我對於在紐約定居的所有疑慮。此外，他的父母與兄嫂也都住在紐約，和前妻生的青春期女兒也會在週末跑來同住。對我來說，先生已經備好現成的舒適家庭，我自己的家人則遠在天邊。

我選擇住在紐約還有一個原因：我是一個作家，很少有城市能夠養活作家，紐約市是那個得天獨厚的異數。不論是廣告、出版或教學，紐約都提供特殊的生態環境，整座城市生氣勃勃，變化萬千，讓我想起雨林。除了雨林，沒有一個生物棲息地能像紐約一樣，供得起如此繽紛的生命形式。看我住的分區，就知道紐約多麼多元。我曾住印度街區，旁邊是秘魯區，後來還搬到小瑞典區附近。由於先生不肯搬到紐約以外的地方，我也不想逼他，我們兩個人就在下城區找房子。婚後六個月，我懷孕了，但我們依舊沒想過要離開紐約市。畢竟我先生是紐約人，而如果要搬回我的家鄉，就得大老遠從曼哈頓穿越半個美國。紐約對我們的孩子來說，已經夠好了，對吧？就這樣，我們一家留在紐約。發現懷孕之後，我們兩人都很開心，但高興之餘，我也發現自己展開了一場更大的旅程，這世界不再只有我，不再只有我的婚姻，或是我的成長背景，或是我對於當母親的感受。我後來才發現，懷孕其實是人生的一個過渡期，我掉進了另一個世界——曼哈頓人母的世界。

這本書要說的是比小說更離奇的現實。我一邊在曼哈頓當媽，一邊在那個自成一格的世界順道做了一場學術田野研究。我說「自成一格」，可不是隨便說說。九一一事件後，我和先生為了遠離令人鼻酸的事故現場，也為了離老公的家人近一些，搬到了紐約上東區。當時我懷有身孕，在世界令人感到危機四伏、紐約隨時可能土崩瓦解的時刻，我和先生需要多一點安全感，若親愛的家人就在身旁，尤其能讓老公的心踏實一些。搬家其實不算太困難，真正難的是學習上東區媽媽的生活方式以及融入她們。

我和先生最終在曼哈頓公園大道與七十幾街的交叉口找到新房。我把新家當成基地，開始參加附近的「媽咪與我」團康活動，帶孩子上貴族音樂課程，跟保姆吵架，以及和其他媽媽喝咖啡。除此之外，我先是為了我家大寶，接著又為了二寶，參加了無數次的托兒所「面試徵選」。

一連串的摸索過程之中，我的心得是：在曼哈頓島上為人母，已經是在「島中之島」生活，而上東區的媽媽們，又自成一個小圈圈。上東區媽咪組成一個秘密社團，有自己的遊戲規則，自己的儀式，自己的穿衣風格，以及四季避暑與過冬的遷徙模式。對我來說，那是個全新的世界。住在上東區的貴婦，另有一套不同於常人的信念、野心與做事方法，當初的我做夢都想不到這個世界有多麼不同。

我成為上東區媽媽之後，不論是一天該怎麼過、該如何與人互動，或只是去一下兒童遊樂場，一切的一切都令我戰戰兢兢。我和先生搬到了一個人人是超級富豪、階級感極重的地方，每一位鄰居貴婦看起來都自命不凡。穿著超級華服的眾媽咪，令我感到自己格格不入，不知所措。然而我是高等靈長類動物外加人類，為了自己，也為了孩子，我渴望融入。我得為大寶著想，也得為二寶想。

我念過文學與人類學，知道人科動物要是沒有歸屬感，未能真正融入群體，就會迷失自我。不論是在文學或真實世界裡，孤狼或許是反派英雄，能讓讀者心有戚戚焉，但這種人通常過著悲慘的生活。從希臘神話裡四處漂泊的奧德賽（Odysseus），或者與舊大陸文化格格不入的美國女主角黛西・米勒（Daisy Miller），《頑童歷險記》的哈克（Huck Finn），《紅字》裡背負通姦罪名的海絲特・白蘭（Hester Prynne），又或者是追求獨立自主的伊莎貝拉・阿切爾（Isabel Archer），不甘於貧困命運的莉莉・巴特（Lily Bart）……只要是不被社會接受與地位低下的人，尤其是女人，不會有好下場。他們沒有人際關係的保護，無人幫忙，有些是象徵性地死去，有些則是生命真的被剝奪。格格不入的人類，不僅會在小說裡丟掉性命，還會死在街上與荒郊野嶺。做田野調查的生物學家早已詳細記錄過這種情形。靈長類動物學家告訴我們，帶著新生兒加入新群體的雌性靈長類動物，性命尤其堪憂，例如黑猩猩媽媽如果試圖加入一群陌生的同類，不但通常會被騷擾，還會遭受肢體暴力，施暴者是新群體裡地位高的母猩猩；極端情況下，新來的黑猩猩母子甚至會被殺掉，而兇手正是她們想融入的同伴。

當然，我在上東區努力活下去時，沒人想讓我流血，至少不是流真的血。不過我深深感受到當務之急是想辦法融入群體。誰想當被排擠的人？誰不想在早上送孩子上學後，可以和朋友出去喝杯咖啡？誰不想讓孩子有玩伴？先生和他的家人都幫助我適應新生活，告訴我要到哪裡買菜，還解釋大小聚會複雜的規定，我得弄懂男孩和女孩不同的猶太成人禮，還得弄懂各種社團、公寓管理委員會，以及新家大樓奇奇怪怪的慣例。雖然很多事有老公那邊的協助，但我得靠自己弄懂上東區媽咪的文化。我誠心想融入，也勢必要融入，一定得搞定這件事。先前我因為念書的緣故搬到紐約後，曾多次勇闖上東區，原本就知道那地方五光十色，出入的都是有錢有勢的社會名流，低調是行不通的。那裡的人不論穿著打扮、觀念信仰、風土人情，全都和紐約下城區很不一樣。然而，一直要到我進入那個世界、在那裡當母親之後，我才開始真正了解那個自成一格的世界。要不是我有了孩子，我大概永遠不會注意到那個上流社會居住的平行世界，那裡的媽咪是天之驕女，孩子是天之驕子。我懷孕之後，不得不拼命融入她們的世界——我覺得自己有義務了解那個貴族世界，我得想辦法擠進去，破解貴婦的文化密碼。我開始試著了解身旁所有媽咪，學習她們做事的方法，努力跟著她們一起在上東區當母親。我因此走過一段十分奇特、一切都超乎想像的旅程——不論是東非馬賽人（Masai）的跳牛與飲血儀式，亞馬遜亞諾馬米族（Yanomami）的斧之戰，美國十大聯盟（Bit Ten）學生會的飲酒狂歡，通通無法與這場上東區之旅匹敵，而人類學給我的訓練，不足以讓我胸有成竹踏進那個世界。

上東區小孩過的生活，不論從誰的角度來看，都十分不尋常。他們平日出入有司機、保姆陪同，還會搭乘直升機到漢普頓（Hamptons）度假。兩歲大的孩子，必須上「正確」的音樂課程。到了三歲的時候，就得請家教，準備迎接幼稚園的入學考與面試。到了四歲，不會遊戲的孩子得請遊戲顧問。他們不會玩，因為他們有太多「加強班」要上——托兒所放學後，除了法文課、中文課、小小學習家課（Little Learners）、烹飪課，另外還有高爾夫球課、網球課、聲樂課。服裝顧問會幫媽媽購買接送孩子時該穿的合適服裝。遊樂場上，以及五千美元起跳的生日派對上，到處是搖曳生姿的高跟鞋，以及美得令人屏息的J. Mendel與Tom Ford皮草。有錢人住在挑高的大坪數公寓，家裡大到可以把遊樂場的充氣遊戲屋放在屋內。

如果說紐約孩子過著不尋常的生活，紐約母親的日子更是令人匪夷所思。我向身邊有孩子的完美貴婦，以第一手方式學習正宗的紐約東區生活。紐約上東區的貴婦個個都經過千錘百鍊的考驗：除了搬進社區要面試，孩子入學要考試，她們的身材更不容許有不完美的地方。這群高學歷、通常沒有職業的富裕女性，她們最重要的志向，就是在Physique 57或SoulCycle等健身中心通過層層考驗，讓自己擁有最完美的體態。在我心中，我把她們想像成藝高人膽大的曼哈頓藝妓。她們以不達目的誓不休的精神，用盡一切手段，追求幾乎不可能買到的奢侈品（我也曾一度「入境隨俗」，想方設法買到柏金包）。此外她們還會尋求「內線交易」資訊，例如想辦法聘請有迪士尼殘障通行證的黑市導遊，好讓她們在遊樂園不用排隊。上東區的媽咪們，還得處理麻煩又複雜的僱傭關係，管理她們請來帶孩子與做家事（她們可能有好幾棟房子）的管家與佣人。對我來說，向住在萊辛頓大道（Lex）以西的上東區媽咪學當媽媽，在她們之中生活，開啟了一個全新的世界，我目眩神迷，深深受教，有時驚奇到說不出話。

那些教我如何在上東區當母親的女性，冷酷無情，不論是對自己的孩子，或是對自己，都是一樣。她們的確愛孩子，但她們也是得確保自身地位的「開國女皇」，一定得成功，一定得擁有「成功」的孩子。例如她們沒有人會承認（就連最好的朋友也得瞞著），但每個人一定都會讓自己才三歲的孩子，接受「ERB幼兒園標準考試」的補習。她們會以類似內線交易的方式，透過口耳相傳介紹，幫孩子找到家教，花數千美元上課——她們這麼做的動機，同時包括對孩子的愛、對未來的恐懼，以及不屈不撓的野心。許多上東區媽媽會幫孩子安排玩伴，但只跟有錢有勢者的後代玩，以求往上爬。至於那些父母較為「低階」的孩子，則得想辦法巧妙避開，就像甩掉用過的OK繃一樣。階級是隱形的，但無所不在，沒有人能逃脫。我突然弄懂自己曾在學校走廊上聊過天、住在我家附近的女性，對她們之中的某些人來說，孩子是提高身分的方式。孩子比較像是拿來炫耀的裝飾品，而不是活生生的嬰兒。對這群女性來說，孩子是洋娃娃，是她們揮金如土的對象。她們在一流專家的協助下，打扮孩子，餵孩子最好、最健康的食物，把他們送進最貴族的學校。我得承認，看多了這個世界之後，我有點不認同。

我發現這群野心勃勃的貴婦的另一面，則是極端的焦慮。她們承受著不能踏錯一步的龐大壓力，必須當完美的母親，完美的社交對象，完美的衣架子，還得當完美的性感女人。為了完美，她們投注無數時間與精力，許多人瀕臨崩潰，為了對抗壓力，有的投向酒精的懷抱，有的服用各式藥物，有的則搭乘私人飛機和女性友人前往拉斯維加斯、聖巴斯島（St. Barths）或巴黎「放鬆一下」。她們瘋狂運動，瘋狂養生（踩飛輪、只喝有機冷壓蔬果汁的斷食法，都是十分熱門的活動）。她們一擲千金，不眨眼地買衣服、買配件（對我認識的人來說，一天之內就在波道夫古德曼〔Bergdorf Goodman〕或巴尼斯〔Barneys〕等高級百貨公司花掉一萬美元，算不了什麼。她們是櫃姐搶先服務的對象，有衣服都是她們先挑）。她們會和通常同樣焦慮的姐妹淘，或是亦敵亦友的眼紅熟人，一起去吃大餐，或是一起做SPA。

我最初的目標是融入這群上東區貴婦媽咪，但不要陷入她們的焦慮與瘋狂，也不要踏進她們的勾心鬥角。我自認自己的社會學與人類學研究背景，可以助我一臂之力，讓自己和孩子在這個有時不太友善的世界裡站穩腳步時，可以保持理性。然而如同世界各地的人類學家，我最終還是「入境隨俗」，變得和當地人一樣。田野調查研究者一旦入境隨俗，就會失去原本的客觀立場，開始認同他們研究的對象。研究人員原本的目的是了解當地人，最後卻會成為他們的一員。我開始在上城區工作、當媽媽，以及和當地母親交朋友之後，逐漸與住在下城區的朋友失去聯繫。不知不覺之中，我的穿著打扮與言行舉止，慢慢開始像身邊的女性，思考模式也開始同化，關注起她們關注的事。對我來說，她們的世界很陌生，但也很誘人。我感到格格不入，但也被自己決心要融入的堅定程度嚇了一跳。

我很幸運，我在血統純正的上東區母親之中，還是交到了朋友。要在嚴格遵守社會階級制度的環境下培養友誼，並不是一件容易的事。那是一個勾心鬥角，明爭暗鬥，壓力破表的世界。那裡的做事方法還有規矩，對我來說再陌生不過，我時常感到難堪。我最初碰到的人充滿優越感，我是她們看不入眼的人，她們與眾不同。但後來我發現，只要是有孩子的女人，不管妳住在城市的哪一區，或是世上哪個角落，大家其實有很多共通點。做母親的人在遇上困難時，會以意想不到的程度，尋求外界的協助，會想和外面的人交朋友。全世界的人類以及眾多靈長類動物經過千百萬年的演化，自然而然懂得彼此合作。每個地方的女性與母親，都知道要互相幫忙，建立友誼，就連人人有如模特兒、用盡心機、家財萬貫的上東區也不例外。

從一開始到現在，我身邊的那群朋友都有一個相當獨特的特質：她們很熱情，不吝於向我解釋上東區的世界。她們比我懂，很願意分享她們看到的事。她們知道自己以及周遭的人，過著具有諷刺意味的生活，她們以幽默的態度看待一切。我曾半開玩笑地擔心，一旦外界知道我在做研究，和我來往的人可能碰上麻煩，但我認識的一位媽媽說：「那些看不出我們的生活有多荒謬、多極端、多好笑、多瘋狂的人，我不想與那種人為伍。」我原本擔心寫這本書是否合適，但那位朋友及其他人讓我看到，就算是最奇特、最令人不舒服、最詭異的世界，還是有很多正常人。就算是看起來敵意重重、最不友好的環境，也有真正的溫暖，也有真正的好人。

我以社會研究者與媽咪的身分，多年生活在上東區的媽媽圈之中，我研究她們，最後發現上東區的母親和全世界的母親一樣，希望孩子健康快樂，也希望他們感到被愛，好好長大成人，有天成就一番事業。不過她們之間的相似點僅止於此。如果你不是在曼哈頓長大，你會覺得上東區孩子過的生活十分不尋常。就算你是曼哈頓人，上東區的生活也自成一格，除非你的母親就是上東區人，不然你依舊會覺得一切不符邏輯，沒有一件事是表面上那樣，凡事都無法以常理判斷。我吃了不少苦頭，才了解上東區的媽媽不是一天造成的。不是妳在那裡生了孩子，就自然能融入，得不斷修練才行。我接下來要講的故事，正是我如何重新反覆打造自己，讓自己脫胎換骨。我在這場充滿挫折的旅程中，常覺得自己快撐不下去。這是一個在迷你島上的迷你區當母親的故事，以及這個地方帶來的種種啟示。

Chapter 1

Comme Il Faut

紐約有紐約的規矩

田野調查筆記

環境與生態

該島於地理、文化、政治等層面自成一格，異於一旁約比自身寬度長七倍之陸塊。除冬季相對嚴寒，島上氣候一般極為溫和，然而兩百年來的土地開發與工業發展，使該島近年來夏季極度濕熱，近似赤道氣候。小島經緯度為40°43'42"N與73°59'39"W。

島上生態適宜人類居住——食物與飲水等資源十分豐富，易於取得，疾病十分罕見，完全無掠食性動物。島上最富裕之居民，活在史上資源最豐富的特殊地帶。富裕生活使他們得以將大量資源，一視同仁用於每一後代身上。

大量的時間、精神與資源被投入繁複的社會習俗中。

整座島儘管食物、飲水及各種資源極為豐富，部分區域至今依舊存在高度貧窮的情況。島上人口密度極高，貧富不均情形極為嚴重，窮人與富人各自生活在不同區域。此外，島上在育兒與工作方面，遵循傳統性別角色分配。前述特點或許能說明島上富裕居民之奇風異俗，亦即後文即將探討之重點。

島上居民

島上居民主要居住於垂直式建築物，每個人將自己的家，直接蓋在他人住宅上方。建築物由光滑石片組成。島上土地極狹，人口高度稠密，空間為短缺之珍稀物品，此類「垂直式村莊」讓居民得以擴大生活空間。在部分區域，尤其是最富裕的居民聚集之處，垂直式村莊嚴格控管人口，由「長老會」組成之秘密結社判定哪些人士具備入住資格、哪些人士又該排除在外。本人所研究之部族女性，最繁重的工作為尋找可居之地——絕大多數時候，此一工作毫無例外由初次生產之女性承擔，並由「住宅巫師」負責引導與協助女性尋找房屋。尋求住所等同確認身分地位，在此一極度昂貴、冗長、辛苦之社會化過程，巫師提供專門知識，引導婦女，給予情感上的支持。

島民之地理起源

該島居民來自四面八方。許多居民原本生於偏遠之小型鄉下村落，性成熟後離開原出生族群，遷徙至此處，尋求更佳之職業、交配與婚姻展望。其餘居民則為當地人。相較於外來者，土生者享有較高社會位階，若於島上特定區域成長，並於成長過程中進入特定「學習茅舍」求學，則將享有更高之社會地位。

島上居民對自身的看法與外界認知

該島居民於外界眼中心高氣傲，居民與小島本身高人一等，不論是土生土長者或後來移居者，皆較國內其他同胞高尚。眾多參觀當地之遊客及當地居民亦抱持相同看法。島民為天之驕子，待人頤指氣使，裝扮令人目眩神迷，並在交易與談判等方面十分精明。近年來，島上居民的交易內容益發為無形想法與抽象事物，進而加深島上居民具備高人一等知識、甚至是「魔力」之看法。移居該島的奮鬥故事，人人爭相傳頌，以口耳相傳與書寫傳統等方式，留下成功者可歌可泣的精神。據傳一旦能於該島立足，在全世界皆能立足。

資源取得與資源分布

整體而言，該島居民為全國最富裕之國民。歷史上，全球人類的生活深受地理環境限制，該島居民則得天獨厚，不受天然條件限制，可輕鬆為自己及後代取得充分卡路里，無需如同全球史前時代人類，以及今日世界各地父母，窮於應付生態考驗。即便如此，本人研究之該地父親，深受傳統性別分工影響，如同許多工業與後工業社會人類，他們一般忙於工作，以求提供妻子與家人較為無形的資源，包括財務資源、社交資源與文化資本。該島女性一般外出工作，但眾多富裕女性於分娩與養育孩子時期，認為自身該扮演的「角色」為留在家中照顧孩子，此時她們通常由「異親」從旁協助。異親係指父母之外扮演雙親角色的人士，俗稱「管家」、「保姆」或「嬰兒照護人員」。

島上分區

在島民心中，該島一共分為四區：上城區、下城區、左區、右區。「上城區」與

「下城區」被視為截然不同的兩區——上城區適合養育孩子，下城區主要適合尚未進入生育期之居民，以及文化上的「外來者」。此外，下城區亦為夜間尋歡作樂之所。除上下之分，島民進一步將小島分為左右。左右兩區如同上下兩區，性質迥異，天南地北。左區較為隨性，尋求改革；右區則代表體統與保守主義。

在島民心中，上、下、左、右不僅為方向，也不僅為坐標。上下左右為強大標籤，島民的身分地位與日常生活完全受這四字影響。島民進一步由象限劃分為不同次族群，如右區人、左區人、上城區人、下城區人。島上居民對於居住於小島鄰近區域之同胞，一般抱持漠不關心的態度，鮮少造訪其他地方，幾乎不與四周同胞交談。對島民而言，若得踏出自己的島，進入偏遠地區及群島範圍之其他島嶼，交通十分複雜，須特別規劃路線，亦得繳納關稅，此點進一步增強島民根深蒂固的排外氣氛，以及地理上之區隔。

島上四區與社會地位

島民自島上一區進入另一區時，大多驚慌失措，惶惶不安，認為此類移動十分

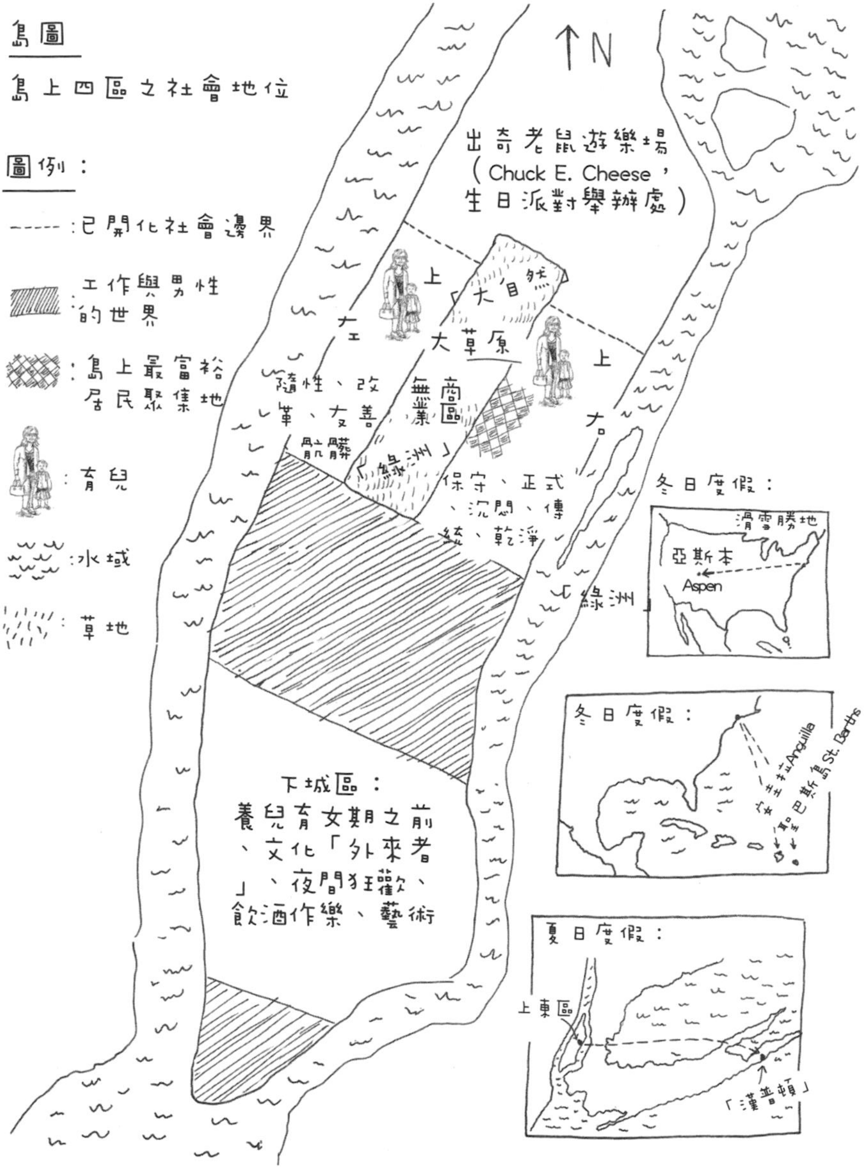

島圖
島上四區之社會地位
圖例：
已開化社會邊界
工作與男性的世界
島上最富裕居民聚集地
育兒
水域
草地
出奇老鼠遊樂場（Chuck E. Cheese，生日派對舉辦處）
上
左
「大自然」
大草原
上
右
隨性、改革、友善、骯髒
無商業區
「綠洲」
保守、正式、沉悶、傳統、乾淨
「綠洲」
冬日度假：
滑雪勝地
亞斯本
Aspen
冬日度假：
安圭拉Anguilla
聖巴斯島St. Barths
夏日度假：
上東區
「漢普頓」
下城區：
養兒育女期之前、文化「外來者」、夜間狂歡、飲酒作樂、藝術

不便，耗時、麻煩，甚至可能帶來不幸。部分島民出於迷信，特地將日常生活安排於住家附近，與醫療巫師、金融巫師和育兒巫師見面時，幾乎不需離家過遠。島上的象限劃分，亦影響居民之穿衣方式、裝扮方式、育兒方式，以及季節性的自願遷徙模式（夏天時，西區居民較可能移居山中，東區居民則偏好特定的海灘度假勝地，上右區之居民尤其如此。冬季時，各區居民之避寒勝地亦各有不同）。

島上一致公認兩區最「適合」育兒與成家：緊鄰廣大「大草原」之上右區與上左區。島民崇拜大草原，該處為聖地，能居住於大草原旁，令人嚮往。草原崇拜可能源自島民史前時代之集體記憶。草原居民平日躲進樹林避難，土地擁有者永需提防敵意入侵者，因此島民自「安全」高度俯視一望無際的區域時，最為安心，進而嚮往居住於擁有大草原景觀之住宅。相關區域房價最為昂貴，得以居住於大草原四周之島民，享有崇高社會地位，住址可強化個人之地位。此外，人們相信大草原為育兒理想地帶，孩童於教師、父母、異親（最為常見）監護下，於大草原玩耍。大草原不得進行任何工業活動，商業亦維持於最低限度。大草原為神聖區域，居民認為進入該區對健康極有助益：據傳凝視大草原，於大草原散步，將可放鬆心靈，強身健體。住址位於上右區（亦稱上東區）最靠近大草原之居民，為全島最富裕人士，擁有最為獨特、淵遠流

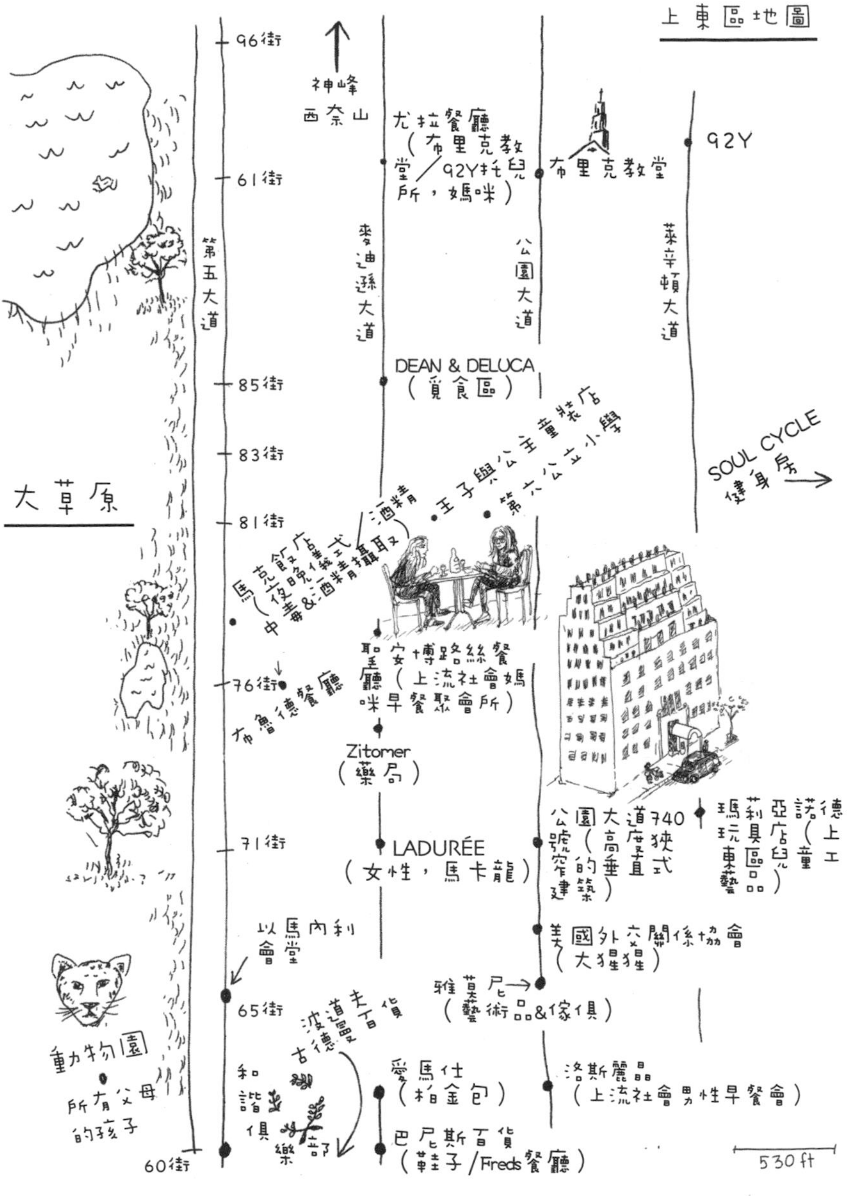
上東區地圖
96街
61街
85街
83街
81街
76街
71街
65街
60街
神峰西奈山
尤拉餐廳（布里克教堂／92Y托兒所，媽咪）
布里克教堂
92Y
第五大道
麥迪遜大道
公園大道
萊辛頓大道
DEAN & DELUCA（覓食區）
王子與公主童裝店
第六公立小學
SOUL CYCLE 健身房
大草原
酒精
馬克飯店（夜晚儀式中毒&酒精攝取）
布魯德餐廳
聖安博路絲餐廳（上流社會媽咪早餐聚會所）
Zitomer（藥局）
LADURÉE（女性，馬卡龍）
公園大道740號（高度狹窄的垂直式建築）
瑪莉亞諾德（上東區兒童玩具工藝品）
以馬內利會堂
美國外交關係協會（大猩猩）
雅莫尼（藝術品&傢俱）
波道夫古德曼百貨
和諧俱樂部
動物園
所有父母的孩子
愛馬仕（柏金包）
巴尼斯百貨（鞋子／Freds餐廳）
洛斯麗晶（上流社會男性早餐會）
530 ft

長、奇妙之部落風俗、儀式與信仰，亦即本研究的研究對象。

——

我和先生決定搬到紐約上城區，好讓兒子能有「更好的童年」。上城區畢竟有夾在上東區與上西區之間的中央公園，那是城市之中的綠洲。再說了，上城區有很多優秀的公私立學校，以及下城區難以找到的服務，例如適合帶孩子上門的餐廳、童裝店，以及孩子可以坐在消防車造型的椅子裡，一邊剪頭髮、一邊看幼兒律動節目的美容院。此外，我們夫妻倆也需要遠離下城區的九一一遺址。那起恐怖攻擊事件發生至今已快一年，但廢墟依舊以各種方式提醒我們人禍的恐怖——糟糕的室內空氣品質、永無止境的焦慮，以及隨時湧現心頭的傷感。我和先生希望搬到有兒童遊樂場、適合家庭居住的街區，還需要一個好學區。此外，我們希望住得離先生的父母與哥哥一家人近一點。在我們夫妻倆失眠、脾氣暴躁的時刻，他們伸出援手，用親情撫慰我們。既然我們決定還是要住在曼哈頓，那就只有一區符合條件——上東區。

每次我和下城區的朋友提起我們要搬到上城區，他們會瞪大眼睛看著我，就好像我剛剛告訴他們：「我好興奮，我要加入邪教了！」某天晚上，我和朋友喝酒聊天，朋友的先生說：「下城區的花瓶老婆至少是戴著眼鏡、有博士學位，還管理著自己的非營利組織。」換句話說，大家都知道，上東區的花瓶老婆一頭金髮還隆乳，平日就是在家帶孩子。那種人就是那樣，對吧？其實我不是很確定，因為除了拜訪老公的家人，以及偶爾為了參觀博物館，我已經多年沒踏進曼哈頓西二十三街以北的地方。當然我知道那裡的人都很時髦，髮膠噴得比誰都多，而且每間店、每個角落，路上行人光鮮亮麗，一切的一切都金光閃閃，但我從來沒特別留意過那裡的母親，畢竟我幾乎不認識任何住在上東區的媽咪。在上東區當母親會是什麼樣子？她們是怎樣的一群人？朋友嘲諷：「記得要留點錢買貂皮大衣。」我大笑，老公被腰果嗆到。人們對於上城區與下城區的不同，有著諸多成見，我迫不及待想知道那些說法是真是假。

不過首先，我得幫一家人找到住的地方，是「我」得找到，因為老公毫不猶豫地把找公寓的任務塞給我。理論上，由我負責找理所當然，因為孩子出生後，我為了帶小孩，重新安排了工作行程，我是所謂「時間很有彈性」的作家，是「自由工作者」，可以安排自己連續幾天或幾週不工作，而且我外出找房子的時候，兼差的保姆可以幫我帶兒子。但事實上，老公把事情丟給我的做法，其實源自根深蒂固的文化傳統：在曼哈頓這個地方，幫家人找住處是女人的責任，而且女人也得付帳，至少得分擔一半。在異性戀的婚姻裡，不論夫婦兩人誰負責做什麼，找公寓的責任通常落在女人頭上，我百思不得其解，最後決定把一切歸因於農業社會的傳統。人類的祖先以狩獵與採集維生，他們在大地遊蕩，四處尋找食物，紮營與拔營是在自然不過的事，不會為了占有土地而留在同一個地方。然而人類過渡到以農作物為主的經濟形態後，一切就變了。人類開始具備財產概念（「這塊地是我的！」），女性也開始比較不會到處跑，更常排卵，變得愈來愈多產。沒錯，原本部族每日要消耗的卡路里，幾乎都靠女性提供，也因此女性有地位、有影響力、有自由；但農業生產出來的雜糧一出現，女性就從食物採集者變成負責管理灶爐、照顧房子的人。她們能說嘴的事，只剩下自己一天花了多少時間煮飯，什麼地位都沒有，只不過是負責生孩子的子宮。其實要我帶孩子沒關係，要我做家務沒關係，要我負責找新家也沒關係，由我來做那些事合乎邏輯，因為先生在外頭做事賺的錢遠比我多，而且我非常希望自己帶剛出生的兒子；但午夜夢迴時，我會想起那次喝酒時朋友夫婦說對了：相較於下城區，比起隨心所欲、比較接近下城生活、採行狩獵採集制度的昆申人（!Kung San），上東區的性別政治，遠遠較為近似農業社會的班圖人（Bantu）。

雖然我對房屋市場一無所知，但我猜賣掉我家原本的透天厝（town house），搬到上城區的公寓，不會是太難的一件事。畢竟在紐約市，透天厝是階級最高者的住所。對曼哈頓人來說，擁有自己的獨立住宅，上面和下面都沒有鄰居，簡直太夢幻、太值得珍惜了。理論上，透天厝可以給你隱私，而西方人非常重視隱私。除此之外，在房租是以每平方英尺計算的城市，透天厝根本是奢侈到不行的空間。儘管我家不是什麼豪宅，廚房小小的，也沒電梯，但想買房子的人，一定會排隊參觀我家。我把房子保持得乾乾淨淨，而且一有人按門鈴就識相地馬上離開，讓仲介還有購屋者可以好好「欣賞」房子。

仲介帶人看我家房子時，我會在附近的咖啡廳打電話給其他仲介找新家。大部分的仲介都是女性，她們會在電話上一直盤問我，問一堆有關於「我」的問題，包括我先生是做什麼的，我做什麼工作，我是哪裡人，我念哪間學校，甚至還會問我家有多少財產，但卻不會自我介紹。

曼哈頓人在派對和聚會上，也會問這些問題，詳盡到有如在做人口調查，好確認要把你擺在哪個社會階級。我第一次碰上這種身家調查的時候，感到莫名其妙，但老公是猶太人，他告訴我：「噢，他們在對你做猶太族譜調查（Jewish Geography），他們想知道你是誰。」不過在我看來，這件事和宗教無關。在大型的城鎮，調查你和某人是否認識，你們是否有共同認識的人，或者你是否想認識他們認識的人，雖然有幾分（或是十分）勢利眼，但這麼做有其道理。中國人稱之為「攀關係」，他們靠著這套方法，串起一個有十幾億人口的國家。

每次仲介調查完我的背景之後，都會說他們手上沒有我想看的那間房子，但可以帶我去看其他地方。事實上，我在網路或傳單上看到的那些漂亮公寓，似乎一間都不存在。每次我打電話，都會聽到我想看的那間房子「已經售出」，或是「已經被別人訂走」，我之所以還會看到那些房子的廣告，只是因為「網站尚未更新」。我告訴先生這件事，他說房仲業者都是用那一套騙人上門，我們需要聘請自己的「買家仲介」。我心中的人類學家興奮起來，問先生那種人是不是「某種地方嚮導？那種帶外地人認識當地的人？」我先生說沒錯，買家仲介扮演的就是那種角色。我需要這種專家給我建議，讓我弄懂某些事，就像日復一日幫助動物學家黛安．福西（Dian Fossey）追蹤大猩猩的忠誠地陪；或是巴芬島上，對和當地人一起生活的現代人類學之父鮑亞士（Franz Boas）解釋自身文化的因紐特人。

先生給了我一名女仲介的電話。幾年前，那位仲介曾經幫他賣掉上東區的一間小套房。隔天我就打過去自我介紹，說我想看某幾間公寓。我還以為這下子有人幫忙，一定可以順利看到房子，實在太天真了。我只不過是打開了大門，前方還有艱辛的旅程等著我。

我的仲介叫英嘉（Inga），口音很好聽，聽先生說她是丹麥人，以前當過模特兒。英嘉公事公辦，有什麼說什麼：「首先，讓我確認一下，你們原本的房子有人幫忙賣，對吧？因為下城區一般不在我的工作範圍之內。」英嘉解釋，上城區與下城區的房地產是兩個完全不同的世界。除此之外，上「西」區不是她最拿手的區域，她主攻上「東」區。

我有點結結巴巴：「OK，這樣子啊，好，沒問題，我們想住東區。」顯然對仲介來說，不同區的房子有著無法跨越的鴻溝，徹頭徹尾不同。我鎮定下來，告訴英嘉：「而且我們希望房子要位於好的學區。」電話的那頭安靜了好一陣子，接著英嘉直接了當地宣布：「這事不好辦。」看來我的要求讓仲介不悅，我垂頭喪氣，陷入無助，這事不好辦。

英嘉的聲音再度響起：「不過……」我開始愛上她的北歐口音，「還是可以試試看，我手上有幾間妳可以看的房子。」我再度燃起希望，暗自鬆了一口氣，覺得未來有望，英嘉有我可以看的房子！太棒了！我有嚮導了！我掛電話的時候，心中浮現一種感覺：英嘉能幫我的，將不只是讓我找到住的地方，她還會教我有關上東區的基本知識。每個人類學家都至少需要一位可靠、熟門熟路的地方嚮導。這個嚮導必須熱情帶路，還得幫忙翻譯，解釋習俗，透露自己的文化中黑暗的小祕密，以及大家心照不宣的事。簡單來講，嚮導會幫你找到門路，我很確定這下子已經找到正確嚮導。

找房子的第一天，我獨自抵達公園大道上一間富麗堂皇的大廳，英嘉還沒到。一位脖子上圍著愛馬仕（Hermès）圍巾、全身上下都是高級品牌的女士，遲疑地問我：「妳老闆今天會來嗎？」她打了肉毒桿菌動不了的光滑額頭，散發出一股淡淡的疑惑。

我伸出手自我介紹，結結巴巴地告訴她：「嗯……我沒……老闆……。」顯然這位女士看到我「時髦的文青打扮」後，把我誤認為英嘉客戶的助理。看來Marc Jacob的衣服是下城區的人在穿的，而上城區沒在工作的女人們，都有個人助理負責幫忙找房子。在接下來的尋屋之旅，我得讓服裝升級。就在此時，一個棕髮的絕世大美女走了進來，身材高挑，一身米白色高雅套裝，英嘉來了。我看得出來，剛才接待我的女士仰慕英嘉，我鬆了一大口氣，知道這下子不必擔心。我該穿什麼，該做什麼，要怎麼找房子，通通交給英嘉就對了。

我的判斷是對的。曼哈頓負責買賣公寓的房仲業專為女性服務，那是女人的世界，上東區尤其如此。人要衣裝，衣服會說話。賣方仲介所穿的衣服，讓外界知道她的客戶有多尊貴。買方仲介所穿的衣服，則要在氣勢上壓倒賣方仲介，她的形象，代表著客戶的形象。要買房子的人，也會靠著身上穿的衣服，同時讓買賣兩方的仲介，知道她認真看待這件事（但如果是超級有錢的富太太，則可以隨便穿，她知道仲介知道她有錢到不必玩這一套，只有仲介得穿上最好的衣服巴結她）。每一天，每一次看房子，在每一間接待大廳，都是一次服裝大賽。想了解那種情形的話，不妨想像在破曉時分，在西部電影導演李昂尼（Sergio Leone）的音樂之中，穿著Brunello Cucinelli與Loro Piana等奢侈品牌的女人，面對面分占兩方準備對決。

皮包似乎是重點中的重點。在我看房子的第一天，英嘉帶我看了四、五間公寓，那些公寓的仲介，很多都拿著一個閃閃發亮的香奈兒（Chanel）包。有的拿提鏈掀蓋式、上頭有經典雙C標誌，有的則拿小牛皮材質、有提把設計的釦環長型包，下方同樣也有雙C，簡單優雅。第一天看完房子後，我在快天黑時回到家，半開玩笑地告訴老公：「如果想找到房子的話，我得買一個新包包。」我累死了，走得腿都要斷了（後來才知道，我太不上道。如果是上東區要買房子的人，她們會幫自己和英嘉安排司機），而且心理上也很疲憊，我沒料到看個房子以及和仲介互動，要上演那麼多內心小劇場。每看一間房子，我都得改變標準，改變期望，我開始懷疑真的找得到房子嗎？

接下來幾週，每天早上，我會穿上我的上東區看房戰袍：端莊的緊身洋裝，配上Agnès B或French Sole平底鞋，外加我最淑女的皮包——顯然就我的任務而言，鬆垮的帆布包並不合適。最後，我會綁好一個俐落（希望如此）馬尾，畢竟我可是要踏上時髦國度的戰場。梳妝完畢之後，我會搭上計程車，朝著東北前進三十分鐘，接著在某棟戰前建築的大廳和英嘉碰面。幾乎每一次，我們兩人都在萊辛頓大道以西會合，因為我和先生的目標是理想學區。換句話說，基本上我們是在全曼哈頓最貴的地帶找房子，只為了有一天孩子能念免費的公立學校。很諷刺，我知道，老公也知道，英嘉也知道。英嘉很快就變成我和老公之間的「第三者」，我們比較熟了之後，有一次她委婉地勸我：「如果不那麼堅持學區的話，我們可以看的房子，就會多很多間。」不過我看了她一眼之後，她馬上改口：「但我知道你們夫妻倆想要什麼樣的房子，我們繼續在這一區努力吧。」

我們似乎怎麼找都找不到，因為現在正是景氣好的時候，房地產市場正熱。賣家開出天價，買家只能任人宰割。英嘉一再暗示，我和先生想住的地方，是全紐約市最難搞定的地方，我們一直找，一直找，一直找，怎樣都找不到合適的房子。

我和英嘉看了「理想建案」、「優秀建案」，甚至是「白手套建案」的「經典六〇年代房」與「經典七〇年代房」。所謂的「白手套建案」，如同字面上的意思，接待人員都戴著白手套。我們看的每一棟建築，都有負責迎接的門僮，而且幾乎每一棟樓都有電梯服務人員幫你按樓層。然而不管是「理想建案」、「優秀建案」或「白手套建案」，等級都不如「高級建案」。「高級建案」可能和其他等級的建案位於相同街區，甚至外觀也一模一樣，但「高級建案」要求你付巨額頭期款，而且不能貸款。想買的人，必須證明自己的流動資產至少是房價的三至五倍，甚至是十倍。英嘉事先就告訴我，高級建案除了有此類固定資產要求，還可能依據你的身分另外提出要求，因為這類公寓基本上是私人俱樂部，住戶管理委員會有自己的規矩，只有願意遵守的人才能住在那裡。公寓一般拒絕有錢名人入住，就連尼克森總統和瑪丹娜都曾被拒於門外，只能忿忿不平，被迫住獨棟的房子。高級建案的住戶是工業鉅子，以及他們的上流社會老婆。人們用地址稱呼那些建案，例如公園大道七四〇號、第五大道九二七號、第五大道八三四號，或是第五大道一〇四〇號。有的則有名字，例如貝爾福德、聖雷莫、達科他、河岸山莊。那些水泥建築都由羅薩里奧・坎德拉（Rosario Candela）或埃默里・羅斯（Emery Roth）等著名大師設計，不適合我，不過顯然它們原本就不是「家庭建案」。「家庭建案」聽起來像是我要找的完美房子，但我問起的時候，英嘉耐心解釋：「家庭建案的意思，不是它們有兒童遊戲室，而是貸款可以貸九成的房子，我們可以找到更好的。」英嘉告訴我，她身上穿的Jil Sander、Piazza Sempione、Prada反映著我的身分地位。我買哪一間房，也將反映她的仲介地位。她希望我們能住在最好的房子，因為我們住的地方也會影響到她。

哪間房子代表什麼社會地位，我其實不是很關心——我和老公只希望在學區還可以的地方，找一間還過得去的房子就行了。但是沒想到，就算我的標準相當寬鬆，一樣不容易，弄得我很沮喪。仲介一再一再告訴我們，紐約的房屋「儲量」不多。此外我沒想到的是，到別人家看房子是一種非常私密的體驗，感覺很怪，好像在入侵他人的人生與空間。我看著他人的私人物品，看著他們的生活習慣。但事實上，我看不到什麼個人特色。我發現上東區的風格都一樣，每間屋子的佈置都使用大量花紋布，而黃色和藍色是最主要的色調。我很難想像自己搬進去之後要如何改造風格，我家的家具根本不搭。我無法想像我們一家人，我先生，我兒子，還有我，搬進其中一間公寓。哪個角落可以擺嬰兒床？如果想生二寶的話，哪一間房間可以給二寶住？那間房子適合在家工作者嗎？一堆問題在我腦海裡打轉。

某間公寓通過初步篩選後——學區對了，臥室數量對了，光線充足，景觀還可以——隔天我先生就會和所有人的老公一樣，過去看一看。此時女人們（英嘉、我、屋主的仲介、有時屋主本人也會在場）會興奮到不行，一直介紹，努力討好男主人。我感到一陣荒謬，我和其他女人就像《命運輪盤》的美女主持人凡娜·懷特（Vanna White）一樣，「展示」著公寓，打開每一道門，打開每一個衣櫃。我不是個會假笑奉承的人，但此時臉上卻帶著笑容，希望討好老公，就好像所有人正在演一齣戲，每個人都知道自己的角色。按照劇本，接下來先生會四處看一看，打量一下房子，仲介會抓住他說的每一個字，仔細觀察他每一個動作，希望找出他喜歡或不喜歡這間房子的蛛絲馬跡。此時老公一般會禮貌待人，但不會太和藹可親，不會在仲介面前透露自己的想法。他會很快在屋裡繞一圈，然後立刻回到男人打拼事業的世界，再從辦公室打電話給我，告訴我他覺得剛才那棟房子如何如何。

一切的一切，讓我覺得自己有如家庭影集《歡樂時光》（*Happy Days*）裡飾演媽媽的瑪麗恩・坎寧安（Marion Cunningham），但我知道，我們最後會買哪一間房子，做主的人會是我。女主內，男主外，房子是女人的事。那就是為什麼所有的仲介都是女性，出面的買家也是女性。男人的角色是一臉嚴肅地出現，讓人戰戰兢兢，然後就消失了，最後負責簽字，或是不簽字。在那之後，女人想怎樣就怎樣，房子由我們負責，歡迎來到上東區的世界。

我思考著在我未來的新棲息地，男女是如何分工，以及性別分工所代表的意義。不過我忍不住也想到另一件現實的事：如果是在亞特蘭大，或是密西根第二大城市大急流城（Grand Rapids），我們這次準備買房的錢，足以買有游泳池的豪宅。然而在上東區，只夠買間破破爛爛的小公寓。每一間房子都一樣，都位於公園大道、麥迪遜大道或第五大道等「尊榮」的地址，大廳都很豪華，閃閃發亮，還有人幫你開門，但上去之後……我每次看到房子內部都差點昏倒。上東區全身名牌的女人們，都住這種鬼地方嗎？我經常難以置信。有些房子很乾淨，不管是廚房、浴室，還有房子整體來說，都稱得上整潔，但就是一種年久失修的感覺。地毯都磨破了，不曉得是什麼年代的產物，還有廚具一看也是很久了，而且牆壁發黃。另外奇怪的是，幾乎每一間房子，都一定有個女傭正在撣灰塵，或是正在擦拭銀器和摺衣服什麼的。

除此之外，每一間客廳，真的是每一間，一定都擺著相框和一些小紀念品，而且大家都一樣，令人瞠目結舌。我造訪的每間客廳，一定有一張年輕女孩的照片，旁邊擺著她的畢業證書，學校不是布里莉（Brearley）就是史賓莎（Spence），也就是全紐約最難進的女子私立學校。另外也會有年輕男孩的畢業照……旁邊一樣擺著裱好框、以龍飛鳳舞的燙金拉丁字母印製而成的畢業證書，發證的學校也一定是霍瑞斯曼（Horace Mann）、巴克立（Buckley）或聖伯納（St. Bernard's）等首屈一指的學校。照片中的男孩女孩，髮型一絲不苟，年輕的臉龐上毫無皺紋，完美的笑容露出矯正過的牙齒。一天，我在八十幾街和麥迪遜大道交叉口看房子時，突然像是被雷打中一樣，恍然大悟——那些屋主之所以要賣掉自己的家，換成比較小間的房子，是因為不得不那麼做。他們花了很多錢費心養大的孩子，如今終於畢業、或是可以獨立了。這些年來，為了請人打掃，讓孩子上高級私立學校，他們山窮水盡，但還是得維持一定的體面。現在責任已了，他們可以把大房賣掉，帶著畢業證書還有管家搬進小屋子。

我恍然大悟的那天晚上，踏進家門後，重重倒在床上，問先生：「你相信有這種事嗎？」那天我累壞了，心情低落，連續看了四間公寓，四間都有富麗堂皇的大廳，外加破破爛爛的舊地毯，以及第一志願的畢業證書。

先生嘆了一口氣，說「我相信」。老公小時候住布魯克林區，青少年時期才搬到上東區，所以他算紐約人，但不是土生土長的曼哈頓人，他十分熟悉我每天參觀的那些公寓住戶的渴望、信念、焦慮，以及他們所看重的事物，但又能保持局外人的觀點。他告訴我：「一切的一切，管家，私立學校的文憑，那些東西不只是擺好看的，他們的人生就是為了那些東西而活。」

先生打了個呵欠，但我突然清醒到睡不著。我想起我的人類學教授，曾經試圖讓學生了解他研究的葉門部落的榮譽概念。許多年前的那一天，我坐在爆滿的大學部教室裡，教授說：「對他們來說，榮譽不是抽象的概念。如果有人污辱你，你不能只是感到不舒服，然後無視那個人，就那樣算了。」教授告訴我們，如果有人污辱你，那就像是有人砍下你一塊肉，你真真實實受傷了，你缺了一塊東西。這下子我明白了，私立學校的文憑和管家，不只是虛榮的地位象徵，不只是你驕傲地在眾人面前炫耀的東西，而是如果你是上東區人，你一定得有。那些東西非常重要、非常基本，為了支付好學校和管家的錢，你什麼都能省，寧願不要新地毯，不要裝潢廚房，家裡破破爛爛也沒關係。

一切都說得通了。我身邊所有的女性，不管是有孩子的仲介，或是我看的房子的屋主，或是上東區朋友的朋友，她們每天談的，就是自己的孩子上哪間學校。她們會用孩子的年紀與校名自我介紹。沒錯，對一般人來說，學校只是一種介紹自己與攀關係的方法，但對我身旁的女性而言，孩子的學校就是她們的一切。「嗨，我是艾麗西亞，我小孩安德魯和亞當念艾倫史蒂文森（Allen-Stevenson）——你孩子也是，對不對？」

「不是欸，我孩子念學院中學（Collegiate）（砰！這下子位階定出來了，這個人的地位比問話的人高，因為她的孩子念的是全國排名最好的學校）……不過我朋友瑪裘利四個兒子都念艾倫史蒂文森（言外之意：我朋友瑪裘利非常有錢喔——有錢人才有辦法生四個小孩。我和她是朋友，所以我也很有錢）。搞不好妳們兩個認識，妳孩子幾歲？」

「真的嗎？我兩個外甥也念學院中學（她在告訴對方，她本人的位階只比排名最好的學校低一階。她姊姊的孩子念最好的學校，所以她也差不多算是同一階層的人）。我外甥是雙胞胎，念二年級，妳聽過他們的名字嗎，戴文和戴頓？」女人間的對話就像這樣。

透過私立學校組成的人際關係十分重要。每次我說等兒子長大以後，我想把他送到附近風評非常好的第六公立小學，所有的女人都會被我嚇傻。有人說話比較客氣，她們會安靜三秒鐘，揚起眉毛，客套地回答：「這樣子啊，學校會決定孩子的未來。」有人講話則比較直接。一名仲介聽到我要把孩子送到公立學校，一邊打開廚房的櫃子介紹裡頭的內建照明，一邊用硬擠出來的微笑，告訴我她聽不下去：「別鬧了，妳得把孩子送到私立學校，大家的孩子都念私立的。到時候妳要跟大家一樣，用司機送他上學。念私立學校不用管學區，妳想買哪一區的房子都可以。」

我老公和我還是很堅持。我們倆以前都念公立學校，兒子當然也可以念，公立學校沒什麼不好。我們堅持還是要買麥迪遜大道和公園大道之間東八十一街附近的房子，那裡有一間很好的公立學校。然而那一區被地方仲介稱為「頂級上東區」，房子本就不好找，那一區更是難上加難。

事已至此，我也只能硬著頭皮找下去，我需要先生和英嘉幫我。我知道曼哈頓人靠房子定出社會階級，目前為止我已經跨越第一個鴻溝，從「租房子的人」，變成「屋主」。我結婚的時候，先生把他的房子改成我和他共同持有，就只是改一下房地契而已，但顯然在我們居住的城市，這是一件大事。很多在曼哈頓租房的人，隱瞞自己的房子是租的，或至少不會到處宣傳，因為租房子就是低人一等。租屋的人是次等人，漂泊不定。仲介盤問我的時候，第一件事就是問：「妳有房子，對吧？」（比較常發生的情況是，她們會在同意讓我看房子之前，先從英嘉那邊探聽我和先生的身家）。仲介問這個問題，是想確定我們不是來亂的。她們聽到我們夫妻早屬於有屋一族之後，都會鬆一口氣。

在曼哈頓的房地產市場，建築物是「戰前」或「戰後」蓋的，也很重要。不過對我來說，如果能住在古色古香的美麗房子裡，當然很好。那些房子都是一流設計師蓋的，歷史上赫赫有名，但要是住不了那種地方，也沒什麼關係。除了戰前或戰後建築，房子還有一項非常重要的區別：它們屬於「共有公寓」（co-up），還是「共管公寓」（condo）。我原本住在下城區的透天厝，所以不太懂這兩種公寓的區別，然而在曼哈頓的房地產世界，以及以上東區的社會階級劃分來說，共有或共管的規矩十分不一樣。

英嘉和老公告訴我，如果是共有公寓，由管理委員會的成員決定誰可以住進去，誰不能住進去，公寓的規矩由他們定。有的規定直接了當，而且很合理，例如「夏天條款」規定只能在夏天裝修房子，因為施工很吵的時候，天氣適合鄰居躲到戶外，甚至一整個夏天都躲到自己鄉下的房子。曼哈頓的住戶樓上也有人，樓下也有人，彼此緊緊相鄰，鄰居裝潢會破壞生活品質。英嘉告訴我，夏天條款「非常上東區」，上西區則幾乎沒這種事。我可以接受夏天條款，很合理的規定。

其他的共有公寓條款，則比較說不出理由，沒有實際作用，比較是大家一向習慣那樣規定。例如屋主不能隨便把房子分租他人，也不能讓自己二十幾歲的孩子住進去，必須經過管理委員會同意才行。我碰過某間共有公寓還要求想住進去的人，必須先證明自己富可敵國，要不然就別想。資產淨值證明是申請時的「必要」條件（不是可附、可不附的文件），委員會說這是為了「保險起見」，但事實上他們握有建築物裡每一間房子的「留置權」，就算住戶有債務，房子是在委員會手上。共有公寓的住戶，沒有誰真正擁有公寓，只擁有「股份」——公寓坪數較大的人，一般擁有較多股份。誰的股份多，說話聲音就大。想買共有公寓的人，幾乎毫無例外，一定得先接受委員會面試。先生和英嘉事先給我心理準備，委員會面試時什麼都可能問，而且可能毫無理由就拒絕你的申請。這下子我懂了，為什麼公園大道和第五大道的共有公寓廣告，如果罕見寫著「無委員會審查」，根本是搶破頭。不曉得擁有共有公寓的股份，是不是和擁有管家，或是孩子念私立學校的感覺是一樣的。

我還發現，如果不是共有公寓而是共管公寓，房價會稍微貴一點點，因此一般允許較高的貸款成數，而且屋主擁有真正的房子。除此之外，共管公寓的規定比較寬鬆，喜歡的話可以分租，也可以留著當偶爾去住的地方。想住共管公寓的話，申請由管理公司審查，感覺比較公正，也沒那麼探人隱私，不是由一群以後可能當你鄰居的人，對你的財務狀況和私人生活品頭論足。

日子一天天過去，每一天，我從曼哈頓西村（West Village）出發，到上東區看房子。管他是共有公寓還是共管公寓，管他是戰前還是戰後建築，該是時候做決定了，我坐計程車坐到快破產，得馬上搬到上城區，不能再每天「通勤」。

———

有一天，我覺得找到還過得去的房子了。雖然那是一棟位於公園大道的現代建築物，不是名建築師蓋的那種「有歷史尊榮感」的戰前建築，但管他的，位置居然離中央公園不到兩個街區，這麼好的條件上哪找。一開始我覺得那棟公寓有點昏暗，不過重新粉刷一下就好，這種事很好搞定，而且就跟仲介說的一樣，那間房子的廚房小雖小，設備都是最高級的，而且擁有「開放的城市景觀」，那句廣告術語的意思是說，雖然從房子無法直接看到中央公園，但窗戶前面也沒有其他建築物正對著你擋住光線。四周的建築物都有一點距離，讓你充分享受日光，你會感到空間開闊，但也不至於四周荒涼。此外，臥室的數量也對了，其中一間還放著可愛的小巧桌椅，以及一張尚未完工的勞作——粉紅色紙上，貼著用鈕扣、乾燥通心粉、亮粉拼成的圖案。太好了，這個小女孩的房間，可以改造成兒子的房間。我覺得整棟房子屋頂太低，有壓迫感，我不喜歡，隔間方式也不是很理想，而且又位於熱鬧街角；但這間可愛溫暖的小孩房，讓我可以忍受其他缺點。

我在屋內走了一遍，然後再走一遍，愈看愈喜歡。英嘉告訴我：「對方的仲介不能過來。」我知道在仲介、買方、賣方的世界，這是一種看不起人的態度。那位仲介是在告訴我們，英嘉和我不值得她花時間，她忙著做別人的生意。不過管他的，我馬上又預約第二次看房，讓那個冷漠、態度差、覺得別人都在找麻煩的房仲過來見見面，批准我買她的房子。雙方見過面之後，我又預約再次看房，這次老公也過來看。

我第三度過去看房的時候，門一開，就知道女主人在家，因為聽到罵孩子的聲音。我從玄關望過去，看到一個和我一樣是金髮的女人，年齡與身材也跟我差不多。她教訓女兒：「蓮達，吃東西的時候，要先問其他人想不想一起吃！」顯然她說的「其他人」是指她的仲介。我之前第二次看房子的時候，已經見過那個留著紅色短髮、身材壯碩的女仲介。我和英嘉一往前，她就立刻像頭珠光寶氣的兇猛比特犬，擋在我們和屋主一家人中間，身上由舒博格（Jean Schlumberger）設計的戒指和手鐲閃閃發亮。我走向屋主，準備自我介紹，她居然直接用身體擋住我，不過屋主伸出手，給了我一個友好的微笑，用備戰但禮貌的語氣率先開口：「我是艾比。」我對艾比說話的語調感到熟悉，因為我在上東區街上和看房時遇到的女性，說話聽起來都像那樣。艾比顯然想要好好打量想買她家房子的人，幸好今天我至少穿得比平常正式。艾比一身時髦打扮——剪裁合身的黑色七分褲，優雅端莊的淡紫色上衣，外加塗著指甲油、閃閃發亮的粉紅色腳趾。她的頭髮八成是由專業設計師打理，妝容也由專人包辦，而今天只不過是一個平常的星期三下午。艾比介紹自己的仲介：「這位是雪倫。」雪倫很勉強地和我握手，眼神不知道飄到哪裡。我希望自己的語氣聽起來還算和藹可親：「哈囉，又見面了。」

這不是我第一次碰到這種誇張的仲介。這種仲介過度保護自家客戶，對潛在買主充滿敵意，我不太懂這種邏輯。不過我開始慢慢理解，賣方仲介視自己為屋主的守護者，帶著他們從屋主變成賣家，然後又帶著他們買下新房，再度成為屋主。每一次的交易，仲介都不想缺席，因為買賣房屋是大買賣，佣金很可觀，她們很怕發生搞砸交易的事，也怕一旦屋主和潛在的買家私下聯絡，自己就分不到一杯羹。艾比告訴我，她女兒跑進房間，她要去看一下，留下我和雪倫。我為了禮貌，努力找話聊，問蓮達多大了，此時我突然發現，上東區的仲介和買賣雙方，還有一件事也特別怪。

雪倫聽到我問的問題後，立刻趾高氣揚、不可一世地回答：「她三歲，念以馬內利會堂（Temple Emanu-El）的托兒所。」怪了，她的語氣，就好像她在告訴我，她本人剛剛榮獲諾貝爾獎。我注意到上東區的仲介、裝潢設計師和保姆，都一副他們本人的地位和僱主／老闆一樣的樣子，而剛剛又發生了一次這種事。我問以馬內利會堂是不是在這附近，等於是承認自己根本沒聽過那所學校。雪倫張大嘴看著我，不敢相信我這麼無知，而且還覺得無知沒什麼。我露出一個微笑，希望緩和一下氣氛，但在心中翻白眼：拜託，這又不是妳的房子，也不是妳的小孩。雪倫是想賺佣金沒錯，不過大概還有其他好幾組人馬也想買這棟房子，所以她有恃無恐，而且她和其他很多上東區的仲介一樣，很有錢。每棟成交的房子，她們可以抽六％，服務費又要另外收三％。現在景氣很好，不動產市場熱絡，我對她來說什麼都不是，入不了她的眼，她露骨地表現出自己的不屑，再加上我也不喜歡她，兩個人呆站在原地。

幸好艾比很快就回來，向我道歉，給了我一杯氣泡礦泉水，帶我四處參觀，並說起自己喜歡家中哪些地方、哪些又不喜歡，有話直說，我覺得她這個人說話很實在。我們聊起孩子，她女兒比我兒子大一點。雪倫走在後面，插不進我們的媽媽經。英嘉接了一通電話，告訴我們外頭在塞車，我先生會晚一點到，然後就識趣地讓我和屋主聊，自己也和一旁的同行閒聊起來。我感到一絲詭異的自豪，不管從哪方面來看，我的仲介是最好的，雪倫永遠達不到那種高度。不管是儀態、社交手腕，專業能力，還有美貌，我的人都贏了，哈！

艾比帶我從走廊進主臥室，告訴我：「這棟房子的服務人員還好。不是頂級的，但是還好。」艾比說她們家還是會住這棟大樓，只不過是搬到頂樓，因為頂樓的房間數比較多，而且可以眺望公園。我覺得有點尷尬——她要搬到更好的地方了，而我們家要撿她不要的房子。不過我拋開這個念頭。誰在乎？我猜艾比懷孕了，所以需要搬到大一點的地方，但我沒問，只說要搬到這種有大廳和電梯的大樓，讓我鬆了一口氣——因為我現在住的透天厝很麻煩，要爬樓梯什麼的，還要扛兒子和嬰兒車。艾比的臉亮了起來，驚呼：「妳住透天的房子？那是我的夢想！」她的話治好了我的玻璃心。我本來覺得自己像無殼蝸牛，撿別人不要的房子，這下子重拾信心。我們進入臥室，艾比打開櫃子和衣櫥，一一介紹，這些格子可以放皮包——我瞥見閃閃發亮的Gucci、LV還有Goyard——放鞋子的架子在這裡，前方是一排又一排的鞋子。

「保險箱妳要嗎？」艾比問。她蹲下去教我使用方法。我愣住。心想：我有什麼東西需要放保險箱？我沒在戴珠寶。我和老公第一次度假的時候，他想送我，但我告訴他：「謝了，但我不是很喜歡……寶石。」是真的，我不是珠寶迷，不過訂婚的時候，先生說服我戴上一個還算樸素的鑽戒。我一開始覺得很怪，太招搖，等於一直用手揮舞著一個噁心的訊息：我現在是某某人的財產了。不過最後我還是投降，因為那樣最簡單，而且戴著戒指可以讓我有一種安全感，覺得自己和部落裡其他人一樣。再說了，好吧我老實講，那個戒指很美。

「好啊。」我有點慌亂地回答，不想讓艾比發現，不管是保險箱，或是其他東西，其實我不屬於她的世界。艾比立刻解釋：「這個保險箱放小東西還行。比較大件的東西，妳可以放在轉角那間私人銀行，我都放那裡。」艾比繼續解說，我望向她按照顏色分類的高跟鞋，以及摺得漂漂亮亮的喀什米爾毛衣。

艾比起身，告訴我：「這個衣櫥是特別訂做的，但我沒收拾好。需要的話，我可以告訴妳正確方法，收東西會比較有效率。」她嘆了一口氣，向我道歉衣櫥「一團亂」，雖然我根本看不出哪裡亂。事實上，全上東區的女人都這樣。我碰到的每一個人，一定會為了一點都不亂的房子向我道歉，我提醒自己得調查一下這是怎麼一回事。

艾比微笑，再次伸出手：「很高興認識妳。」她告訴我，時間到了，她得帶蓮達出門，很遺憾沒辦法和我先生見到面。「不過我希望一切順利，」她想了想：「……我們就在棕櫚灘見好了，你們會去那裡對吧？我們家會住海浪度假村。」

我沒聽懂她在說什麼。「嗯……」我四處亂瞄，看著藍色花壁紙，好像上頭寫著答案一樣，最後終於擠出一句話：「我們會去的……但要五月才會過去。」我想起來了，春天快結束的時候，老公會在那裡開會，我和孩子會跟著過去，但艾比怎麼知道這件事？

艾比被我的答案嚇了一跳。「五月，這樣啊……我猜……大概那個時間也還算適合。」她結結巴巴，歪著頭想了一下，然後像是想到什麼：「那就亞斯本見！」

她非常自信地說出那句話，就好像每個人一定會在亞斯本見到面。有那麼一瞬間，我還以為她知道我不知道的家庭旅遊計劃，我們家真的要去亞斯本。不過我好多年沒滑過雪了，不太可能，所以我告訴她，我家會在紐約過聖誕節。她瞪大眼睛，最後說：「噢，對，我猜你們大概要忙搬家的事，對吧？」我點頭微笑，就好像我們家真的可能明年到棕櫚灘過感恩節，以及回亞斯本過冬，沒錯，我們絕對會去。

很顯然的，我讓艾比一頭霧水的程度，如同艾比讓我一頭霧水的程度。看來我得了解一下上東區的季節遷徙模式，畢竟我是外來的鳥兒。

———

我挑中的那棟公寓是公園大道上唯一一棟共管公寓，所以很搶手。凡是覺得共有公寓的規矩很麻煩，不想接受雜七雜八的規定與限制，或是擔心自己不夠格的人，都想住進共管公寓。此外，很在乎自己的地址寫著公園大道的人，也非常想住進那棟大樓。除了大家都在搶之外，還有一個恐怖的大問題：那棟建築物其實是「共管共有公寓」，也就是嚴格來說，那是一棟共管公寓，但卻「依據共有公寓的方式行事」。英嘉通知我的時候，我心想，媽啊，天底下居然有這種事？

不管那棟公寓屬於哪種公寓，申請書很長，而且鉅細靡遺。我和先生得把自己的個人資料通通公諸於世，包括我們的信用卡號碼，大學GPA成績，以及我們兩個、我們兩個的父母、我們兩個的小孩念過的每一所學校。我和老公討論的時候，我差點尖叫：「他們乾脆要我們填多久上一次床好了。」我的內心是謹慎的中西部人，居然要讓完全不認識的陌生人這樣刺探一切，我氣急敗壞，感到十分不受尊重。

這種「購屋申請過程」是我碰過最羞辱人的入會儀式。每個人都說，在這之後，你永遠擺脫不了不舒服的感覺。你老是會覺得，一堆跟你不熟的人，掌握你太多資訊，而實情也是如此。我和老公討論接下來要怎麼辦，要怎麼申請，突然間我明白了，曼哈頓就是靠這種辦法建立階級制度，讓每個人乖乖待在該待的地方，畢竟每棟建築物的住戶是一群沒有血緣關係的陌生人，住在咫尺，彼此的關係十分薄弱，但又被迫當同一國的人，只得靠著交換情報，讓所有人感到有把柄握在他人手中，不得不守規矩。就如同女人會隔著籬笆，或是趁坐在河邊石頭上一起搗衣服的時候，八卦一番；道理是一樣的。

不過當然，這種資訊的交換是不對等的。哀求者（我覺得應該要叫「哀求者」，而不是「申請人」，因為哀求者比較貼切）必須卑躬屈膝，希望別人讓他加入。我和老公處於劣勢，能不能買到房子，要看未來鄰居的心情。我們露出脆弱的頸動脈與肚皮，就像狗打架時翻肚一樣，告訴鄰居我們願意臣服，願意交出一切，讓自己處於絕對的弱勢。等通過了羞辱的入會儀式，被惡整一番之後，我們就可以精疲力竭爬到一旁，得到全新的身分：公園大道〇〇〇號住戶。至少最好的結果是如此。

我們一家人接受住戶委員會面試時，碰上我開始害喜，醫生強迫我臥床休息。委員會的代表說，沒關係，你們不用過來，我們可以過去。他們真的來了。我和先生，還有七個完全不認識的人，站在我的臥房裡。我戴著珍珠，上半身穿著外套，下半身被子蓋著的地方則是睡褲。我們夫婦招待了起司、餅乾和葡萄酒，所有人不得不尷尬地站著，讚美我們的藏書，聊我家兒子，還有我們是否打算重新裝潢房子。

我和先生似乎通過了口試，申請書也過了。我們一家人就這樣搬進位於公園大道的新家。當時是景氣最高點，紐約每個人都在談收入，談投資組合，意氣風發。我家搬進的高級地段，更是三句不離錢。我和老公原本以為終於搞定，讓我們鼻青臉腫、感到羞辱的入會儀式終於結束，再也不必擔心任何事，我們有自己的家了，不用再那麼緊張。但我們兩人真是錯得離譜。

啊完蛋了！一天下午，我坐在新家客廳的新沙發上，對著剛學會走路的兒子，唸一台魔法校車上老師和學生發生的故事。突然間我想起來，糟糕，我完全忘了要報名托兒所的事。

Chapter 2

Playdate Pariah

不配一起玩的低等人

從地理上來看，上東區和西村只相隔幾英里，我家只不過是從城市一角，搬到另一個角落，聽起來沒什麼。然而從社會的角度、文化的角度，以及從心理層面來說，上東區是一個完全不一樣的世界。我有大大小小的事得處理，例如讓兒子習慣新床，或是適應浴缸發出的聲音。此外，我們全家人都得適應新環境。上東區比我想像的還古板、還正式。我第一次到轉角的雜貨店時，發現自己穿得實在太隨便，居然套上牛仔褲和木屐鞋就出門了。雜貨店裡所有的女人都盛裝出席，花枝招展，雖然那只是一個平日週二的早上十點。所有女人儀態端莊，靴子一雙不曉得要幾萬，喀什米爾風衣上的鈕扣亮到刺眼，飄逸秀髮充滿光澤，連購物袋都美到不行——她們身上的一切全都看起來貴到嚇人，而且經過非常精心的安排。看來在新家的獨特生態世界，無處不是舞台，每一天都是上演服裝秀的機會，所有人等著展示以專業手法打理過的頭髮與妝容。

就算躲進新家那棟建築物，也無法讓我感到更輕鬆、更自在，或是更友善。我們一家人搬進去的時候，住戶正在吵是否該強制規定，用嬰兒車推孩子的人，只能搭乘平日用來載包裹和垃圾的貨梯。顯然某幾位鄰居認為，客梯是給所有人用的，除了小孩；但狗可以用。這棟大樓的狗穿著喀什米爾毛衣與皮衣，狗鏈上點綴著珠寶，狗主人是看起來一點都不像老祖母、手上戴著巨大鑽石的年長貴婦。一天下午，一位雍容華貴的年長女士走進電梯，手上有我這輩子看過最大顆的寶石。我偷偷問電梯服務人員：「那是真的嗎？」對方被我嚇一跳，揚起眉毛小聲回答：「我想是真的，而且她有好幾顆。」

我每天都在驚歎身邊的人有多富裕。我驚歎的點，不只是整個街區還有鄰居多有錢，而是從人類學的角度來說，他們活在「極度的生態釋放效應」（extreme ecological release）之中。所有的生物都和自己的周遭環境息息相關，平日的生活形態、整體的生命週期以及演化情形，通通受氣候、動植物與掠食情形等環境條件影響。在全球大部分的地方，人類依舊在對抗掠食者與疾病。許多人為了活下去，餵飽自己的家人，在艱困的環境中奮鬥，例如巴西的熱帶草原、雨林與貧民窟裡的人類。當然，富裕的西方工業化地區過著非常不一樣的生活，我們的晚餐來自商店預先處理好的食物，我們有疫苗，而且套靈長類動物學家莎拉．赫迪（Sarah Hrdy）的話來說，我們的托兒所外，沒有美洲豹在一旁虎視眈眈。簡而言之，生活在西方的我們，以史上前所未有的方式，舒舒服服生活著，無需擔心環境造成的生活限制。然而，每一天我在上東區東奔西走，尋找著舒服的義大利Frette被單、閃亮的All-Clad鍋盆，以及完美壁燈時，心裡在想，沒有任何人類族群像曼哈頓上東區的居民一樣，如此極端，如此全面地被釋放，橫行於自己的棲息地。這裡有Dean & Deluca提供的巨大香甜草莓，還有Barbour舒服、俐落的大衣。乾淨整潔與祥和的街邊，滿是小巧的精緻蛋糕店，等著妳把新鮮美味的甜點帶回家。一切是如此愜意，到處是用錢堆出來的美好生活，我感到目眩神迷。

不過真正引起我注意的，則是滿街可愛到不行的童裝店。從我的新家走出去，不過幾個街區，就有十幾家那種店。它們專門賣車工精細的美麗童裝，那種在下城區絕對看不到的款式——小巧的羊毛短褲和長筒襪，米白皮底的海軍藍鞋子，小圓領、紅色荷葉邊的白上衣，以及給小男孩穿的傳統菱格紋毛衣。那些衣服全都在義大利或法國製造，唯一的例外只有睡衣，睡衣都來自葡萄牙。我最喜歡的一家高級童裝店叫「王子與公主」，我很想在那家店幫兒子買一件淺藍色的喀什米爾小毛衣。我問店員什麼時候會降價，她告訴我：「不會有折扣季，我們從不打折，不過我可以幫妳找合身的尺寸。」看來人類如果生活在生態釋放的狀態下，他們當父母的方式也會改變。然而，除了為漂亮的童裝掏錢，在物質富裕的上東區當小孩、當媽媽，活在到處是高級舶來品的世界，究竟代表著什麼？活在這樣的世界會對當媽、當孩子的人產生什麼影響？——我焦慮地想著，這對我的孩子會有什麼影響？我自己又會發生什麼變化？

我知道就算是在上東區，也不是每個人都過著幸福的伊甸園生活。夏娃也有等級，分為貴婦、有錢貴婦與超有錢貴婦，很容易就能分辨出來——超有錢貴婦最精雕細琢，最美，而且一般生最多孩子。我第一次看到帶著一群孩子出門的貴婦時，吃驚到腦子當機。那是一個身材小巧的棕髮女子，髮型完美，服裝完美，身邊帶著兩個保姆，拖著六個孩子走進一家頂級童裝店。幾個孩子扭來扭去、鬧脾氣不肯試穿的高級衣物，一件大概都要好幾千美元。我看著他們，心想其中幾個會不會是前妻生的？一定是的，對吧？不對，錯了。她離開後，店員告訴我，那些孩子全是她親生的。她是家庭主婦，老公事業做得很大，家裡有很多房子，還有很多店面。這樣的女性在我的新棲息地有很多，她絕非特例。

很快的，當我看到生一堆孩子的家庭時，開始覺得沒什麼——到處都是這種家庭。以前人家說兩個孩子恰恰好，但這裡則是三個孩子恰恰好；別人是三個孩子不嫌多，這裡則是四個也不嫌多——以前大家聽到有人生四個都會愣住，但在上東區這種事沒什麼。這裡生五個小孩的人不是瘋子，也不是因為宗教因素才生那麼多——生五個只說明了你很有錢。生六個的話，顯然整棟樓都是你家的，或是你有私人灣流機。

我家那棟大樓分為兩派，一派是老人，一派是有孩子的家庭——老人派是一群退休的人，他們養著亂叫的小型狗，堅信坐嬰兒車的嬰兒只能搭貨梯。另外一派則是孩子還小的夫婦，強力要求在大廳劃出遊戲區，紐約最近很流行這種規劃。帶著孩子的人通常全年都留在城市裡，不像上一代常跑到郊區度假。景氣正熱，有錢人——不論是因為對沖基金而發財的暴發戶，或是繼承很多遺產的人——他們搶著買透天的房子，或是一次買兩間以上公寓然後打通，讓家裡有三、四或六個臥室。以前只有在紐約東南方的威斯特徹斯特郡（Westchester），或是全美人口最少的懷俄明州，才能提供那麼大的空間。

人們發財之後，兩種供給就吃緊了，一是房地產市場，一是曼哈頓私立學校。前文提過，房地產的存貨不足，趕不上需求。至於私立學校，以前只要付得起學費（目前托兒所一年大約兩萬五美元，幼稚園再上去則是三萬五美元以上），你的孩子就能入學；想念布里莉的話，只需要煩惱錢的事就好。現在則沒那麼簡單。我在報上讀過，也聽到附近咖啡廳或公園椅子上的媽媽在聊，現在很多人決定住上東區，而且很多人負擔得起私立學校，入學方式完全不一樣了。

孩子很多，爸媽的錢也很多，但學校就只能收那麼多學生。在上東區這個豐饒之地，有些東西卻極度難以取得。在上東區變異的生態，無法把孩子送進貴族學校，就跟被食物鏈的掠食者逮到一樣恐怖。對我們來說，進不了好學校，等於是被美洲豹吃掉。

女人大呼：「妳忘了？」「忘了」這二個字，被用高八度的音量喊了出來。

她的語氣充滿斥責與難以置信，態度不可一世：她知道自己手中，握有別人願意不惜一切代價取得的東西。我原本還以為，因為我和先生確定以後一定會把兒子送進公立學校，所以不需要為了未來可以進高級的私立學校，先在托兒所卡位；但沒想到在上東區，搶托兒所是你死我活的戰爭，不管是普通的，或是「頂級的」，通通都一樣。所有的紐約父母都為孩子的學業緊張，而且有錢人生得多，就連以前被視為「備胎」的學校，現在都爭破頭，幾乎搶不到。曼哈頓孩子多，處處是望子成龍的焦慮爸媽，但托兒所還沒來得及擴張應付龐大需求，大部分一班人數還是只有那樣，幾乎沒增加，也沒人開設新托兒所。

不把孩子送進托兒所不行，因為大部分的人堅信，孩子在上幼稚園之前，必須接受正規的學前準備，練習社交，贏在起跑點上。電話上的女人逮住我的心理，我坐在家中就被掠食者捕獲了——我很焦慮，希望才沒幾歲的兒子能有美好未來。有那麼一瞬間，我的血壓不曉得飆高到多少——我覺得心臟快從眼眶裡跳出來了。我深吸一口氣，再次解釋為什麼自己忘了申請托兒所。這是今天早上第三次了。我知道，我知道，怎麼可能忘，但我們家最近才剛從下城區搬過來。那裡的規定比較不一樣，最後申請日期比較晚。我哀求電話上的女人，如果她能透露花時間解釋下去有沒有用，我將感激不盡。如果有用，如果她願意憐憫我，我將立刻衝過去領「聖袋」——裝著報名表及格式說明的大型牛皮信封袋。申請學校的父母必須寫一篇作文，說明自己為什麼想讓孩子念該所學校。有的時候，聖袋甚至會附上推薦信格式。我不斷說：非常、非常感謝您在百忙之中還抽空聽我講話，真的，很抱歉我帶來這麼多麻煩。

然而我真正想講的真心話（不只是對這次接電話的人，而是對每一個接電話的人），其實是：「為什麼你們要高傲成這樣，故意刁難人？！」只是托兒所而已。我知道，孩子太多，入學名額太少，這些我全都懂，但托兒所應該是個讓孩子吃全麥餅乾點心，用手指沾顏料畫畫圖，圍在一起玩遊戲的地方。那個地方理應溫暖和善，可以讓孩子享受動手做的樂趣，還可以交朋友，念故事。電話上的女人是學校和外界的窗口，難道不應該有禮貌，樂於助人，就算打電話過去的人搞不清楚狀況，問了過於天真的問題？上東區不是這麼一回事，顯然讓小朋友有地方玩遊戲是嚴肅到不行的一件事，要花很多功夫。不論是申請學校或是替孩子找玩伴，事事都有一套正規程序，有自己的規矩，關於學校我還有很多得學的地方。

我在音樂班上認識的幾位媽媽，還有我帶大了四個孩子的嫂嫂，都是上東區人，她們幫我惡補上東區教育的知識，教我學校的事該怎麼處理。她們說某幾間托兒所的所長認識再往上的學校校長（幼稚園到八年級的八年制學校，或是到十二年級的十二年制學校）。那些校長關係很好，有辦法把學生送進「好大學」——今日的世界超級競爭，不只是常春藤名校才稱得上好學校。現在不管是哪所美國大學，只要教學還可以，有研究設備，就可以稱作好大學。此外，很多托兒所和再上去的學校，都有很方便的「兄弟姐妹條款」——只要你有一個孩子進了某所學校，你其他的孩子以後幾乎一定都可以進。托兒所會影響你的孩子以後念哪所大學。如果搞定了，以後你只需要申請「一次」十二年制學校。托兒所遠比你以為的重要，托兒所的所長更是勢力非常、非常龐大的人士。沒錯，我和老公確定兒子以後念旁邊的公立學校就好。但萬一呢？萬一以後我們想在某個階段讓兒子念私立的？萬一公立學校班級人數過多，兒子沒辦法好好學習，那該怎麼辦？萬一兒子上學的時候，或甚至還沒入學時，旁邊的公立學校品質就已經下滑，那該怎麼辦？（這種事不是沒發生過，有時換了校長後，校風就會變。）目前的風氣是「考試引導教學」，公立學校的老師、孩子、家長，每個人壓力都很大，累到不行。萬一兒子上學的時候風氣還是這樣，他依舊和很多孩子一樣，被考試壓到喘不過氣，那該怎麼辦？萬一為了什麼天知道的理由，我和老公有一天想讓他改念私立學校，那該怎麼辦？那表示我們現在就得認識厲害的托兒所所長，這樣有一天她就可以幫我們牽線。這下子我終於懂了。

我一邊打電話，一邊歎氣，又變成哀求者了，而且比起找房子的事，看來這次我處於更大的劣勢。我和其他上東區媽媽不同，沒收到「提醒單」。顯然大家都有一張提醒單，上頭寫著：「永遠要提前準備，很早、很早以前就要開始準備。」我在遊樂場還有公園會和其他媽咪聊天。從她們身上我學到一件事：該做的事應該什麼時候開始做？在你以為該開始的時候，再提前很多時間準備就對了。舉例來說，還沒進托兒所之前，孩子就應該先上達勒奎爾音樂學校（Diller-Quaile School of Music）的課。到達勒奎爾上課之前，就該先參加嬰兒團體。每一件事環環相扣，而且感覺像是內線交易，你必須是上東區媽咪的一員，才會知道該做什麼，才有辦法交換資訊，才能抓準某件事的時機。

環環相扣是一種令人很焦慮的生活與育兒方式，讓人活得很緊張，因為你永遠不能鬆懈，永遠不能休息，不管什麼事都一樣。其他媽咪聽到我把兒子送到一般的健寶園（Gymboree）「學音樂」，紛紛搖頭。她們讓我忍不住想起珍·古德筆下的母猩猩菲洛（Flo）。菲洛是很有野心的一家之長，她用精明的手段，巧妙與其他黑猩猩結盟，把自己的後代菲菲（Fifi）、菲剛（Figan）、菲奔（Faben），推上坦尚尼亞岡貝黑猩猩最高位階，成為統治階級。菲洛讓自己的家族，建立起前所未有的王朝，支配著不同的黑猩猩世代。至於在上東區生活的女人，只不過是勉強跟上大家，就已經得有菲洛等級的毅力、聰明才智、深謀遠慮以及手段。

上東區的女性告訴我事情該怎麼做的時候，有時她們似乎長出深色羽毛，尖銳鳥喙，以及鳥類冷酷無情的雙眼。好吧，其實我想起英國鳥類學家戴維．拉克（David Lack）研究的母鳥。拉克在二戰過後研究英國鄉間鳥類的育兒模式，他的研究結果打破了人們對於母愛的美好幻想。拉克發現，有的鳥媽媽比其他母鳥成功，成功養大代代相傳的後代，他想知道為什麼會這樣，為什麼有的鳥媽媽成功，有的卻失敗了？他觀察後發現，有的鳥媽媽在每次的繁殖季節，都發瘋似地全力以赴，儘量產下最多的蛋，也照顧最多的蛋，耗盡自己所有能量。這種母鳥因為太過努力，不但要保護一大窩小鳥，還得幫牠們找到食物，最後疲憊不堪，身體虛弱，死亡率較高；而牠們一死，孩子們也連帶活不下去。這種「無私」的鳥媽媽成功孕育下一代的機率，不如冷酷、比較會算計的母鳥。後者會在盡心盡力孵蛋以及幫雛鳥尋找食物之前，先打一打算盤：「看來今年春天會來得比較晚，而且冷到不行，大概找不到太多蟲子。我應該孵這次生下的蛋，還是這一批就算了，等下次環境比較適合生存的時候，再多下幾顆？或是這次就孵兩顆就好？」拉克發現，等小鳥孵化後，母鳥又得再次面對風險。不太明智的鳥媽媽會餵食整窩的小鳥，比較聰明的鳥媽媽也可能整窩都餵，但牠們會看情況，放任體型較大的孩子，把體型較小的孩子擠出窩外，或是看著牠們啄死自己的手足。聰明的母鳥甚至可能乾脆放棄整窩雛鳥，等下次繁殖季節來臨時，在果子較多的地方，和更身強力壯的配偶再生一窩蛋。拉克發現，母鳥若要成功帶大下一代，除了要願意犧牲奉獻養育孩子，有時也得「節省母愛」。聰明的鳥媽媽精打細算，每天依據生存條件「做著為人母的算計」。赫迪等研究演化與靈長類動物的學者很快就發現，不管是人類或其他非人類的靈長類動物，都會打同樣的算盤。

的確，上東區的媽媽可以求助避孕技術，而且資源豐富，愛生幾個孩子就生幾個，跟鳥媽媽完全是兩回事。上東區的媽媽有能力扶養自己的每一個孩子，而且還能大量提供所有孩子食物、關愛，以及Bonpoint生產的頂級法國童裝。不過那並不代表上東區的媽媽沒有自己的育兒策略，她們就連受孕日都打過算盤。在溫暖、懶洋洋的夏天生孩子，應該不錯吧？暑假是父親比較好請產假的時候，而且每年孩子過生日的時候，都可以在戶外辦派對，舉行野餐，吃蛋糕，聽起來很棒對吧？這位姐妹，妳錯了！生日在夏天一點都不好，尤其如果是男孩更糟。人們的邏輯是這樣的，小男生比較活潑好動，比較不聽話，而且發展動作技能的時間比女孩晚，因此最好「大一點」再入學。美國南方人喜歡讓男孩晚讀，這樣孩子入學的時候體型就會勝過別人，比較容易被選進運動校隊。紐約人喜歡讓孩子晚讀的原因，則是為了讓孩子重要的大腦和認知發展勝過同學。理論上學校每個年級招生時，只收八月以前出生的男孩，我兒子是七月生的，差一點就要隔年才能入學，但還在期限之內；不過嫂嫂說，學校的官方期限是八月，但其實是五月，而且他們比較喜歡收十月出生的孩子。也就是說，在一月、二月、三月受孕的母親，通過了母猩猩菲洛的競賽，她們的孩子可以進人人想進的學校。其他在六月、七月、八月生孩子的母親，在曼哈頓私立學校的體系下，她們的孩子則一輩子都背負著汙點。我一個上東區的朋友開玩笑，她說做試管嬰兒的診所應該在九月、十月、十一月警告大家：這段時期別做人工受孕。

也就是說，我不只太晚才開始申請托兒所，還在錯誤的月分生下性別錯誤的孩子。我向一個剛認識的媽咪請教托兒所的事，她驚呼：「天啊，妳不但還沒申請，而且兒子還生在糟糕的月分？」另一位媽咪在兒童遊樂場當著兒子的面，也說了同樣的話，兒子大哭：「媽咪，我的生日為什麼很糟糕？」我安慰他：「親愛的，沒這回事。」但那是句謊話。我這個做媽的人，讓我們母子倆身處於出生的月分的確分成「糟糕」和「不糟糕」的世界，但這下子也顧不得了。依據所有媽媽的說法，我得現在、立刻、馬上打電話給托兒所，所以我打了。

電話那頭的女人，讓電話發出很大的「鏘」一聲後，再度接起電話，「抱歉讓妳久等。」她聽起來一點都不抱歉，「不能申請了。」她連再見都沒說就掛斷電話，我甚至還沒來得及謝她，可能她有什麼急事要辦吧。

我努力控制自己的情緒，用最鎮定的方式放下電話，心想乾脆不要念好了，幹嘛搞得緊張兮兮，弄得自己像神經病？誰在乎小孩上哪間托兒所，兒子上不上有什麼關係？全世界的小孩就算沒上托兒所，還不是照樣長大。我自己就沒上過，也沒怎樣。可是上東區不是西非，不是亞馬遜盆地，也不是密西根的大急流城。不行，兒子的未來可能受影響，不能就這樣放棄。我如果就這樣算了，算哪門子的媽？

我就此誤入歧途。在恐懼的脅迫下，從原本的旁觀者變成體制的擁護者。我跟上東區的媽媽一樣，跟全世界的媽媽一樣，每天都在焦慮自己是不是做得不夠好，不夠多，深怕對孩子的未來造成影響。

靈長類動物由於童年期很長，相當不同於其他動物。以人類標準而言，其他的哺乳動物從出生、斷奶到性成熟，時間快到驚人，人類以及DNA與人類最相似的物種則慢慢來。聖路易大學人類學副教授凱薩琳．麥金儂（Katherine C. MacKinnon）專門研究靈長類動物，她表示：「大部分的靈長類動物，一生二五％至三五％的時間屬於青春期。」以猩猩為例，五歲以前都稱為「嬰幼兒期」，青春期則大約達十至十二年。「以整體壽命與體型來看，所有的猿類和大多數的猴子，都擁有相當長的青春期。」

每種生物情況各有不同，不過在所有靈長類動物之中，人類的孩子出生時最無法自立，依賴期也最長。我們來到世上的時候，基本上是尚未發育完全的胎兒，神經還沒完成連結，極度仰賴成人照顧。人類和其他靈長類動物不同，出生時連抓握都有問題，得由成人抱著。而且人類不只是出生時很脆弱，在接下來的嗷嗷待哺期，我們的「幼態持續」（幼年特徵維持很長一段時間的現象）以眾多深遠的方式，同時影響著父母與孩子，而且一影響就是非常多年。人類學家梅瑞迪・思摩（Meredith Small）表示：「人類的童年期造成人類有較長、較複雜的父母期。」我們在身心兩方面都與子女密不可分。這種關係是雙向的，而且時間通常長達一生。我們讓孩子衣食無缺，還付錢讓他們受教育，一路要照顧到成年。接著我們還可能幫子女買房子，而且提供愛、資源給他們的下一代。我們人類為了後代付出龐大代價，而且一付出就是一輩子，這一切要如何解釋？

在悠悠的歷史長河之中，人類從前並非如此。我們的老祖宗不太可能像我們現在這樣，一直停留在嬰幼兒期，接著又要一直靠別人養，而是得立刻進入性成熟期。科普作家奇普・沃特（Chip Walter）表示：「大約在一百萬年前，演化的力量讓人類的嬰幼兒期與前青春期之間，又多出六年——多一段童年期。」為什麼會這樣？數十年來，專家都認為之所以會出現這種改變，是因為早期的年幼人亞科（Homininae）需要一段額外的時間，以學習語言與使用工具等技能。從這種觀點來看，人類的童年期不斷拉長是為了傳授必要知識。人很特別，需要特別的童年期。

不過這種理論有漏洞。天擇不太可能選擇多出一段會加重父母負擔，還讓父母、子女與整個族群都陷入危險的時期，只為了讓某些孩子可以學習生火與流暢的表達能力。如果要弄清楚為什麼人類會出現童年期，不能繼續假設古代的童年期一直都像今日這樣。或許最初的童年期，不是為了玩耍，也不是為了學習。或許童年期的出現，不是為了孩子，而是為了成人，對成人有好處。貝瑞・波金（Barry Bogin）、克利斯坦・霍克斯（Kristen Hawkes）、安・澤勒（Anne Zeller）等人類學家認為，唯一說得通的理論，就是兒童期是為了減輕成人的負擔，好讓成人可以生下一胎。這派的學者認為，孩子是小幫手和保姆，可以讓母親休息與恢復體力，母親才有辦法養大他們，接著生出更多孩子。一起幫忙養孩子的人不是男性伴侶，而是孩子。其他的人屬動物消失在地球上時，現代人類卻活了下來。兒童期是拿來工作、不是拿來玩的時期。

我們只要看現代的人類，就能了解學者的理論。在多數文化，孩子到了七歲就開始幫家裡做事。他們照顧雞鴨、整理廚房、幫忙揀柴火，煮飯洗衣服、在市場上叫賣。不過大多數時候，他們是年幼弟妹的保姆，甚至照顧表弟表妹。事實上，UCLA人類學教授湯瑪斯・懷納（Thomas Weisner）發現，在多數地方，照顧與陪伴年幼孩子的人，主要不是母親，而是年紀較大的孩子。研究兒童的學者表示，孩子天生喜歡幫忙，可以融洽處於一群年紀不同的同伴之中，彼此有個照應。他們會觀察大人，和大人一起工作，還把自己學到的東西教給其他孩子。

這種大自然的安排，似乎適用於每一個人，特別是孩子不需要太多技術就能幫上忙的活。舉例來說，在墨西哥傳統的馬雅村莊，孩子會照顧家裡，還會在市場上擺攤。人類學家克拉瑪（Karen Kramer）發現，當地的孩子對自己很有信心，知道自己該做什麼，而且做得很順手，覺得自己是重要的小大人。他們的父母不像西方工業國的許多父母，不覺得自己充滿壓力、沮喪又疲累。在西非國家，孩子三歲就要開始幫忙。人們常說：「有孩子的人不可能窮。」孩子是資產，被愛、被重視。這種環境下長大的孩子，可以帶來真正的歡樂，因為他們可以做出貢獻，「帶財」到這個世界。

然而在工業化的西方，我們讓童年期變得很不一樣。我們認為孩子什麼都不該碰，長大再說。他們是被照顧、呵護的對象，不會處在周圍有很多人說話、技能與年齡各異的團體之中，身邊不會被哥哥姊姊、弟弟妹妹、堂兄弟姐妹圍繞，一起學習講話，幫家裡做事。西方的孩子會上學，有時兩歲就得上。他們在學校的時候，和同齡的孩子，以及沒有血緣關係、不一定真心關心他們、被稱為「教師」的陌生成人，一起被隔絕於社會之外（今日出生率低，學校是聚集一群孩子最有效的方法）。我們的孩子沒有一群年長親戚教他們實用技能，也沒有人一整天在他們身邊說話，讓他們學習語言，而是靠不斷重複相似的聲音學說話（我們反覆念著：「噠噠噠噠」和「貓貓貓貓」）。在我們的世界，孩子是大人的「工作」，大人的生活繞著他們的需求打轉，而不是孩子繞著大人轉。每次你幫孩子鋪床，或是幫他們煮完特製的兒童餐後得清理廚房時，你都會感受到他們的確是你的工作，也或者你付錢請別人替你做。

人類學家思摩指出，在我們目前身處的地質學年代「人類世」（Anthropocene），孩子是「無價之寶，但毫無用途」。西方人用自己的一套方式重視孩子，別的文化崇拜祖先，我們的家長卻是孝順孩子的「孝子」、「孝女」。不過我們也抱怨養孩子又貴又累人，事情的確如此——因為我們的孩子不太需要養活自己。西方做了和演化結果相反的事，結果就是母親身處特殊的生態、經濟與社會環境。無憂無慮的童年是富裕的現代西方發明出來的東西，照顧孩子、陪伴孩子主要是母親的責任這種觀點，也是現代的產物。人們認為母親除了要負責讓孩子活過嬰兒期，也要負責他們整個童年期的幸福安康，甚至為他們一生的成功負責。就算母親不是唯一要負責的人，人們也認為責任大多在母親頭上。現代西方因為童年期不同，母親身上的責任也因而不同。我們西方人完全無法想像古代是什麼樣子，也無法想像世界其他角落的情形。

童年期與母職的變化在曼哈頓上東區最為明顯，讓人喘不過氣。在這個人人有資源愛生幾個就生幾個、高度競爭的小小世界，養出「成功的」孩子是地位的象徵——可以反映出你的身分地位。拉拔孩子、無怨無悔照顧他們是一種天職。在上東區當母親是一種不成功便成仁的高風險職業。當母親的人壓力很大，很焦慮，因為成功或失敗的責任，通通在我們身上。孩子要是成功，那是我們的功勞；孩子要是失敗，那是我們當媽的人失敗。這種想法太牢不可破，我發現自己逃脫不了這個重責大任。

也難怪上東區的媽媽，全在脖子上戴著刻著孩子姓名縮寫的小牌子，手指上也戴著疊戒，一個戒指代表一個孩子。此外，在她們的通訊錄上，媽咪被列在孩子底下，因此在許多我新結交的朋友的電話與電子郵件通訊錄上，我的代號不是「溫絲黛·馬汀」，而是「艾略特·馬汀的媽媽，溫絲黛·馬汀」。母親與孩子完全融為一體，我們由我們的孩子定義。上東區的媽媽會用名牌繩掛著自己孩子學校的識別證，上頭寫著「某某人，家長，某某學校」。每次我看到女人脖子上掛著那種東西，都會想起我們附屬於孩子之下。寫電子郵件的時候，我們說明自己是誰與署名時，都會附上自己是「皮爾斯的媽媽」或「艾佛略的媽媽」。我們對話時會問：「妳問了舒勒的媽沒？」女人變成自己的孩子，孩子和她們融為一體。我的作家朋友艾美·弗森曼（Amy

Fusselman）寫道：「就好像我生孩子之前，沒有自己的人生，誰都不是，就好像是孩子給了我生命一樣。」

其他的孩子，那些媽媽早已替他們申請學校的孩子，他們比我的孩子優秀嗎？我每天看著名單愈來愈短的托兒所，心中十分焦躁。每多過一天，能申請的學校就愈少。這是一場大風吹遊戲，而且我有不能輸的壓力。別人的孩子比我的孩子聰明、比我的孩子可愛嗎？他們的父母是比我和先生還要好的父母嗎？我不這麼覺得。不管再難，我都要申請。我打給嫂嫂，打給嚮導英嘉，請她們幫我。她們和她們的朋友，沒有和我家孩子同齡的孩子，所以可以幫我，又不必擔心我的孩子和她們的孩子競爭。你可以說我漸漸學會了上東區的做事方法，也可以說我完全失去自己的觀點，看你從哪個角度看。

英嘉躍躍欲試，整裝待發，迫不及待要幫我。過去幾年，她因為賣房子的緣故，認識數十個孩子念高級托兒所的人。嫂嫂也很樂意幫忙，但我碰上「第一志願難題」：

在曼哈頓，等你走完申請學校的手續，計算過入學的可能性，以及你有多想念那些學校之後，得寄一封信給自己的「第一志願學校」，或是和校方談一談。你在那封信上，或是談話的時候，要表達自己將忠貞不二，也就是說你要向學校保證，如果它們收你的孩子，你的孩子絕對會去念那所學校。如果你靠著朋友的推薦，讓學校A收你的孩子，最後卻去了學校B，你會讓朋友臉上無光，不但失去一個朋友，這輩子再也別想讓任何孩子進那所學校。我嫂嫂的四個孩子念托兒所時，就在她家旁邊的那間托兒所相當歡迎大家去念，但等到我和老公要申請的時候，紐約剛好處於熱錢亂竄的時期，再加上那間托兒所的升學記錄很好，已經變成曼哈頓最炙手可熱的學校，最近還曾爆發一場醜聞：某個華爾街人士為了幫客戶把孩子弄進去，捐了一百萬美元，結果學校最後沒收那個孩子。

兒子要進托兒所之前，得先通過書面申請、雙親面試，以及先在學校「試玩」。雖然我很晚才開始申請，英嘉和嫂嫂打電話請朋友幫忙之後，我還是拿到申請表。我花了幾天時間在上東區東跑西跑，蒐集簡章，然後開始寫作文，向托兒所說明我家寶寶的特殊長才、他的優缺點，以及他是哪一種類型的學習者。我實在很想寫：「鬼才知道，他才兩歲！」不過當然不能那樣寫，我只能不斷用頭敲牆壁，希望想出還算得體的答案。填完申請表後，接下來是「試玩」，但我都稱之為「海選」，因為那才是真正發生的事。托兒所會把試玩的時間，安排在孩子午睡的時段，我實在想不透為什麼要那麼做，除非學校真正的目的是儘量排除「不合群」的孩子。你的孩子是否因為太累，在玩具廚房裡鬧彆扭？或是打了遊戲桌旁其他孩子？不專心聽故事？那就恭喜了，祝你下次好運。我永遠忘不了某次的「試玩」。那次現場放了一個吸引所有孩子目光的玩具——一個顏色鮮豔、上面有旋鈕、燈光和按鈕的遊戲烤箱。一旁還有幾個沒那麼起眼的玩具。這是托兒所的招生人員設下的大風吹遊戲，他們想看，一群累壞的寶寶在面對他們的年紀還不能處理的考驗時，會有什麼反應。換句話說，在沒有獎勵的情況下，他們能否在特定情境中依舊排隊，延遲享樂，壓抑住自己受挫的情緒？

兒子等啊等，都輪不到他玩，眼看就要哭起來。其他的孩子互相推擠，也推了兒子，現場的「試玩」一團混亂。兒子哭了出來，我氣壞了，受不了這種實驗，站起來安撫他（托兒所永遠不會告訴家長該坐在哪裡，也不會告訴他們在這種愚蠢的「試玩」活動時，他們應該做些什麼，因為你一頭霧水時的表現，也是他們的「評估」項目）。當時我真希望，好吧，我現在也希望，可以把那些所長關進十八層地獄。凡是無緣無故給兩歲孩子壓力，折磨滿懷希望、緊張又脆弱的母親的所長，應該通通關在同一層。

每次我去接受這種折磨時，現場盛裝出席的媽媽們，也都緊張兮兮，處於崩潰邊緣，深怕孩子出錯。我們自己也知道，家長也是托兒所測試的對象。你可以感覺得到，那些學校人員看著眾家母親坐立難安時，他們得到快感。他們掌控著人脈，有權選擇哪個家庭才能入學。小小孩們誰會被挑中、誰會被淘汰，全要看他們的心情。你們這群有錢有勢的女人，落到我們手裡，還不是一樣。你常可以看到某個媽媽幫孩子穿好外套，走出幼兒園，然後就在街上哭了起來。兒子海選「失敗」時我也會哭。有一次，他不但吃了遊戲沙桌裡的沙，還對一個搶他書的小孩說：「還給我！」另外一次，試玩的地點是教堂，結果兒子走進教堂時大喊：「下地獄吧！」托兒所的人員眼睛瞇了起來，顯然他們覺得這一點都不好笑。就這樣，我和兒子歷經了數週殘酷的試玩儀式，一遍又一遍重來。我覺得這根本是合法的施虐狂樂園，我打從心底感到噁心。

但我能怎樣？其他媽媽又能怎樣？我們只能任由托兒所宰割。感覺得出來，那些托兒所的人，很多眼睛長在頭頂上，盛氣凌人，但事實上他們只是一些小人物。大家之所以都得求他們，完全只是因為托兒所不足，僧多粥少。老公的姪子姪女念的那間托兒所，申請人數爆炸，而且想讓孩子進去的人，大多是很有社會地位的人，可以動用關係；因此我們不得不多申請幾間托兒所，不能把希望都放在熱門學校。我拖著可憐的兒子，試過一間又一間的托兒所。有一天，我們又要參加「試玩」，現場都是兒子不認識的小朋友。兒子拉著我的手，仰起頭告訴我：「媽咪，我辦不到。」我聽了眼淚快噴出來。

兒子要到嫂嫂孩子念的那間高級托兒所試玩時，我們決定還是讓先生帶兒子去比較好，因為他是個非常冷靜沉著的人。先生說，那間托兒所的所長，大概是全曼哈頓最有權勢的人，也因此是全世界最有權勢的人。說完後，我們兩個人都笑了，不過這不完全是玩笑話。那天我手指不斷敲著桌面，焦急等待老公和兒子的面試結果。電話響起，我嚇了一大跳，差點摔下椅子，老公低聲告訴我：「我想跳下窗戶。」我心一沉，儘量用最不歇斯底里的聲音問：「怎麼了？」

老公說，兒子試玩的時候，托兒所的所長也在。所長和所有的小朋友一起玩培樂多黏土，一起畫畫，一起說話。玩到一半的時候，兒子想要引起所長的注意，叫了她好幾次，但教室太吵，所長沒聽到，兒子竟然打所長的手臂（雖然只是輕輕地），大聲說：「嘿，我在跟妳講話！」

我至今都不明白，兒子最後是怎麼進了那間托兒所，我從來沒問過原因。我和老公想，大概是嫂嫂的影響力吧。雖然那是一間人人搶的托兒所，但那間學校非常重視關係。如果你家曾經有人成功把孩子送進去，而且一送就是四個，還捐了一大筆錢，又好相處，你申請的時候就有優勢。在學校眼中，你是有關係的人，選你大概不會出什麼大問題，就算你兒子打了大老闆的手也一樣。我們家靠著這層關係，出了一個念全紐約「最好的」幼兒園的孩子。我享受到沾親帶故的好處，但成功進去這個小圈圈後，真正的考驗才正要開始。

我和老公因為兒子進了一所「好」托兒所，歡天喜地，簡直是灌籃成功，或是幹了什麼了不起的大事。我知道最好不要到處跟別人講這件事，免得像是在炫耀，但我道行不足，我其實很享受其他媽媽嫉妒的眼神。每次別人問兒子念哪間托兒所，我回答後，大家都很羨慕。能進那間托兒所，簡直像是擁有一間透天厝，一顆大鑽石，或是在漢普頓海邊有別墅，那代表你很有人脈，很有辦法，你的孩子等於是進了「一流學校的直升班」，你完成曼哈頓人的美夢。不過對我來說，最重要的是，我感到自己是

個「好」媽媽，就跟母猩猩菲洛一樣。

但這次又跟買房子的時候一樣，我和老公以為已經抵達終點，一切都結束了，實在太天真。除了非洲塞倫蓋提地區（Serengeti）旱季時，口渴的動物搶水喝的水坑，世界上最危機四伏、你爭我奪、血流成河、龍爭虎鬥的地方，就是曼哈頓私立貴族學校早上與下午的家長接送區。接送區的走廊，讓高盛集團的會議室（此處據某位投資銀行家形容：「那裡的人甚至懶得在背後捅你一刀。他們會當著你的面直接砍你，然後踏過你的屍體。」）看起來像是個祥和、友善、可以和善良質樸的奶奶一起散步的地方。這下可好，我身處全美最富裕城市最勢利眼地區最貴族的學校，每個人虎視眈眈，等著為自己的孩子謀最好的福利。我早該看出自己處於什麼境地，但偏偏沒意識到這件事。

兒子恰巧在紐約景氣最好的時候進托兒所，人人的血液流著腎上腺素，空氣中瀰漫著希望的氣息，到處都有大買賣成交，曼哈頓的每一個人幸福洋溢，處於買第二棟、第三棟、第四棟房子的好時機。但我每天把兒子送到學校後就開始哭，我哭不是因為兒子走進教室的景象讓我太感動，也不是因為放開兒子的手象徵他長大了，更不是因為當媽的人偶爾有心酸的時刻。

不，我哭是因為其他媽媽有夠壞。我向老公還有下城區的朋友抱怨時，都叫那群媽媽是「可惡的賤女人」。

那些媽媽站在走廊上時，各自站成一圈一圈，頭低低的，不停竊竊私語，說著閒話，還不時偷笑。所有人似乎「以前就認識」，而且都穿一樣的衣服，昭告天下她們是同一國的——下雨就穿Burberry雨衣，天冷則穿時髦羽絨外套。她們腳上的浪凡（Lanvin）包腳平底鞋，或是高到不行的高跟鞋，都讓人知道她們「有司機接送」，不需要走路。她們竊竊私語的時候，其實可以偶爾抬頭和我打個招呼，但她們幾乎從來不開尊口。每天我都提早到學校，以避開想鑽個地洞躲起來的感覺。我向其他媽媽打招呼的時候，她們視若無睹，就好像我是透明人。我只能尷尬地一個人站在一群人旁邊，沒人理我。每天教室門一開，我馬上把兒子送進去，說再見，然後立刻轉身離去。站在走廊上時，我總是感到悵然若失，心中糾結。除了當隱形人讓人不好受之外，最嚴重的問題是，我和老公完全無法幫兒子找到玩伴。

孩子放學後，父母得替他們找到玩伴，約別的孩子一起玩。我和老公努力安排，傳簡訊，寫電子郵件，打電話。我知道其他媽咪和其他學校是怎麼做的，但我的簡訊，我的電子郵件，我的電話，我傳給兒子同學媽媽的訊息，從來沒有得到任何回應。更糟的是，我在走廊上直接問她們的時候，她們通常會顧左右而言他，有時則會瞪大眼，和一旁的朋友使一個會心的眼神，無聲地說著：「我的天啊，妳相信嗎？她還不懂嗎，有夠尷尬的！」每一天，其他媽咪繼續當我是透明人，我才知道，在她們眼中，我和兒子是下等人，不能一起玩。我心煩意亂，陷入無比的低潮。

我看著學校操場，想著母黑猩猩的命運。被排擠的動物不會有好下場，我和我的孩子如果落入那種情境就糟了。沒錯，無視我的女人很噁心，讓人很不舒服，我想戳瞎她們的眼睛；但某種程度上來說，我需要她們，我得融入。我的孩子需要朋友，需要和別人一起玩。我不能硬要兒子回下城區，而且就算帶他回去，我的朋友也沒有和他同齡的孩子，有的朋友甚至不生孩子。沒錯，我可以帶兒子到公園或遊樂場認識新朋友，這聽起來像是個好主意，但上城區每個孩子都行程滿檔，一直到晚上睡覺才能休息，所以帶兒子到外頭認識陌生新朋友，大概也不太可能成功。除此之外，每當我用友善的態度接近兒童遊樂場的媽咪，她們似乎覺得我是可怕的跟蹤狂，或至少不懂人我分際。顯然上東區的媽媽寶寶們，早就排好社會位階，每個人都有自己的位子。她們的小寶寶還沒大到可以穿著Robeez童鞋出門之前，邀舞卡就已經滿了。我太晚才抵達舞會大廳，無計可施。我的孩子真可憐，而且，沒錯，我自己也很可憐。我不想在接送兒子上下學的時候，像個灰姑娘。我必須努力喜歡學校其他家長，而且也得讓她們喜歡我。

在被排擠的那段期間，我的身體變得不是很好——有好長一段時間，我恍恍惚惚，覺得脫離現實，腦子和身體分家，接觸不到身邊的人。一天晚上，我告訴先生這件事，然後才想起自己以前念書的時候，讀過這種症狀。我碰上了文化衝擊——人類學家、國外的交換學生，以及進入貴族大學的窮孩子，都被這種症狀所擾。先前我曾浸淫於許多外國文化，每次都有辦法融入。我曾在聯合國工作過一小段時間，幫忙寫講稿，還跟著各國外交官一起參加宴會，所以我知道自己不是一個完全缺乏社交技巧的人。我已經比從前注重打扮，而且一直很客氣，到底那些上東區的女人還要我怎樣？是我少做了什麼嗎？我少說了某句話嗎？我試著不去想那些女人覺得我配不上。我告訴自己，就算她們真的那麼覺得，我才不在乎。過了一段時間後，我不再一頭熱想融入，而是默默觀察。我雖然是個不安、打不進圈子的母親，但同時也是社會研究者。既然如此，那就開始研究吧。

在一旁觀察不是什麼難事，因為根本沒有人要跟我講話。我觀察到的第一件事，就是學校外頭總是有一堆開凱迪拉克的司機在等著，而且每個母親都穿得非常正式，雖然她們似乎都沒有在上班。每個人都趕著去我不知道是哪裡、但顯然很重要的地方。打扮最隆重的人——腳踩厚跟靴或恨天高的那些人——她們把孩子送進教室後會大喊：「等會兒見！」我心想，她們一定是要到一個討厭的地方會合。搭電梯的規矩是保持安靜。某天早上，我因為送完孩子後要開會，所以沒套平日的牛仔褲和薄上衣，頭髮也沒綁成馬尾，而是穿得較為時尚，頭髮也整理得比較有型，還畫上淡妝；結果碰上兩個一身裝扮無懈可擊的女人瞪著我出電梯，她們擺著臭臉，其中一人嘀咕：「那女的誰啊？」我頭皮發麻。這是一個秩序顛倒的世界——學校的重點不是學生，而是學生的母親。母親們忙著拋出飛吻，與閨蜜親密交談，有時還不忘互捅個兩刀。孩子則是母親時髦裝束的一部分，有如裝飾品或配件，掛在媽咪結實的手臂上。母親是一種讓人可以炫耀的身分，能聊天的好友情誼則是稀世珍寶，只有少數幾個人才配得上。

我還注意到，早上偶爾會有媽咪屈尊開口。她們會生硬地說一聲哈囉，然後就立刻轉身去和其他人說話。我第一個碰上的這種人是家長會會長——她是女王蜂裡的女王。我一開始到學校接送孩子時弄不清楚狀況，還以為那裡的規矩類似工作場合或友善的雞尾酒派對，居然膽敢向前自我介紹。天真如我，還以為既然家長會是學校的家長聯盟，再怎麼說，家長會會長都是家長會的正式代表人。但會長看著我，就像看到一個因為喝醉而嚴重失態的人，似乎我伸手說哈囉的行為，等同在晚宴上喝掉一整碗拿來洗手的水，接著還脫衣裸奔。她的冷笑和挑高的眉毛說著：「妳以為妳是誰，居然敢跟本皇后打招呼。」她不發一語，直接轉身離去。我當場愣住，後來才明白，兒子整所學校的女人幾乎都像這個樣子，只不過這位會長是更極端的版本。每個女人只對少數幾個人打招呼，其他的人她們理都不理。

我發現那種你說哈囉時，最不肯打招呼、離譜到直接轉身走人的，大多是上流社會的名媛。我在時尚雜誌上認出其中幾人。她們的老公是報上會報導的有錢人，或是我在廣告業工作時知道的大人物。還有是的，我很快就發現，這些貴婦甚至不太和彼此說話，她們集中心力，只把力氣用在爭搶可以和某一、兩位或三位媽媽說話的特權。我在心中把她們搶奪的對象，定位為位階最高的女性——那些女性顯然財富比別人多，臉蛋比別人漂亮，表現比別人傑出，還有最重要的是，她們全都嫁給比所有人成功的成功人士——女人先生的地位，是最重要的評判指標。

我常打電話給好友莉莉。莉莉是全天下最冷靜的母親與最優雅的女主人，女兒和我兒子同年。我會告訴她我的最新近況，然後她會倒抽一口氣，在電話上驚呼：「怎麼可能！她們怎麼會覺得做人可以這樣！」我可以想像莉莉說那些話的樣子。她人一定是在下城區的時尚設計工作室，她提醒了我，除了我試圖打入的那個世界，天底下還有另一個我能理解的世界。宇宙中還是有一個女人必須工作的世界，那裡有同性戀與異性戀伴侶，而且大家口袋裡的錢，不一定買得起世上每一樣東西，不是每個人都有轎車和司機。我和朋友甘蒂絲喝咖啡時，她會高呼：「那種人真討厭！」然後要我別再回想前一天的事。她會提起作家溫迪·瓦瑟斯坦（Wendy Wasserstein）的孩子跟我兒子念同一間學校，而她也有過同樣的遭遇：「好多瘦骨如柴的女人，好多巨大無比的包包。」我們兩人會一起大笑，我的心情會因此好一點，但隔天還是得送孩子上學。

先生覺得我大驚小怪，誇大其詞，一切只不過是女人家的小心眼。有一天，我又告訴他，我送孩子到學校時發生什麼離譜的事，他說：「拜託，哪有可能那麼嚴重。」於是隔天我讓他自己送孩子上學。那天他第一次見識到那群女人的惡行惡狀，高呼：「那群女的腦子有什麼問題？我跟她們說早安，她們連理都不理！」我幸災樂禍地回答：「早跟你說了。」我們一起驚歎，那些女人認為只有傻呼呼的人，才需要遵守公民最基本的禮貌——別人跟你打招呼的時候要回應。她們比較高級，不必打招呼。

老公鎩羽而歸後沒多久，某天兒子放學後興奮地告訴我們，他的朋友泰紗邀他一起出去玩——他們要搭她家的私人飛機。我本來覺得這個邀約有點奇怪，也太奢華了吧，結果保姆莎拉告訴我，在兒子的學校，每個人都有私人飛機。兒子接到邀請，是因為每個孩子討論自己的哪架飛機有什麼優點時，只有兒子一個人說家裡沒飛機。泰紗因為可憐兒子，才邀他一起搭飛機。我感到一陣天旋地轉，但至少這是個開始，兒子做得比我好，已經有朋友了。

———

每天早上，我坐在長椅上，看著其他媽媽接送孩子上學，祈禱兒子和我能找到真正的玩伴。我想到脆弱的母黑猩猩和她們的孩子，也想到幾年前我選修靈長類動物的社交行為課時，讀過有關東非狒狒的研究。東非狒狒又名橄欖狒狒，是一種群居動物，一個群體最多可達一百五十隻。由於公狒狒性成熟後便會離開群體，群體成員大多是彼此有血緣關係的母狒狒，她們組成緊密合作的社交網絡，是真正的掌權者。東非狒狒群組成階級嚴明的社會，位階最高的母狒狒享有一切好處——比較好吃的食物、比較安全的睡覺場所，比較優秀的雄性「友人」與保護者（來自其他群體、被新群體接受的公狒狒）、眾多交配機會，以及較高的成功生育率。所謂的成功生育率是指她們有更多可以活到成年的子女，而且那些子女也有後代。

位階較低的母狒狒，顯然也會想分到一點好處。她們可以試著在東非狒狒的社會中「抬高自己的地位」，方法是想辦法服侍位階高的母狒狒，幫忙照顧她們的孩子。位階高的母狒狒會一而再、再而三趕跑趨炎附勢的低階母狒狒，打她們、揍她們，甚至經常用危及性命的方式，攻擊想當保姆的低階母狒狒。但最後，高階的母狒狒依舊會讓其中一隻低階母狒狒如願以償，允許她成為「代理母親」（allomother）一段時間。高階母狒狒剛生下的孩子或年幼的後代，將因此多了一位照顧者。低階母狒狒得以成為保姆後，就此被高階母狒狒「接受」，畢竟她們替女主人辦事，女主人有人幫忙顧孩子，更有機會幫自己和孩子找到更多食物，更能適者生存。此外，幫忙帶孩子的低階母狒狒可以「保姆憑子貴」，仗著女主人的地位，在群體中獲得更多勢力、更多保障。位高權重的母東非狒狒，藉由允許其他母狒狒當代理母親，把自己的權力分給其他低階狒狒。

在經濟景氣的時候，在遠離非洲大草原的紐約上東區托兒所大門，我先生和我是低階的靈長類動物，而且我們的位階帶來了後果。父母在社會往上爬的過程中，孩子顯然是他們的工具：「艾理的爸爸是對沖基金經理人。如果我們對艾理好，和他變成朋友，他媽媽就會和他爸爸提起老公的新創公司，那樣一來……」有時候，低階母親甚至沒有這些算計，她們只想靠著有錢人的光環取暖，希望讓孩子沾點光。我和老公新來乍到，幫不了誰的事業的忙，大家還看不出我們有什麼利用價值，所以遲遲未接受我們。在上東區，孩子的朋友和玩伴可以決定你的階級，你的階級會更上一層樓，也或者你會被拖累。你幫孩子找到什麼樣的玩伴，你就是什麼社會階級。如果你地位低下，你天真可愛的孩子也會地位低下。階級令人焦慮、隨時可能變動，導致母親嚴格把關誰才是可以來往的人……同時也讓她們到處哀求加入團體。

我和眾多的非人類靈長類動物一樣，加入另一個團體後，被壓在階級最底層，要不是被當作可疑人士，就是被無視或騷擾。有時候，我真希望自己是吼猴，因為年輕的母吼猴移居他地時，會擠下原本的高階母猴，一下子登上最高位。但可惜我顯然是狒狒，在狒狒的團體中，新來乍到的母狒狒地位最低。新狒狒要是無法和中高階的狒狒結盟，她和孩子的生活就慘了。我知道一旦我和兒子被排擠，只要還住在上東區，我們的地位就很難變動。我不想讓兒子在學校成為沒朋友的人，不希望我們母子倆被拒於門外，尤其是兒子不能落入這種命運。我不斷想辦法融入，雖然心裡很受不了，還是在學校大門拼命向大家微笑。但雖然我觀察了很久，卻依舊找不到打入群體的方式。

最後，上帝以意想不到的方式救了我。但要是我把以前學過的東西記牢一點，我原本可以在上帝救我之前，就先扭轉自己的命運。許多人類以外的母靈長類動物在身處困境時，就是靠這一招拯救自己：透過引起高階雄性的注意。有一次，兒子班上勢利眼的媽媽們，辦了一場階級嚴明的雞尾酒會，結果兒子某個同學的爸爸曖昧地跟我調起情來。那位爸爸很有禮貌，人很聰明，有一點浪蕩子的味道，和我還正在努力習慣的嚴肅上東區金融人士很不同。那天，老公待在家照顧兒子，派對上的其他媽媽又忙著跟彼此說話，我一句話都插不進去。來了這位很好聊的爸爸之後，我們很自然地攀談起來。我後來才知道，這位爸爸的家庭背景是曼哈頓某個銀行帝國，他母親的權勢與財富如母猩猩菲洛，不管是在學校或是兒子班上，都屬於「非常頂級的最高階層」。隔天我送兒子上學的時候，他在一群媽媽面前提議我們的孩子應該一起玩。他問：「星期五可以嗎？」我說好。

他離開後，一個比較友善的媽媽眼睛瞪得大大的，偷偷問我：「妳是怎麼辦到的？我已經試了好幾個禮拜，想讓孩子和他的孩子一起玩，他都不肯答應！而且我爸媽還認識他爸媽，他們以前都住威斯特徹斯特郡。」我聳肩，建議她下次可以和那個爸爸一起喝一杯。

從那天起，我要邀人和兒子一起玩便暢行無阻，兒子開始每週固定和首領的兒子玩，也因此能和首領兒子的朋友一起玩。首領的朋友們——和首領一樣有錢有勢的父母，也因此開始願意和我做朋友。看來媽媽們在學校大門看到首領爸爸親切和我交談之後，在心中記了一筆。她們用肢體語言以及新冒出來的和善微笑，讓我知道她們覺得我被認可了，現在可以安心和我說話，不用擔心被我拉低社會地位，也不用擔心跟我說話是在浪費時間。自從她們會在接送區和我打招呼後，就比較難假裝沒看到我寄的信，這下子就得答應和我的孩子一起玩。

媽媽們的態度大轉變讓我感到不可思議，我覺得很不舒服。這個醜惡的事實其實是在說，有些家長和小孩值得來往，有些則不值得。我感到噁心，但這個世界就是以這種方式運行。如果兒子終於可以和同學一起玩，只要兒子開心，我就開心。甘蒂絲和莉莉都認為，別想著要靠那位首領爸爸比較好。她們說：他自己不也娶了那種狗眼看人低的女人？這種人會是好人嗎？我也不知道答案，但我還是很感謝對方。我只知道在這個秩序顛倒、母憑子貴的世界，我好像又回到青少女時代，就像是高中時被橄欖球隊的明星四分衛看上一樣。首領爸爸偶然的和善舉動，完全改變了兒子的社交生活和我的社會位階。現在我已經知道，這兩件事密不可分。我和甘蒂絲、莉莉一樣，不奢望這種好事會長久，而的確我也猜對了，那位首領爸爸和其他位高權重的男人一樣，後來又把注意力改放到別人身上。但兒子已經得到了他需要的東西，我也連帶得到我需要的東西，或許事情沒有想像中難吧。

Chapter 3

Going Native: Mommy Wants a Birkin

入境隨俗——我是一個媽媽，我需要柏金包

我大學和研究所念的是人類學，人類學者「入境隨俗」的過程讓我十分感興趣——人類學者原本應該客觀檢視與分析自己研究的文化，但卻會漸漸融入。我的博士論文探討人類學家布朗尼斯勞．馬凌諾斯基（Bronislaw Malinowski），他在研究特羅布里恩群島（Trobriand Islands）時，逐漸對不太主動提供消息的地方嚮導感到不耐煩，後來還和當地女性上床。我認識的一個研究中東文化的教授，也曾透露自己在葉門做田野調查時，某天在晚飯時間用當地部落人士的方法，接待穿著傳統葉門服飾的研究所學生（他揮舞了一些大刀）。人類學者保羅．拉比諾（Paul Rabinow）在《摩洛哥田野調查反省》（*Reflections on Fieldwork in Morocco*）一書中，詳細描述自己是如何在研究過程中，失去自己原本的身分認同。

今日的人類學家認為入境隨俗是不可免的，而且也會帶來幫助。在互動的過程之中，田野工作者會更加認識自己研究的對象，更能了解與尊重為什麼當地人會有某些信仰，並把那些看法內化。田野工作者在一開始的時候，通常會覺得周遭不熟悉的事物讓人摸不著頭緒，一股疏離感壓迫著他們；但隨著時間過去，他們會逐漸融入，最後在不知不覺中，開始用「薩摩亞人的方式思考」，或是非洲阿卡人（Aka）的方式，或是上東區的方式。

儘管如此，「入境隨俗」在人類學一直是件不名譽的事，因為人類學希望奠定自己「科學」的地位，擺脫這個學門的起源——甩開維多利亞時代傳教士誇誇其談的「扶手椅科學」（armchair science），以及古老的帝國主義。用最委婉的話來說，從原本的科學家成為「當地人的一員」，是一件糟糕、不科學的事。因此長久以來，人類學家若能和自己研究與居住的地方，「保持客觀的距離，不會和瘧疾一樣，一旦得到就無法脫身」，是值得自豪的。「入境隨俗」總讓人感到不太恰當、威脅到研究人員最根本的身分認同。

我自認是上東區貴婦媽咪的參與式觀察者（participant-observer）。我闖進她們的部落，我和她們之間的關係以及我周遭的文化，時常讓我左右為難。一方面，我希望能夠融入，真正成為上東區媽咪的一員，我覺得為了孩子好，自己不融入不行，尤其是後來我又生了二寶。但另一方面，我看著身邊令人驚奇的事物、覺得瘋子才會做那些事的時候，又希望自己保持超然獨立——拉開一點學術分析需要的距離。有一天我接兒子放學、努力攔計程車的時候，十幾輛違規停車的豪華凱迪拉克一起迴轉，差點壓過兒子。在那種時候，我心裡會想：到底有誰想住在這種自私自利、特權當道的世界？

學校接送的鬧劇，以及沒人要和兒子玩的經歷，讓我感到很脆弱。我很難過，覺得被排擠，然而那樣的經歷，反而更讓我深入兒子學校的世界。我鐵了心要融入，一定得讓其他人接受我。我不會讓別人排擠我或我的孩子。去他們的。後來兒子（還有我）有了玩伴、在學校有了社交生活之後，我更加深入我所觀察的世界。我原本一隻腳踏在門內，一隻腳還在門外，這下子踏在門外的那隻腳開始往內縮。我的工作很忙，而且還得在上城區替兒子和自己保住友誼，我愈來愈不常打電話給下城區的朋友，也很少和他們見面。不知不覺之中，我已向新世界投誠，回不去原本的世界了。

讓我徹底進入新世界的臨門一腳，是一樣幾乎帶著魔力、令人目眩神迷的強大法寶——愛馬仕的柏金包。

一天，我到轉角的超市買了點東西，回家的路上我第一次注意到那件事。我從麥迪遜大道朝著公園大道東七十九街走去，手裡晃動著裝著香蕉和一瓶牛奶的塑膠袋，開開心心回家。那天陽光普照，寬闊人行道上空無一人，這是紐約的安靜時刻——早上的尖峰時間已經過去，午餐時間還沒到——平時熙熙攘攘的街道，此刻幾乎沒有行人。對於熟悉寬闊空間與寧靜的中西部人來說，有那麼一瞬間，我像是回到家鄉——只不過一路走過去時，一旁多了典雅的戰前建築，以及會向你打招呼的快樂管理員。現在兒子進了好學校，在學校有朋友，也就是說他有社交生活，而我沾他的光，連帶也有社交生活。的確，我還是希望那些媽媽能更友善一點，我接送兒子上下學的時候，依舊通常覺得自己是個局外人，但至少我已經進步，我是大寶的好媽媽，二寶也快出生，看來我終於在上東區找到一席之地，心情相當好。

就在此時，前方來了一個獨行的貴婦，她直直朝著我走。我們兩人在曼哈頓街上精神抖擻地走著，有那麼一瞬間，年約五十多歲的她，以及快要四十歲的我，眼看就要撞在一起。這很奇怪，因為我遵守了曼哈頓的人行道禮儀（其實那更像是交通法規），我和車子還有紐約人一樣，靠右側行走。但這個帽子和衣服都很高級的女士卻一直往自己的左邊靠，準備擋住我的去路。發生什麼事？我們人在靠左走的英國嗎？

我再度往右邊靠，讓路給她，但她繼續衝著我走來。如果我再次因為她又靠過來而往右，她等於是故意把我逼到一旁，我會直直撞進前方只隔幾步路的橘色金屬大垃圾桶。太荒謬了。我看著寬闊、只有我們兩個人的人行道，然後慢下腳步。快要碰到垃圾桶的時候，我突然停下來。（我還有什麼選擇？在她面前急衝到人行道另一側嗎？）我看著那個女人，雖然她的右側有一大堆空間，此時她卻離我僅十五公分。她看到我在看她，也盯著我看，視線沒有移開，然後故意用她漂亮的包包撞我左臂，接著就笑了——是那種得意洋洋的笑！——然後她就走了。我轉身看著她的背影消失在人行道上，忘記呼吸，不敢相信她剛才做了什麼。不管她剛剛究竟是在幹什麼，那是在搞什麼鬼啊？

我剛才被攻擊了。至少那是我心中人類學家的感覺。我在大學的時候，看過無數個小時的黑猩猩紀錄片。黑猩猩會張牙舞爪攻擊彼此，嘴裡一邊發出尖銳叫聲或低沉喉音。回到家後，我拿出剛剛買的東西，腦子裡回想著人行道上發生的事。我覺得不舒服，甚至有點憤怒。剛才究竟發生了什麼事？我想了又想，突然想起以前也發生過這種事——先前有一個女的打量我，然後就故意把我擠開——但她沒有那麼明目張膽。看來我得開始觀察上東區靈長類動物的社交行為，一定得好好觀察。

一旦我開始觀察，便發現周遭都是類似的事。在上城區的人行道以及高級精品店，還有出名的皮膚美容中心候診室，我發現女人會穿出自己最好的衣服，用不明顯但察覺得出來的方式，靠著衣服在別人面前趾高氣揚，順帶「攻擊」其他女人，而我常扮演那個被攻擊的角色。有時候，我甚至得差點站到馬路上，或是平貼著建築物的牆壁，好讓路給其他女人。那些女人一步都不肯讓，不肯往旁邊靠一點點，直直往前走，她們那種走路的樣子，似乎是想告訴我……某件事。那些逼其他女人讓路的女人，到底想要對方做什麼？

我先前定居的西村離上東區不過幾公里，但不論從女人統一會穿的衣服，女人的風俗習慣，或是女人的戰爭來看，上東區顯然是不同國度。在西村的時候，我的確偶爾會在路上看到高到嚇人的超級模特兒，她們面無表情地走在布利克街（Bleecker Street）高低起伏的狹窄柏油路上，就好像那是她們專屬的伸展台，然而那只不過是專業模特兒平日的自戀表現。上東區就不一樣了，我在上東區無端被捲入充滿敵意、女性版的「看誰先讓的撞車遊戲」。那些看起來正常、光鮮亮麗、但腦子顯然有高功能障礙的上東區女人，比著看究竟是誰要先讓？

我觀察了幾週這種「一邊走路一邊無聲叫囂」的現象。我出門散步或是要到某個地方時，心中的女性行人魂隨時備戰，準備好面對其他女人的攻擊，但我內心的社會研究者想要更多資料，因此某個早上，我早早送兒子上學，然後買了杯咖啡，在家裡附近一棟有門房的建築物前面，待在那裡靜靜觀察。隔天，再隔天，再隔幾天，我站在一間店外頭，然後又移到人行道交叉口。有幾次，我直接在女性常去的大樓觀察，看著大家「登場」。高級零售店、年紀有老有少的地方女性常吃午餐的餐廳，以及某幾間建築物的大廳，都是高度可能發生攻擊的地點。女人進出那些地方的門口時，似乎是令人高度警戒、劍拔弩張的時刻。

最後，我在一天之內，在東七十九街觀察到近一百起的衝撞時刻。的確，那不是一場正式的研究，不過我得到幾個結論。我的主要結論是，上東區的女性，尤其是三十多歲以及正邁向老年的中年女性，她們對權力異常著迷。我觀察到在許多時候（雖然不是全部），都是年紀大的女性「攻擊」年紀輕的女性。她們會挑起差點爆發、通常在最後一秒鐘解決的社會衝突——沒出事的原因是年紀輕的女性會退讓，閃到一旁。發生這種事的時候，每個人永遠都若無其事，似乎沒發現剛剛差點發生一場衝突，就好像大家串通好演一齣戲，大家都知道發生了什麼事，但假裝不知道。

我一遍又一遍看著女人差點相撞，看著一個女人故意壓過另一個女人，腦中浮現一個理論。那些故意挑釁的女人，顯然認為自己有權要別人讓路。我累積夠多的觀察之後，發現那些女人的行為透露的訊息十分明顯。她們不只是在說「給我讓開」，而是更過分的：「老娘看不見妳，因為妳根本不存在。」而且她們的包包顯然跟這件事有關。那些趾高氣揚的女人，她們的肩上，或是她們的手上，都有一個美到讓人忘了呼吸，不管是車工或染色都無可挑剔、價值連城的包包。有的是蛇皮，有的是小羊皮，有的是鴕鳥皮。有的標識是雙C，有的是F，有的是繁複扣環。看來那些女人身上的包包是盔甲，是武器，是旗幟：每個去撞別人的女人，似乎都帶著一個超美的皮包，用那個包包去撞其他女人帶給她們莫大的樂趣，那是一個一擊斃命的動作。

已經去世的紐約劇作家諾拉．艾芙隆（Nora Ephron）曾經寫道，洛杉磯人有車，我們曼哈頓人有手提包。紐約女人的逼車遊戲，讓我對這句話有了新一層的認識。如果就像艾芙隆講的那樣，手提包不論是功能上或以象徵意義來說，就是紐約女人的車子，包包讓我們拿著東西從A點移動到B點、穿越城市的時候，能被人看到，那我得說，上城區有錢人的大道上充滿路面衝突。我的手裡什麼都沒有，只有來自雜貨店的塑膠袋，被撞也是自找的。

我也想起珍．古德的岡貝黑猩猩邁克（Mike）是如何一步登天。邁克是靈長類學者與人類學學生熟知的傳奇故事，牠讓我們知道，只要你手中握有稀有資源，就能讓世界天翻地覆，或至少可以反轉根深蒂固的社會階級。古德在一九六〇年抵達岡貝時，邁克原本是一隻新來的年輕黑猩猩，地位低下。古德觀察到牠經常被打，比較年長、體型較大的黑猩猩都會欺負牠。牠是一隻可憐兮兮、沒事就被欺壓的外來者，其他黑猩猩一直排擠牠。

接著有一天，邁克找到一個漂亮的包包。

好吧，其實不是包包，而是幾個已經用完、被人類丟棄、有握柄的輕煤油桶。邁克很聰明，知道可以拿這幾個桶子展現身分地位——公黑猩猩會做出有如舞蹈般的動作，威嚇身邊其他黑猩猩，不必造成真正的身體傷害就能鎮住他人。黑猩猩展現自己的勢力時，通常會互相追趕或故意用身體撞同伴。此外，牠們會搖晃樹枝，用手掌拍擊地面，或是丟擲石塊，喉嚨裡發出叫囂的氣音與亢奮尖叫聲。一切的一切，都是為了嚇唬其他同伴。

黑猩猩常會對著靈長類動物學家與野外攝影師，做出那些展現身分的舉動。看過的人說那很驚人，甚至令人心生恐懼。所以你可以想像，當邁克抓著大家從沒看過、會發出噪音的龐然大物出現時，牠的岡貝同伴有多訝異。邁克抓著握柄，用那些詭異的東西敲擊地面，接著還像揮舞權杖一樣，在草地上不斷晃動那些東西。牠站到所有黑猩猩中間，把那幾個神祕的物體丟在一起，發出鏗鏗鏘鏘的恐怖聲響。那個黑猩猩從沒聽過的聲音似乎是在說：現在你們都要臣服在我腳下！那場表演石破天驚，就連首領歌利亞（Goliath）都害怕到發抖。岡貝的研究者很快就收走那些桶子，但沒用，其他黑猩猩在桶子不見之後，依舊敬畏邁克。雖然歌利亞有前任首領「白鬍子大衛」（David Greybeard）這個有力的盟友，但邁克一下就推翻牠，成為新任首領，統治部落整整五年。有一個好包包，居然能有如此強大的威力，五年不衰。

我無力改變上東區萊辛頓大道以西的賤人媽媽團，也不能用揍她們的方式解決，而且我也絕對不想加入她們。等一下，我的確或多或少可以加入她們，我只需要一個上東區版的煤油桶就行。沒錯，那些每天推我、擠我、當我不存在、覺得我一點都不重要的傲慢女人，她們讓我想擁有一個昂貴的漂亮皮包。我相信一個漂亮的包包可以像圖騰一樣保護我，讓我不受其他女人傷害。在這個我剛搬來的新棲息地，這裡的每個女人一個字也不說，光是用眼神、臉上的表情，以及沒錯，手裡的包包，就能攻擊我。我在想，要是我有一個和她們一樣的昂貴包包，或許能讓她們產生錯覺，她們會被催眠，認為不該在人行道上挑釁我或是什麼的。我們在派對、學校接送區或餐廳看到彼此的時候，她們會覺得我是個值得打招呼的人，而不是用輕蔑的眼神打量我。再說，如果我有一個漂亮的包，她們可能會氣死。一個超棒的包是刀劍與盾牌，我要買一個她們沒有的東西，她們想要的東西，或是她們有但見不得別人有的東西。我幻想女王蜂中的女王又想視若無睹地擦身而過，卻被我方方正正的柏金包撞到內傷。我說真的，要是這個美夢能成真，花多少錢我都願意。

一九八〇年代末時，我在巴黎初次與愛馬仕柏金包相遇。一個穿著牛仔褲和小外套的女生，緊抓著一個完美的包包。那是一個紅色的包，不是那種俗氣的大紅色，而是微帶粉色的紅。那種紅無憂無慮、充滿自信，是一種罕見的磚紅色，那種妳已經找了好多年、卻苦尋不得的口紅顏色，一種只存在於柏拉圖理想世界中的紅，妳為了找那種紅，買了一支又一支的口紅，但永遠不對，永遠不是它。此外，那個包的形狀也對了，不同於一般常見的包包，巧妙地介於一般提包與郵差包之間，炫耀似地出現在妳眼前。包裡隱隱約約看得見檔案夾層，讓妳知道它除了美，還兼具適合工作的實用功能。我為了那個包，在巴黎第八區尾隨它的主人好幾個街區（當然是第八區，法國所有美好又富麗堂皇的東西都在那裡），偷偷摸摸想知道那到底是什麼牌子的包包。

後來我心醉神迷地向一個朋友提起那個包。我描述到鑰匙扣設計時，朋友興奮尖叫：「噢，妳是說柏金包！愛馬仕的柏金包！當然每個人都想要一個柏金包！」朋友開始瘋狂讚美柏金包有多美，不斷描述法國女人會假裝很隨意地背著那種包，裡頭放著一本翻到爛的《米其林紅色指南》（*Guide Rouge*），或是讓一根長棍麵包從裡面突出來，但其實小心翼翼，深怕弄髒包包。朋友告訴我，那個包實在是太……法國，而且有多貴又多貴。我把法郎換算成美元，一開始還以為自己一定算錯了，發現沒錯之後，嘆了一口氣，覺得心好累，時差造成的疲倦感一下子湧上來。那時我還在念研究所，我的預算要買柏金包，就像是想當法國總統一樣。

愛馬仕柏金包的由來有故事，而且那個故事就像柏金包特有的小鎖一樣，和整個包密不可分。柏金包的精神與令人無法抗拒的魅力，正源自那個故事。據說一九八一年時，英國演員兼歌手珍・柏金（Jane Birkin）帶著一個週末編織包上飛機。柏金是位奔放不受拘束的女性，曾和法國流行音樂家賽日・甘絲柏（Serge Gainsbourg）談過數十年戀愛，兩人既是戀人，也是音樂上的合作夥伴。那天，柏金想把自己的包包放進上方置物櫃時，不小心讓東西散落一地。就在此時，全球最高級的皮革製造商愛馬仕執行長杜馬（Jean-Louis Dumas），有如身披閃亮盔甲的高貴騎士，出現在柏金眼前。他幫忙撿起散落一地的物品，柏金向他致謝，說自己實在找不到適合往返於倫敦與巴黎的包包。據說杜馬聽完這句話後，腦中浮現一個點子，接著他顯然設計了一款手提包。

一九八四年，愛馬仕推出一款費工的黑色皮包，非常高級，非常精緻，但又完全符合波西米亞風，而且設計充滿歷史淵源，形狀是愛馬仕一百年前馬鞍袋的縮小版，有兩個提把，上方的掀蓋可以打開往後折，也可以扣起來。當然，你可以選擇挽著它，也可以抓著晃來晃去，或是背在肩上，皮包的手把夠長（雙手把感覺比較年輕，比較自由自在，比較像有事業的酷炫上流社會人士在背的包，不是那種只有一條帶子、吃午餐用的淑女包），大小介於一般手提包與週末旅行包之間，大到可以裝很多東西，而且外形時髦瀟灑，與凱莉包正好相反。凱莉包是愛馬仕的另一個經典款，是特別為摩納哥王妃葛莉絲．凱莉所設計的，大小可以遮住懷孕身軀。凱莉包端莊、穩重，害羞地不讓別人知道自己懷孕。柏金包則相反，即使是未婚懷孕也不遮遮掩掩，是凱莉包狂野、活潑奔放的妹妹。

柏金包狂野是狂野，但不代表低賤，也絕非輕鬆就能弄上手——完完全全沒這回事！柏金包打一開始就是限量供應，一年只製作兩千五百個。這麼少量製作，是因為柏金包十分費工，一個就需要近五十個小時的精心製作，一點小細節都不放過。柏金包幾乎是純手工製作，負責製作的人，至少要有跟著資深皮革師傅學習兩年以上的資歷。從這個角度來看，柏金包是藝術，而且每一個柏金包都有師傅的「簽名」。師傅會用一個特別的印，打上包包的製作年份以及自己的姓名縮寫。此外，柏金包有著非常嚴格的尺寸規定，不論是二十五、三十、三十五、四十或特大的五十五公分款式，長寬高比例都是固定的，一眼就認得出來，絕不會多一分、少一點，絕對無可挑剔。也只有法國人才有辦法做出愛馬仕柏金包，在一個包包裡，同時結合性解放以及啟蒙時代的理性精神。

今日的我們可以買到牛仔藍的柏金包（不，不是深色的丹寧布顏色，也不是任何牛仔褲的顏色，而是晴朗夏日完美天空的活潑色調），也可以買到金色柏金包。擁有數個柏金包的人士表示，有所謂「初學者的柏金包」。初學者絕不會拿金色的包，而會拿太妃焦糖色、有白色縫線做對比、看起來像糖果、令人口水直流的款式。除了前述顏色，柏金包還有其他數十種顏色，每一種都亮眼到令人意想不到，就算不認識柏金包的人也會垂涎不已。（我有個藝術家朋友曾在一個灰茫茫的冬日，抓住一個鴕鳥皮材質、鮮豔吊鐘花顏色柏金包的主人，硬要對方回答：「這是什麼顏色？！我從來沒看過這種粉紅色，從來沒有！」嚇了那人一大跳。）基本款柏金包（小牛皮材質、非鱷魚或鴕鳥皮；鈀金配件部分是金色或白金、鎖頭沒鑲鑽石）的起始價是八千美元。你可以選擇各種令人眼花繚亂的皮革材質：「Togo」是小牛皮，最厚重的「Clémence」取自初生的小牛（taurillon clémence），此外也有羔羊皮與山羊皮。如果是走異國風的材質，例如蜥蜴皮、鱷魚皮或鴕鳥皮，則可能要價十五萬美元以上。求愛馬仕賣她們柏金包的女人，經常得等個兩、三年以上。香港與新加坡等地因為景氣太好，對柏金包的狂熱達到史上新高，賣全新品、有證書、剛從愛馬仕那買到包包的水貨商大發利市。買家如果不想苦等四年，代價就是用一．五倍或兩倍價錢買下水貨。每一個柏金包的鎖頭上方，都會用金銀色的線條，以三行字標出大大的「愛馬仕，法國巴黎製」。

男人遇上中年危機時，有人會買跑車，有人則在外頭拈花惹草，有人在酒窖裡收藏一萬五千瓶酒，或是購買各種心理慰藉品。我的中年危機則靠柏金包解決——皮包的材質、金屬配件、鑲色，以及各式各樣的小細節，造就了柏金包及其魅力。一般人不太可能買到柏金包這點，讓人得不到就更是想要。我為了自己已經失去與開始失去的東西，例如緊實的大腿、無細紋的皮膚、生育能力，以及能夠承受最新一期《Vogue》雜誌興奮感的心理素質（曼哈頓人比較晚才開始失去這些東西，到了五、六十歲，都還在努力讓自己看起來像二十多或三十多歲；但一個人不管再怎麼努力，終究有一天還是會失去青春），我要買那個方方正正、玩心十足、性感又多功能的昂貴柏金包。我決定了，我已經受夠橋墩圖樣的托特包，也受夠了Marc by Marc Jacobs那種副牌包，我最近發現那種包是上東區二十多歲的年輕人在背的包，甚至是少女在用的東西。我不管，我要真的名牌包。不曉得為什麼，我覺得自己現在終於有資格用那種包了。我已經步入中年，是真的中年了，每當我想到這件事就無法呼吸，但我依舊夠年輕，夠美麗，夠金髮，夠苗條，我和柏金包可以完美搭配在一起，而且我也老到買得起了。除此之外，我已經在曼哈頓住了這麼久，認識的人大概有辦法幫我買到柏金包。以目前的景氣還有我的年紀來看，現在正是買柏金包的最好時機。柏金包是我步入中年的安慰獎，我有權買柏金包。

然而不用說，想買夢幻柏金包，就一定得面對一個問題：怎樣才「弄」得到？太多曼哈頓人都碰過這個棘手問題。要買柏金包，就得玩它的遊戲，你得先開口說要買，然後不出所料被拒絕。規矩是你得等，把自己登記在候補名單上，然後等啊等啊，最後只等到愛馬仕告訴你，它們取消了候補名單制度——我在時尚產業工作的朋友，以及其他對時尚著迷的朋友，都告訴我同樣的故事。據說如果你認識愛馬仕的人，就能比別人更快弄到柏金包——可能只需要等六個月或一年，而不用等上整整三年。

我朋友JJ的媽媽曾經一邊喝雞尾酒，一邊告訴我們一個故事。某天下午，她人在愛馬仕一間分店，一位態度客氣、身穿名牌的女人走了進來，年紀和我還有JJ差不多。那個女人告訴店員：「我想買柏金包。」店員立刻告訴她，店裡沒有現貨，而且目前不接受登記排隊。女人發飆：「你耳朵沒聽清楚，我說我要買三十五公分、金色配件的黑色柏金包。」店員再三解釋店內沒有柏金包可賣，講了一遍又一遍，最後女人講不下去，放話：「隨便！我本來不想這麼做，但我要帶我老公過來！」幾秒鐘過後，她帶著她身價千萬的喜劇演員老公進來，結果馬上就被帶到後面的房間買柏金包。她成功了。

這種一下子就成功買到的故事很少見，比較常聽到的情節，是被柏金包冷酷無情的保護者羞辱一番後趕出去。據說我朋友的朋友被冷冷告知，現在已經沒有排隊名單這種東西，結果她當場在店裡哭出來。我朋友的朋友說，她已經花了好幾個月工夫，每週都到愛馬仕買自己不需要的東西，例如一條皮帶，或是一條圍巾，希望買了這麼多東西之後，愛馬仕的店員就會覺得她是個配得上柏金包的人。大家聽完之後，都同情地唏噓不已，那加起來可是很多很多的圍巾和皮帶。另一個故事，則是有人要老公出差的時候，順便到亞洲某個首都買柏金包（但她老公是到德國出差）。另外還有一個人，愛馬仕的店員願意賣她各種形狀、各種尺寸、各種顏色的凱莉包，但她通通不要，就是要買柏金包；後來才從一個認識愛馬仕員工的時尚編輯口中得知，她已經被內部標示為「奧客」，這輩子大概買不到柏金包了。

我知道我知道我知道，這很丟臉，也很蠢。被告知已經沒有等候名單這種事，就像因為你不是什麼重要人士，不是帥哥美女，就被夜店擋在門外。為了一個要價至少一萬美元起跳的包包，居然要等人施恩，等人打開圍欄放你進去，這太荒謬了。這一切我通通明白。然而重重的困難並非只是障礙，一個包這麼難買到，這種近乎不可能的過程，本身也是柏金包的一部分，如同柏金包的由來，以及包上的製造年份標記，少了一樣，就不是柏金包。

一個包不只是一個包。我十分確定一切的努力都是值得的，就像我確定柏金包買來的時候，一定會裝在一個大大的、綁著棕色緞帶的橘色盒子裡。我說真的，盒子打開的時候，你會看到有一定厚度的包裝紙被折成一個小枕頭，讓包包躺在上面。已經在曼哈頓待了二十年的我還確定一件事：我正在踏上一場特殊的征途——這場征途太老套，說出來會被笑，買包包是全天下最無聊的小事——這是那種我最討厭紐約的時刻。這是另一種版本的搶學校，以及另一種版本的「在餐廳要求好一點的位子」。（我懷二寶快生的時候，對萬事萬物的忍耐已經到達極限，例如我受不了紐約安排誰得坐在哪的勢利眼習慣。我走進餐廳時會克制自己的不耐煩，甜甜地告訴服務生或餐廳經理：「麻煩直接給我好位子，這樣我們雙方都省事，不用走一遍我抱怨位子不好，然後你還得幫我換桌子。拜託你了。」）我知道追尋柏金包的過程會讓我精疲力竭，心生怨念。如果我不屈不撓而且還非常幸運，跳完所有需要跳的火圈，就真的買到心心念念的柏金包，我甚至可能感到失望，但我不管。

我光是下定決心真的要買柏金包，那個考慮的過程就讓我疲憊不堪。我發了狠，誰要是敢阻擋我，我不會放過那個人。曼哈頓是個奇妙的地方，它會把心底的欲望暴露出來，你會看到欲望最真實的本質。我漸漸知道，凡是住在上東區的人，我們的欲望，我們的身分地位，要看某幾樣稀有物品，也就是那些「不可能得到的東西」。柏金包代表著很多意涵。即使富裕如上東區，在這個物質過剩的世界，它代表著求而不可得的痛苦。柏金包的確代表著一個你想要的物品，然而它真正的本質是誠心盼望、無止盡地等待，接著失望，求而不可得，包上的一針一線都是血淚。

你捫心自問，為什麼曼哈頓的每一個人，包括你自己，都想要一個柏金包。你問，為什麼每個人都像發瘋一樣想要一個柏金包。當你這樣問自己的時候，很容易陷入跳脫不了的邏輯。這個問題的答案不證自明——因為就是想要。當然，你可以套用複雜的符號學理論，例如紐約這座城市看重特權與成功的意符（甚至到了執著的程度），柏金包是一個符號，代表著人上人的地位，特別是對女人來說，柏金包意味著最終極的身分地位。能給女人柏金包的男人，連帶也是最有權有勢的人。我請教過曼哈頓臨床心理學家史蒂芬妮·紐曼（Stephanie Newman），她對柏金包的看法是：

> 一個擁有柏金包的妻子，是自戀的成功男人絕佳的附屬品。老婆有柏金包的男人，將得以證明自己有多厲害、多高人一等——他有能力給女人如此昂貴、如此稀有的物品。

每一百萬個女人會有一個特例說：不要，不要，真的不要，我不想要一個柏金包。我只能說，給她一個柏金包，看她是不是真的不會拿出來用。柏金包代表的崇高社會地位，令人無法抗拒。就好像拿兩把鑰匙要女人隨便選，一把是大眾汽車的鑰匙，一把是保時捷的鑰匙，結果她選了大眾。我不覺得會發生這種事。你會想要柏金包的原因，是它似乎觸手可及——你得花點力氣，但又不是完全不可能，而且那個包又那麼美。除此之外，有了柏金包之後，你將得到曼哈頓人某種非常獨特又扭曲的敬意，那種敬意的別名叫「羨慕」。其他懂柏金包的女人，那些你在乎她們怎麼看、想讓她們崇拜的女人，她們將因柏金包而尊敬你。

我開始在上東區生活之後，我發現遊戲規則是你得讓別的女人羨慕。眾多學術理論談男性的凝視——談凝視是如何讓女性被物化，讓男女重新劃分階級，讓一方成為「觀者」，另一方成為「被觀者」。然而上東區的生活，則是女人之間的「觀」與「被觀」，妳看著別的女人，別的女人也看著妳。很多時候，這種女人之間的凝視是一種準備好撕碎他人的競爭，冷酷，無情，精準，用眼神就可以殺人。就算妳不想跟著玩這種遊戲，妳也逃脫不了。有時候，凝視可以是女人保護自己的武器，妳可以靠凝視武裝自己，用眼神傳達：不准用那種眼神看我，別跟老娘玩那一套！有時候，女人會靠凝視抬高自己，貶低別人。她們會用眼神打量：讓本小姐看看，這個女人有什麼問題？眼前的人有哪些不完美的地方？是皮帶？鞋子？衣服？還是髮型？妳有哪些地方則會讓本小姐安心，讓我知道妳沒那麼完美、沒比我強？人人想要卻又稀有的柏金包，不時引發女人之間的敵意。曼哈頓的女人彼此互動、彼此凝視的時候，那股敵意潛伏在暗處。人行道上，大街上，時髦餐廳裡，慈善活動上，在紐約的皮耶（Pierre）或西普利安尼（Cipriani）豪華宴會廳，我們打量其他女人腳上的鞋子與身上配件，我們的「看」不是隨便看看，而是意義深刻的看，眼睛發亮的看，我們貪婪地看，興致勃勃地看，不過我們的老公和小孩無法察覺這種「看」。女人在學校走廊上等電梯時，有意無意間凝視著彼此。就看那麼一秒，我們已經掃視完對方全身的打扮。我們像一條紅尾蟒，一口在心中吞掉他人身上透露的資訊，然後再慢慢想，慢慢分析：她是誰？為什麼她有那樣東西？她老公是誰？她自己是做什麼的？為什麼她有，我沒有？美國其他地方的女人，以及全世界各地的女人，大概不會像上東區女人那樣，如此極端地靠著物品來定義彼此的關係。包包就跟車子一樣，有很多作用，不單純只是拿來裝東西的工具。曼哈頓是個階級分明的地方，你所擁有的東西，是在告訴別人你屬於哪個階級，以及你有多少財富、人脈與力量。在曼哈頓這個城市，錢、關係和權勢就是一切。你拿什麼包，開什麼車，是在告訴別人你的身價。在這個階級壓力無所不在的城市，一個好包包是一條可以撫慰心靈的溫馨毯子。

我知道老公聽見他老婆想要一個柏金包時，一點都不會訝異，因為我已經講這件事講了好幾年。我希望自己不會聽起來像情婦一樣，但你知道的，我會在路上抓著老公，指著自己剛才看到的柏金包：「那裡有一個！」然後瞇起眼觀察，就像個在冬天的中央公園看到南美珍稀鳥類的興奮博物學家。幸運的時候，我會有機會同時評估我看到的包包，以及包包的主人。我一直覺得把包包和主人放在一起看，可以幫助我判斷那個包是真是假。

過去二十年間，我對柏金包的執念呈現週期狀態，斷念一段時間之後，又開始想要。我的欲望就像休眠的病毒，碰到壓力時就會跑出來（例如再度看到柏金包的時候）。然而即便是現在，即便離我第一次看到柏金包已經過了二十年，就算如今我已經處於人生不同階段，財力上比較能負擔，幾乎可以幫自己找到為什麼要這麼瘋狂、花這麼多錢的藉口，但我如果要得到柏金包，還是得費點力氣、欠點人情，而且對於像我這樣的反社會作家來說，買柏金包最恐怖的地方，在於可能還得奉承與討好別人，但那些事以後再煩惱就好。買柏金包最重要的就是要執著，而我很執著，沒問題，上東區的媽咪都是執著的高手，就算是恐怖主義也擋不住。我發現，不論是找夏令營，或是研究孩子的膿痂疹要怎麼治、握筆能力要怎麼訓練，以及要如何省吃儉用，才能不必賣掉漢普頓的別墅也能在亞斯本買房子，管他是什麼樣的疑難雜症，上東區的媽媽都絕對可以找出答案。我們會花無數小時在網路上找到我們想知道的事，然後全神貫注研究那些資料。我們會用筆電還有iPad追逐白日夢，不停研究完美的夏日假期，以及會讓我們的衣櫥與人生煥然一新的鞋子。我朋友甘蒂絲把紐約布隆克維（Bronxville）十七間待售的豪宅加入書籤，雖然她坦誠這輩子不可能搬到那個超級富人住的地方。她聳肩：「反正有夢最美。」

在我追尋柏金包的過程中，bagsnobs.com和Iwantabirkin.com是必備的網站。每天晚上兒子睡了之後，我都在eBay上找柏金包的資訊，包括價格、配件，以及真貨和假貨的不同之處。一天晚上，我動也不動在電腦前查了好幾個小時的資料，老公走進我的「辦公室」——那裡以前是女傭房，就在廚房旁邊——我心虛地立刻關掉網站，但動作太慢，還是被老公看到尺寸三十五公分、牛仔藍柏金包的圖片。他質問：「那是什麼？妳剛才在看什麼？」我誠實以對：「抱歉，我在看A片。」這句話挑起了老公的興趣，直到他弄清楚我是在說「手提包的A片」。

某個晴朗的一天，我和朋友莉莉帶著孩子在公園玩。她問：「為什麼不買？柏金包就像坦克車一樣，堅固到不行，現在很難找到手工那麼好的手提包了。」莉莉是時尚圈的人，在她來看，買柏金包是很合理的決定。

我吃午餐的時候，也和甘蒂絲談起這件事，我們算了算，一起搖頭。買一個柏金包，就足以付私立學校四分之一學年的學費，或是可以到溫暖的地方過冬。光是一個包，就夠一家人過兩、三個月，還夠包下《胡桃鉗》義賣會兩桌的桌子。甘蒂絲想了想之後，表情變了。她緩緩分了點沙拉到自己的盤子上：「嗯，如果這樣想的話……其實也沒那麼糟……如果妳一輩子都留著那個包，這是一定的，而且如果妳永遠都帶那個包出門，不再買其他包包，如果這樣算的話……」

我朋友JJ的母親，那個講過名人老婆買柏金包故事的媽媽，她自己有五個柏金包，以及至少五個以上的凱莉包。JJ說，或許她媽媽可以幫我介紹認識的愛馬仕店員：「妳就買吧。」雖然我和朋友都賺得不多；雖然我們買柏金包的必要性，就像人類在雨林裡需要一雙亮片靴子的程度；雖然買這個包是失去理智、愚蠢至極、完全沒必要的一件事……但莉莉、甘蒂絲、JJ都告訴我，別光站在那想著自己有多想要，就去做吧。這可能是我這輩子最詭異、最任性的心動不如馬上行動。

——

我通知老公我的柏金包決定時，他只嘟囔一聲，沒阻止我。我真的從來都不是想買昂貴奢侈品的人。每當有女人一副她們金錢上能那麼寬裕，都和老公無關，她們身上那些珠光寶氣的東西都是靠自己的力量買的，我都感到噁心。老公知道我很討厭這種事。我生大寶的時候，他問我要什麼禮物，結果我要他把錢存進我的個人退休帳戶。姐妹淘聽到都覺得不可思議，因為大家都要老公送鑽石。由於我平常沒在買奢侈品，老公答應給我買柏金包。我說：「我只是覺得，我應該擁有一個柏金包。我真的、真的很想要。」老公說好，要什麼顏色？他明天就去買。我開始冷冷地歇斯底里狂笑，老公嚇了一跳。我歎氣，向他解釋，不，你買不到。我給他一張寫滿聯絡人的單子，第一行是JJ媽的姓名和電話。「這是什麼？」他的眼睛瞇了起來。「毒販的名字，」我說，「或是蛇頭的名字，看你要叫他們什麼都可以。麻煩你聯絡他們的時候，一定要有禮貌，我真的很想要這個包。」

老公得先打電話給JJ的母親——就叫她麥拉好了，接著，麥拉會打電話給認識的愛馬仕店員——就叫她黛卓吧。然後老公到店裡的時候，黛卓會招呼他。不過首先，上帝保佑麥拉，麥拉會先和黛卓促膝長談。JJ非常開心地向我回報，她媽媽告訴黛卓，我是個很有名氣的作家。（黛卓說：「對對對，我有聽過。」）JJ說到這裡時，我們兩人一起尖叫大笑。黛卓人實在太客氣，還得假裝聽過我這個無名小卒。JJ媽告訴黛卓，我會是絕佳顧客，絕對配得上柏金包，還有我要黑皮、金色配件、三十五公分的柏金包。不過麥拉覺得我做了非常錯誤的決定，應該買鈀金才對，不會退流行。

一切都事先打點好之後，麥拉通知老公可以去見黛卓了。老公去找黛卓，黛卓人很好，告訴老公她會盡力，她會打電話給巴黎那邊，用一切辦法幫我調貨，只是可能無法趕在我生日之前，因為那一天馬上就要到了，不過她已經讓我跳過等候名單了。一般人則會聽到一堆胡說八道，說什麼要等三年，或是現在根本已經沒有等候名單這種東西。你會聽到什麼說法，要看你找誰買。老公向我轉告黛卓的話，那天晚上半夜兩點的時候，我突然驚醒，想起我根本還沒問我要的那種款式要多少錢。我打電話給麥拉，結結巴巴問價錢，麥拉回答：「我也不知道，因為我都是在巴黎還有羅馬買的，要換算一下匯率，我真的不知道，不曉得紐約要多少錢。紐約的話，我只買過凱莉包。」

我朋友傑夫．魯諾卡瓦（Jeff Nunokawa）是英語系教授，他專門研究英國維多利亞時期的小說，時常發表文章，或是在上課時介紹狄更斯與艾略特等維多利亞小說家筆下的女性。那些女性都是奢侈品的愛用者，而且自己也是一件奢侈品。我想知道傑夫怎麼看當代女性的奢侈品消費，例如「柏金包門事件」（Birkingate），或是後波特萊爾時代人行道上女人的勾心鬥角。但當然，首先我得做點名詞解說。我的朋友圈中，有一群人是因為大家都熱愛時尚所以結為好友，但傑夫不是那一掛的，一開始他還以為我在說「勃肯鞋」（Birkenstocks）。但我向他解釋，我要問的是包包，不是涼鞋，然後又解釋什麼叫柏金包，什麼是愛馬仕，還有二〇一〇年代的時候，紐約人有多瘋柏金包。魯諾卡瓦聽完後，先是興奮地說：「我相信那一定是很棒的皮包。」接著

又客套地說：「我的確了解人們很在乎這種東西。」他停下來，想了想，接著用權威又風趣的語氣問：「但為什麼是女人這麼瘋？」

魯諾卡瓦一針見血地指出，女人要是喜歡「好」東西，說什麼都想得到，要現場排隊也可以，要排等候名單也沒關係，而且忍受各種購買時的羞辱；一旦聽說是「限量」、不可能買到時，還會更想要。如果女人做那種事，馬上就會被說是被資本主義操控的無知愚婦，自以為在追求時尚，其實是好騙到不行。魯諾卡瓦認為，這種看法並不正確。那種事的確很瘋狂，尤其如果你又住在紐約，你會缺乏現實感，感受不到搶奢侈品是多神經病的一件事，人們覺得那種事很正常，只會想：女人就是愛柏金包。為什麼事情會這麼荒謬？為什麼人們會巴結售貨員，只為了得到一個手提包？為什麼人們會如此魂牽夢縈，想方設法，不惜動用關係買一個包，要排隊也沒關係？（魯諾卡瓦興高采烈地建議：「就叫『美夢的排隊隊伍』好了，妳說呢？」）聽起來是全天下最笨、最沒有意義的事，那到底為什麼呢？還有，為什麼是女人會做這種事？魯諾卡瓦以美國小說家伊迪絲．華頓（Edith Wharton）筆下的莉莉．巴特為例：「從某種意義上來說，莉莉是真實存在的人物，她熱愛美麗、奢華的東西。」小說中，莉莉家道中落，不快點結婚不行，讀者理解金龜婿的重要性，也跟著幫她緊張。魯諾卡瓦提醒，莉莉不只是純粹喜歡買東西，她要的不是普通東西，而是不惜一切得到光彩奪目的奢侈品，因為她想要／需要成為男人想要的物品。

魯諾卡瓦解釋，曼哈頓的女人之所以想要柏金包，原因大概和莉莉一樣。「熱愛流行商品的人，不只是女人，不只是某種社會階級的女人，也不只是莉莉那一代的女人。問題在於，女性本身就是一種商品。」想要柏金包的人不是笨，不是被騙，而是她們想追求某種東西。她們真正想要的東西，不只是單純把別人擠出排柏金包的隊伍。我們追逐柏金包的時候，不只是變成柏金包的追逐者。「這些女人是在提醒男人，提醒社會，提醒自己，她們高貴、身價不凡，所以才能拿到那些包包。」女人在追求昂貴的珍稀物品時，也是在重申自己的珍貴性，好讓社會上的每一個人再次感受到她們的身價。魯諾卡瓦下結論，女人想要柏金包等奢侈品的確是自私又膚淺，但也有各種實際作用。

不管女人是為了什麼原因排隊買柏金包，反正我排定了。

最後我之所以能買到柏金包，是因為老公到亞洲出差。黛卓建議，柏金包在亞洲比較好買，要他試試看，還幫忙打了幾通電話。但老公在香港時，得到了假惺惺的要等三年的答案。在北京的時候，店員也說要先登記，然後等三年。（我就是因為要買柏金包，才能搶在全球的經濟學家之前，知道中國已經超越日本成為世界第二大經濟體。）老公要回美國之前，在深夜打電話回家，我剛好接到。老公說：「妳喜歡金色的嗎？」原來他在東京的時候，恐嚇一個愛馬仕的店員，硬要他拿出柏金包，而且還不是拿一個，是拿三個出來給他選。最後我選了有鈀金配件的金色款式，麥拉一定會覺得我孺子可教也。

買到了！但那天晚上我輾轉難眠。我逼瘋自己，擔心在東京買好嗎？這樣麥拉會不會不高興，會不會破壞她和黛卓的關係？畢竟我請人家幫忙買，結果最後沒有讓黛卓在紐約做到生意。我胡思亂想，腦海裡出現各種恐怖畫面：JJ會不會大發雷霆，覺得我做事怎麼這個樣子。萬一她媽媽生氣了，覺得我破壞了柏金包不會明說但很重要的規矩，害得JJ夾在中間難做人，那怎麼辦？我因為一直胡思亂想，隔天醒來時累到不行，而且一整天一直在腦海裡重複播放恐怖情境。我什麼事都顧不上，一直在擔心柏金包的問題。那天晚上，老公帶著時差和髒衣服回家，手裡還拿著一個巨大的橘色盒子。兒子很好奇，奔向爸爸，我大吼：「不准碰！」我拆開緞帶，打開盒子，掀開包裝紙，墊子之上、米白色的防塵袋之下，躺著我的柏金包，開口處還包著米色毛氈，以免配件被刮到或刮到包包。我像個外科醫師，小心翼翼拆開毛氈，閃閃發亮的銀色鑰匙鎖扣露了出來。聖物之內，還有其他神聖的輔助工具：一個像手風琴、可以讓包包不變形的大塑膠殼，以及裝在皮袋裡的小鎖和鑰匙，還有遮雨罩。沒錯，柏金包有自己的雨衣。包包比我想像的輕盈，美麗，簡潔大方，還搭配大師等級的對照色。尺寸為三十五公分，美如十四行詩。老公大笑，因為我拿出一把手電筒檢查包包內部和縫線。接著我衝到電話旁訂鮮花與銘感五內的感謝卡，準備送給麥拉，感謝她費了那麼多功夫幫忙。

理論上，包包界的聖杯終於到手，這下我總該感到開心，但我沒有。我從擔心自己的購買管道是否會冒犯麥拉、JJ、黛卓，變成擔心包包。我苦惱了好幾天，一直擔心雖然這個包包是在愛馬仕分店買的，會不會是假貨。我不停找資料，找真品的師傅落款應該是什麼樣子，縫線應該是什麼樣子，包包的每一個細節應該是怎樣。萬一這個包不是真的怎麼辦？JJ在電話上對我大喊：「夠了，那個包是真的！」我在別的地方買到柏金包的事，JJ一點都沒生氣，她媽媽也沒生氣。伯母熱愛柏金包，很替我高興，就好像自己的孩子買到一樣。JJ說：「妳只是無法接受真的買到了。現在妳終於得到妳要的東西，妳擔心空虛感會隨之而來。妳是在擔心自己是個假貨，沒資格拿柏金包。不是這樣的，妳有這個資格！」

我發現一件事：有個心理分析師朋友，可以幫助你在上東區活下去。

我隨時隨地都帶著我的柏金包，除了下雨的時候。如果下雨，我會把柏金包留在家中，因為我害怕，嗯，包包會壞掉。有一天，我要接兒子放學之前，還有一點時間，所以到對街的服飾店逛了一下。我很少那樣。我平常都是在幫孩子買東西，很少幫自己買，而且我平常都在工作，要不然就是煩工作的事，很少有時間逛街。可以為了自己逛街，感覺很任性，很奢侈。年輕的女店員迎接我，幾分鐘之後，她把我選的衣服拿到試衣間。「妳可以把包包放在那個椅子上，我會幫妳看著。」她微笑，「我保證不會偷走它，雖然我很想要一個。」我們同時大笑，她的眼睛盯著我的柏金包不放。我把包包交給她，要她試拿一下沒關係。店員揹起我的包包，在店內無數面鏡子

前面，從每一個角度看自己。那種感覺很詭異，不是一點怪而已，一種她求之不得的東西在我手上的感覺。為了化解這種尷尬，她問我愛不愛自己的柏金包時，我說我很喜歡，很好、很耐用，不過這只不過是一個包包，大家都講得天花亂墜，其實還好而已啦。女店員微笑，斜眼看過來，在鏡子裡和我對視：「幾天前，一個客人揹著雙色的鱷魚皮柏金包過來。」她甜甜地說道，「那是我這輩子看過最美的包。」她停頓了一下，「看過那個包之後，像妳這種包，實在很難讓人心動。」女店員伸出手，把包包還給我。

那就要恭喜妳了，我心想，因為妳得賣喀什米爾毛衣賣到死，才買得起一個柏金包，就算只是我這種等級的款式也一樣，而且前提是，妳找得到願意賣妳的愛馬仕店員，我覺得那不太可能。不過我沒把心中的話說出來，只是默默買下我付得起、她付不起的衣服，一邊想著在上東區，要把一個女人的自尊心撞下人行道的方法，實在多到不行。

Chapter 4

Manhattan Geisha

曼哈頓藝妓

田野調查筆記

許多雄性動物會為了與雌性交配而打架、爭風吃醋，彼此競爭。貝特曼原理（Bateman's principle）指出，兩性中付出最多時間與精力孕育後代、幫後代尋找食物並保護牠們的那一個性別，屬於有限資源，另一個性別會搶奪牠們。雖然大部分的動物公母比例大約是一比一，但一部分的雌性永遠忙於繁殖與照顧下一代（哺乳動物得花大量時間懷孕與哺乳），無法加入交配行列，因此「數量有限的性別」通常為雌性。

然而人口統計資料顯示，上東區高階靈長類動物的性別比極度失衡。由於大量擁有生殖能力的女性自偏遠地區（她們的出生地）移居至此，男女比為一比二，女多於男。此一特殊的生態情境，以獨特且顯著的方式改變了男女關係，以及女性之間的關係。

上東區男性扮演著其他地區的女性所扮演的角色：他們十分挑剔，不輕易選擇伴侶，默默看著異性為自己大打出手。具繁殖能力的女性，甚至是過了生育期的女性，全都高度打扮自己，用盡一切手段進行「美容儀式」，不惜在「身軀與臉部巫師」的協助下，動刀改造自己的身體與臉龐，以求更「討喜」。

此外，女性每日還會進行高度競爭、一絲不苟、極度考驗體力與耐力的儀式。人們認為那套儀式不但可以淨化女體，增加吸引力，還可以神奇地阻擋時間在身體上留下痕跡，甚至延年益壽。上東區女性會在平日的棲息地執行相關儀式，但夏日避暑時則移居至東方約一百六十公里處，進行更為嚴苛、更為激烈的儀式。

我家大寶開始上托兒所沒多久，我生下二寶，這次也是男孩。紐約人對於孕婦和

新手媽媽有一套很嚴苛的標準，上東區的規矩尤其令人瞠目結舌。的確，不管是在下城區或上城區，懷孕都是女人必須很拼的九個月馬拉松，然而上東區的女人尤其該得到獎盃鼓勵，因為她們在懷孕期間全力以赴，用堅強的毅力過著非人的生活。我身邊的每一位女性即使已經進入第三孕期，依舊踩著高跟鞋走進當下最時髦的餐廳，參加一直要到午夜才會結束的晚宴與慈善活動。她們穿著剪裁非常合身的孕婦裝，即使懷孕也依舊美豔動人，光鮮亮麗。她們除了照常打扮，照常社交，甚至還照常在水壩旁快跑，在健身課上鍛鍊腹肌，就好像自己的肚皮什麼事都沒發生一樣。感覺上，懷孕在上東區是一場比賽，比誰懷了孕還依舊最瘦、身材最好、最時髦。換句話說，如果懷孕了，妳得表現出一副完全沒懷孕的樣子。就算是懷孕，妳依舊得自動自發遵守嚴苛的標準，讓自己美豔動人，不會因為懷孕就享有特權。

跟其他孕婦比起來，我是個該感到羞愧的邋遢黃臉婆，但我實在沒辦法。我一直脹氣，全身發癢，到處長痘痘，人還沒下床就累了。我不循「正道」，沒照著上東區孕婦的規矩走，把自己弄得一塌糊塗。懷大寶的時候，我參加了產前瑜伽和彼拉提斯，凡是叫「產前ＸＸ」的課我全都上了。然而懷二寶的時候，除了「跑腿」做雜事（與其說是「跑」，不如說是像鴨子一樣搖搖晃晃前進），以及走進家中辦公室之外，我根本沒運動。我想要寫作，但一坐下就睡著，而且因為一天要大吐好幾遍，眼睛血管爆掉，雙眼永遠泛紅。嚴重害喜讓我懷孕後反而體重下降，除了逼自己喝下婦產科醫生規定的孕婦奶粉之外，一點都不想碰食物。老公說，我整個人像是吞了一顆籃球的竹竿，但我被折磨到人瘦了一圈，反而讓身邊的女性又羨又妒。我是一面鏡子，照出她們如何看待自己的身體與飲食。一個人對我說：「妳這個狡猾的賤女人，下次我懷孕的時候，也要害喜害成這樣！」另一個人則驚呼：「天啊，妳看起來容光煥發。」她顯然完全沒看到我坑坑巴巴的蠟黃皮膚，只看到我瘦得像稻草人的四肢。

我還在學齡前的大寶，也是其他女人投射身體價值觀的對象。一天，我帶兒子到公園遊樂場，自己坐在角落看他玩，一旁的媽咪說：「哇，妳兒子怎麼這麼棒，腿怎麼這麼長。」她們說話的語氣，就好像兒子的身材是我教導有方的結果，而且兒子也很努力讓自己擁有那種身材。我以前從沒見過成年女性如此關注兒童的身材，而且還自己腦補許多事。老實說，我懷念兒子嬰兒時期胖嘟嘟的小手和臉頰，那時實在有夠可愛，但其他媽媽卻因為我現在有個皮包骨的孩子而羨慕我。

我覺得上東區人有許多怪異的想法和文化，然而另一方面，我其實還蠻像自己認識的上東區媽咪，也開始染上她們執著與癡迷的東西，例如我也想要一個柏金包。這種有意、無意間的轉變，學術上的專有名詞叫「習慣化」（habituation）。「習慣」是最基本的學習方式，指的是動物暴露於特定刺激一段時間後，就會開始適應，不再對刺激做出反應，例如大草原上的狗兒，原本一有風吹草動就會提高警覺，但如果在人類身邊待了一段時間，再有人類走過，牠們會懶得叫，不再出聲示警，人類變成牠們習而不察的刺激。另一個例子，是野鹿在人類身邊待久了之後，就聞不出人類有多臭了，會開始跑到人類的花園吃東西。（我的家鄉密西根有鹿。人類如果站在上風處，有時還沒看到鹿的身影，就能聽到牠們不屑的哼氣聲，因為人類的氣味太噁心、太難聞了。）也不過幾個月前，我還覺得上東區人打扮的方式很奇怪，有如另一個世界的人；但現在我也跟著穿得比較保守，買比較貴的衣服，而且打扮後才出門，感覺就像是終於舉白旗投降，放棄過去的自我。然而，當我一旦不再堅持做自己、開始習慣之後，就不覺得彆扭。從某個層面上來說，自從我跟大草原上的狗兒一樣、不再看到什麼就狂叫，跟鹿一樣、不再覺得有臭味要小心之後，我的人生也好過起來。從前的那個我，髮型帥氣俐落、胸懷大志、覺得上東區莫名其妙。但如今，那個年輕的下城區媽媽不見了，現在我覺得自己的頭髮愈金愈好，而且我想拿柏金包、穿Barbour外套、腳踩Charlotte Olympia充滿童趣、有著貓臉圖案的祖母綠天鵝絨平底鞋。時間慢慢過去，我拋棄過去的自我，成為上東區人。在一個天氣晴朗的秋日，我開始陣痛，我的第一個反應是到髮廊做頭髮。

我先打了通電話給莉莉。莉莉剛生下美麗的小女兒芙羅拉，芙羅拉每次躺在我老公胸前時，就會停止哭鬧。我和莉莉討論，這次的宮縮是不是生產的假警報。實際生產那天之前，宮縮是很常見的情形，而我已經宮縮了大約一個禮拜。莉莉猜我大概真的要生了，不過她生過四個孩子，經驗豐富，和平日一樣鎮定：「如果是第三、第四胎，在褲子上或計程車上生都有可能，但妳是第二胎而已，所以去散個步吧，看看情況怎樣再決定。」

我走進美容院，洗頭，吹頭，接著想說順便修一下手腳的指甲好了，然後再來管肚子的事。可是宮縮開始一分鐘就出現一次，我打電話給老公。

「什麼？！我們現在就得去醫院！」老公大叫。老公叫了一輛太大又太貴的休旅計程車，載著我沿著東區往南到醫院。一路上，司機先生一直碎碎念：「太太，求求妳，不能在這輛車上生孩子！妳要忍住！」幾分鐘後，我雙腳大開，躺在醫院產床上。我向婦產科醫生道歉自己下半身一團亂。兒子頭出來的時候，醫生正好說到他實在不懂，為什麼他接生的產婦在生孩子之前，大多會先做比基尼部位的巴西蜜蠟除毛，而且大家雖然沒有胎位不正的問題，都要求剖腹產，「以免下面鬆掉」。除此之外，很多人還預約好整形手術，一生完孩子立刻就可以縮肚子。我一邊聽醫生講故事，一邊最後一次用力，心想所有女人都瘋了；但當護士把剛生出來的二寶抱到我胸前時——他的頭髮好金，體格好強壯！好漂亮的一個孩子！——我真希望剛剛在生他之前，除過大腿腿毛。而且雖然我差點在一輛凱迪拉克上生孩子，但我得承認，看到自己抱著新生兒的照片時，我非常慶幸自己剛做完頭髮。

西方世界的富裕母親生完孩子後，幾乎毫無例外都會給自己強大的身心壓力，「一定要回到生孩子之前的身材」。這句話聽起來是如此熟悉，如此樂觀向上，也如此無視於現實，如此殘酷，就好像這種事真的有可能一樣。生過一個或好幾個孩子的人，畢竟不是沒生過孩子，不可能要回原本的身材，永遠不能，因為妳回不去還沒當媽的時候，因為妳就是生過孩子！我們先是得強迫自己，就算是懷孕，生活步調也不能慢下

來。等生完後，又得假裝先前破壞身材的事情通通沒發生過，雖然妳的肚子、妳的陰道、妳的胸部、妳的肋骨，早就因為懷孕，被撐到妳根本不想去想的境界了，但我們卻要求不能有下垂的胸部，也不能有小腹，而且除了不切實際的身材要求之外，外界和我們自己也期待生完後就得「恢復正常」，回到原本瘋狂的生活步調。

我家大寶和二寶出生的時候，我一直很羨慕華人有坐月子的習慣。她們生完孩子後，可以躺在床上整整一個月。並且接下來幾個月，也依舊可以不要勞動，不用工作，生完孩子後有女性親戚照顧，大家會叫她們多休息，她們可以專心餵奶和養好身體。西方則不一樣。西方人一生完孩子，醫院就會在二十四至四十八小時內把人趕出去（在我母親那個年代，她們可以待一週）。對於未工業化的非西方世界來說，我們這裡的習俗根本是野蠻人。

我照著西方社會的劇本走，立刻帶著新生兒出院回家，不過我這次我跟生大寶的時候一樣選擇親餵，其他媽媽則說，讓孩子吸母乳會造成胸部下垂、乳頭潰爛，所以她們選擇配方奶。我很快就進入照顧新生兒的模式，而且我和兒子都很幸運，我沒有什麼餵母乳的問題。我知道母乳對寶寶的長期健康來講很好，不過我和大部分的曼哈頓媽媽一樣，我很熱衷於餵母乳，其實是因為聽說餵母乳「可以讓妳更快恢復產前的身材」。我的女性朋友告訴我，親餵一天可以消耗六、七百卡路里。先前我害喜不再害得那麼厲害之後，遵照孕婦的建議體重增了幾磅，所以這下子我得餵奶，不只是為了兒子的健康，也是為了我自己的腰圍。我家二寶五個月大的時候，我決定該是時候回去做運動了。

雖然我的婦產科醫師給了明智的建議：生孩子和產後恢復應該是「九個月的上升，九個月的下降」，但我和大部分的媽咪一樣，等不了九個月。我急著回到過去苗條的身材，心急如焚，害怕再也回不去。全美國的媽媽都和我有同樣的焦慮，只要看女性雜誌的名稱，就能懂媽咪們的集體恐懼，例如《懷孕母親的美麗身材》或《新手媽咪做運動》，另外還有嚴格的產後運動教學DVD與線上課程。然而，上東區媽咪承受著更龐大的焦慮與壓力。內布拉斯加與密西根的女人，大概會在有空的時候，在地下室踩跑步機，看到Dunkin' Donuts會克制自己不吃甜甜圈，慢慢減去最後十磅，萬一減不掉就算了。但是在我的上東區部落，那種減肥法是不可能的事。這裡的女人除了要當最美麗的孕婦，也得當最美麗的母親，不管孩子是剛出生，還是三歲大、七歲大、十歲大，通通都一樣。

我人在上東區，所以在我決定運動之後，第一件事就是購物。我整裝待發時，最流行的牌子是露露檸檬（Lululemon），上東區每個人一定有一件，到處都看到有人穿這牌子的衣服；Athleta牌則黯然失色。露露檸檬的材質很貼身，但比一般彈性纖維厚，穿起來非常舒適，設計天馬行空（有很多有趣花色），而且還照顧到女性平日的實際需求與心聲（例如把口袋放在不會鼓起來一塊的地方）。在我住的地方，露露檸檬是必備服飾，穿著這牌的瑜伽服等於是在昭告天下：「我有時間運動，而且看看我的身材。」我第一次試穿露露檸檬的褲子和貼身外套時，我發現這個品牌的魅力，在於衣服緊緊包住你整個人。衣服不只是衣服而已，而是某種束腹，某種緊身衣，除了可以把贅肉包起來，還可以把身上所有的東西提起來，但又有赤裸裸把身材全部展露出來的感覺。露露檸檬剛出來一、兩年的時候，女性穿這牌子的褲子時會搭長版上衣或外套，蓋住小腹和屁股，或是把長袖上衣綁在腰上。但接下來女人一齊宣布：「怎樣，我就是有駱駝蹄，就是有屁股，不爽不要看。」大眾一下子就習慣了。最初看起來過於暴露的穿衣方式——露出女性智人腰部與恥骨之間的軀幹正面與背面——很快就變得沒什麼。男人每天被露露檸檬包裹的下半身密集轟炸，走到哪都看得到，他們除了適應，不再大驚小怪，還能怎樣？

就這樣，我買了一堆又一堆的露露檸檬，貼身外套、貼身褲子、深V貼身上衣，色彩鮮豔活潑的貼身無袖。我買了露露檸檬特別設計可以穿在有袖、無袖上衣內的運動內衣，甚至還有特製的超細纖維、可以「隱形」的露露檸檬內褲——布料邊緣是薄的，讓妳不會有內褲痕。露露檸檬的店員會像裁縫一樣，讓客人站在一旁是三面鏡的箱子上，然後嚴肅地和你討論你該穿什麼鞋、該穿多長的褲子、應該留多少邊，就好像店裡的瑜伽褲是真正的褲子，而你是老牌西裝店布克兄弟（Brooks Brothers）裡正在量尺寸的生意人。好吧，這件事的確和生意有關。我很快就發現，健身的確是一門生意，而且是很大很大的生意。

全部的配備都買齊之後，我開始研究可以上哪健身。我馬上就發現，自從我生了兩個孩子以來，不只是運動服飾起了天翻地覆的變化，就連人們做什麼運動都變了。我渾然不覺世界發生了變化，有空的時候還在做彼拉提斯和瑜伽，或是在公園裡跑步，但我研究的部落早就分成兩個子部落，各自效忠現今最流行的禮拜儀式：一個是「Physique 57」的芭蕾把杆課程，一個是「SoulCycle」的飛輪健身課程。朋友艾美寄給我Youtube的SoulCycle女性課程連結，我看了之後覺得這種運動也太荒謬，只見大家坐在室內腳踏車上，下半身不斷飛速讓輪子轉動，上半身則做著各種瑜伽姿勢。我可以想像，未來的考古學家看到這種運動文物會有多困惑（「他們在動，但不會前進。」）。另一個朋友在喝咖啡的時候，向我介紹她的Physique 57課程是怎麼上的，還誠心讚嘆那種運動在六堂五十七分鐘的課，就改變她的身材。我在心中嘆了一口氣，饒了我吧。朋友就像購物頻道，不停地讚美Physique 57，接著又掀起衣服讓我看她的腹肌。我一看，差點把嘴裡的綠茶噴出來，那簡直是健美小姐的肚子！隔不到六小時，我就報好名。

我點進Physique 57網站，看它們最新潮的教室。教室都開設在高級地段，室內有鏡子，還有各種特殊道具——不同高度的芭蕾把杆，各種可以拿和夾的球、用來伸展和鍛鍊腹肌的彈力帶、做地板運動時用來緩衝的墊子和枕頭。我閱讀Physique 57的「故事」：廣受推崇的芭蕾健身大師蘿特．伯克（Lotte Berk）的兩位前弟子，在老師收掉漢普敦教室後，創辦了Physique 57。我看著影片裡的見證人在Physique 57的聖殿裡做禮拜——許多女性含淚說出自己是如何從糟糕的身材，一路練出優美線條。網站向我保證，只要上八堂不到一小時的課（換句話說，每上一次課，我可以省下一百八十秒的時間），就能改變身材。

我換上全身的露露檸檬，在一個春天的早晨，抵達離家不遠的健身教室。教室環境通風、乾淨，有著挑高天花板，白色牆壁，某幾間是木頭地板，某幾間鋪著藍色地毯。櫃檯的年輕妹妹招呼我，她知道我是第一次上課，請我簽免責合約，接著興高采烈地問：「妳有襪子嗎？」襪子？噢，她是說黑色或灰色、後面繡著小小的「57」字樣的防滑短襪。襪底是淺藍色橡膠圓點，讓人踩在地毯上時不會滑倒。我立刻買了一雙，一邊穿，一邊想起一九九〇年代某個邪教集體自殺時，都穿著Nike運動鞋。櫃檯妹妹人很好，告訴我：「妳大概還需要一瓶水。」她把水給我，告訴我錢會記在帳上。沒錯，私人俱樂部可以記帳。

我走進教室的時候，看到朋友莫妮卡在鏡子前做伸展，太好了，有認識的人。莫妮卡是事業心很強的對沖基金經理人，有三個孩子，但身材超好。我們親吻對方，開心打招呼。「我都不知道妳也有上Physique！」她說。「給我吧。」她把我的水瓶，放在鏡子前第一排把杆一個寬約九十公分的「位置」，然後又幫我把兩個五磅重的啞鈴，放在地毯區，和她的啞鈴做鄰居。莫妮卡教我：「妳得在大家進來之前先搶好位子。」太好了，我有嚮導。我們聊天的時候，教室開始滿了起來，所有的女人擠在一起。每個人都超級嚴肅，超級安靜，默默在鏡子前盯著自己，做起伸展操。所有人都穿露露檸檬的褲子，有的短，有的長，但都是黑色的。另外大家都穿露露檸檬的運動上衣，還有Physique 57的黑色防滑襪。幾乎所有人看起來身材都很好，沒有多餘脂肪，有三頭肌，平坦小腹，還有抵抗地心引力的結實屁股。教室裡都是女人，只有一個男生。男生身上有麥克風、皮膚黑到發亮、肌肉壯碩、身材高大。他發出具有爆發力的聲音：「早安，女士們，該是讓心跳快起來的時刻。」教室四周位子經過特別安排的喇叭，傳出教練洪亮的指令，學生馬上起立就位。

碧昂絲的熱歌勁曲開始重擊耳膜，腿抬高，腿抬高，左膝碰右臂，右膝碰左臂，扭腰，扭腰，扭腰。我做起嚴格、困難、全身都會動到的健身動作，痛苦到好幾次差點吐出來。學員舉起啞鈴，開始鍛鍊手臂上每一吋肌肉，同一時間腳還要不停蹲下、前進、後退，接著是做也做不完的伏地挺身。教練像一個民權運動領袖一樣，大聲疾呼：「當妳們累了、出現想放棄的時刻，妳們必須克服。」天啊，這只是前十分鐘的熱身運動而已。大家走到教室角落，把啞鈴放回架上。我被這群年約三、四十歲同學的狠勁嚇到，大家用丟的，把啞鈴扔進籃子裡，然後立刻衝回自己在把杆的位子。大家是怎麼做到的？每一瓶水、每一條白色小毛巾，都長得一模一樣，大家怎麼知道自己的位子在哪？莫妮卡小聲打PASS：「在這裡。」我連忙站在她身旁。

教練的指令讓我一頭霧水：「站在把杆前，雙腳呈小小的V字形，然後從簡單的震動開始。」我模仿莫妮卡的動作，以為自己懂了——我知道了，現在要像芭蕾那樣做微蹲，沒問題。我小的時候學了很久的芭蕾，這種動作難不倒我。但做了一百下之後，我覺得腿要廢了，這才是最開始的動作而已。每一套動作要做右邊，然後做左邊，直到腿上每一塊肌肉都充分鍛鍊到，我的雙腿燒起來，痠到不行。我轉頭看其他女人，希望能和她們相視而笑。通常在這種累到快掛掉的滑稽時刻，大家會做鬼臉或露出會心的笑容，用表情告訴彼此：「我也快不行了！」

沒有！教室裡一個笑容也沒有，也沒人說話。每個女人都避免與他人接觸視線，各自待在一塊塊占地為王的私人空間，獨自健身，獨自接受折磨。現在是什麼情形？我從來沒上過這麼累人的健身課，也沒進過完全沒人開玩笑、缺乏溫暖情誼的教室。我第一次看過如此安靜無聲的地方，沒有人哎哎叫，沒人呻吟「媽啊！」，完全沒有任何說話的聲音。這裡就像兒子的托兒所，如果妳開始懷疑自己根本不存在，那是正常的，因為即便這個空間裡人山人海，所有的人都非常疏離，活在自己的小小世界裡，看不見其他人。教練偶爾會講一兩句好笑的話，緩和一下氣氛，鼓勵大家繼續，或是糾正一下動作。他替所有人發言，是教室裡唯一有人味的人。

我時不時就得停下來，喘一口氣，莫妮卡卻一直跳一直跳，所有的小蹲和大蹲都沒錯過，一拍也沒漏。這是給好勝心強的傑出人士的健身課。我偷偷觀察過莫妮卡，她不只健身很專心，工作的時候，還有想辦法把孩子弄進好學校的時候，也都不達目的誓不甘休，像一台機器般聚精會神，精準，穩定。教室裡其他人也一樣，大家穿著一模一樣的韻律服，做著整齊劃一的動作。抬手，收，往前，收。教練奇怪的指令又來了，他說著外星語，每個人都懂，只有我不懂。

「盤旋！妳們穿著低跟高跟鞋！」教練大吼，「現在穿上最高跟的高跟鞋！」「穿上鉛筆裙，坐在桌子前面的旋轉椅上。」那句話的意思是膝蓋彎下去，轉動身體，然後以某種角度面對把杆。下一個指令是「划水」，顯然划水的意思是「靠近把杆，全身重量往後，用妳已經使用過度、發痠的手臂撐好，接著骨盆往天花板抬。」全班一直做，一直做，直到兩腿發抖，所有人都累到腦袋裡不會去想這個動作的性愛意味有多濃厚，或是有多折磨人。好了，大腿和下盤的部分結束了——真的嗎？感謝上帝，因為我的屁股這輩子沒這麼痛過——接下來是腹部的鍛鍊。腹肌動作？還不如說是展示陰道的動作。我們背靠著牆，雙腿高舉過頭，手臂推向上方把杆，張腿，身體呈菱形撐住，往把杆，再往把杆推。我盯著身邊數十個包著露露檸檬彈性纖維的陰部，心中慶幸班上沒男生。我想大家一定也覺得這個動作很怪，但依舊沒人會心一笑，也沒有眼神接觸，同學之間完全沒有交流。我們鍛鍊著肚子上每一吋肌肉，側身，往上，左手肘碰右膝，右手肘碰左膝，我痛苦的不得了，想要嚎叫。

接下來，氣喘吁吁的眾人躺在墊子上，在歌手馬文．蓋伊（Marvin Gaye）的〈來吧！〉（Let's Get It On）歌聲之中，奮力一次又一次抬起骨盆。我想我要昏倒了——除了體力上已經無法負荷，這個場景也太詭異，我覺得自己參加了一場集體性愛。終於下課的時候，我喘著氣和莫妮卡說再見，然後一跛一跛回家。我用消除疲勞的浴鹽泡了一個熱水澡，餵了母乳，然後抱著寶寶就在床上睡著了。接下來整整鐵腿三天，無法上下樓，光是走路就舉步維艱。但我一旦能動之後，就立刻回去上課。幹勁十足——我一定要征服那些動作，我一定要用五十七分鐘的時間追求完美身材，我要屏除一切雜念，與世隔絕。我下定決心，上刀山下油鍋都要去。

有一陣子，我每兩天去一次教室，接著進步到每天都去，但我聽到別的同學互問：「妳下一堂也會留下來嗎？」也就是說，有的人一天上兩次課！這個艱辛的完美體態修行之旅是一場耐力賽，每一堂課都是迷你的再生儀式，這是每天每天發生、簡短版的阿帕契族（Apache）日升之舞。阿帕契族的女孩一生會參加一次成年禮。整整四天時間，初經來臨的女孩會跳一支動作繁複的舞蹈，她們穿上特殊族服，身上塗上顏料，讚頌這個人生時刻的莊嚴性與特殊性。女孩們跳著舞，把自己奉獻給同伴與族人，發誓自此之後會努力當女人。儀式結束時，筋疲力竭的女孩重獲新生，就此成為女人。阿帕契女孩在跳完日升之舞後獲得認可，證明自己的女人身分，Physique的女人則是在一堂又一堂虐待自己的課程結束後，證明自己有力氣、有時間、有資源、有精力改造自己。

事實上，從外表也看得出Physique女人自成一個部落。她們大部分都擁有結實的肌肉，有舞者身形，走路方式和別人不同。一樣有在運動的人，一看就知道她們有練過。Physique學員的體態，讓我想起自己認識的芭蕾舞者，而事實上有的學員真的是科班出生。上課的時候，常有美國芭蕾舞團（ABT）、紐約市立芭蕾舞團（New York City Ballet），或火箭女郎（Rockettes）的舞者，站在我旁邊。她們每一個都身材高挑，柔軟度驚人，有時我會下意識想跟上她們——腿要踢得一樣高，手要伸得一樣長，旋轉要轉得一樣漂亮。Physique的把杆動作標準非常高，學員期待自己要跳得跟專業舞者一樣好，因為我們的外表，就像我們的媽媽身分一樣，是一份專職工作。追求美麗身材是我們的天職，也是我們的使命，我們永遠必須精益求精。

我的身材的確很快就發生變化，而且是驚人的變化。我咳嗽時還是會漏尿，然而按照曼哈頓的標準來看，我的外表「出現了改善」，手臂練出肌肉，不再有蝴蝶袖——某次我穿無袖上衣和一名同性戀男性友人共進午飯，他讚嘆：「士兵你好。」我現在不只擁有平坦的小腹，而且還是看得出一塊塊肌肉線條的緊實腹部。生平第一次，我不再擔心大腿太肥，而且雖然驕傲是不好的，請容我讚美自己一下，我的新屁股真的又小又翹。

老公被我的新身材嚇了一跳，開心到不行。我原本就很幸運，新陳代謝好，吃什麼都不太會發胖，一直算是瘦子，不必太擔心身材。但現在我除了瘦，白天更有精神，晚上也睡得更香甜，心情連帶好了起來，人不像剛生完孩子那陣子那麼難相處了。我因為健身享受到種種好處，開始鼓勵身邊朋友也去上課，逢人就推銷。我沒花太大力氣，就找到一起上課的同伴，朋友親眼見到我的改變後，一下子就被說服。原先冷漠、人人自掃門前雪、一堂要價三十五美元的健身課，在我性格開朗、臉上會有笑容的朋友加入之後，就此完美。

夏日來臨時，我和老公決定在漢普敦租一間度假小屋。我會帶孩子一整個夏天都住在那裡，保姆白天會幫忙帶孩子，讓我有時間好好寫作。老公週末的時候過來和我們團聚，平日則繼續在市區工作。漢普敦是紐約長島東方的沙灘區——那是傳說中的度假勝地，對許多人來說遙不可及。雖然也有很普通的普通人一整年都住在漢普敦，或是到那裡度假，但上東區人在漢普敦過著特別舒服的日子。兩千萬美元起跳的價格提供你濱水豪宅，有私家電影院、可以存放五千瓶葡萄酒的酒窖、直升機停機坪、六間車庫，以及私人彼拉提斯教室，甚至家裡就有猶太會堂也不奇怪。我家大寶托兒所的同學，家裡通常有這種週末或夏天的住所。相較之下，我們家在綠葉成蔭的郊區租的房子十分簡樸，只有三個房間，一個游泳池，一個有樹蔭的後院，以及社區共有的海灘。第一天抵達時，我心情大好，看著大寶在安靜路面上騎著腳踏車，自己推著二寶的嬰兒車跟在後頭。躺在車內的二寶轉頭看向旁邊，生平第一次聽見鳥叫，嘴巴張得大大的。安詳的夏日田園風光在我們眼前展開，錦上添花的是，我發現不遠處居然也有Physique 57教室，雖然沒辦法用走的去上課，我想我可以每隔一、兩天就開車過去。

隔天一早我就跑去上課——結果嚇了一大跳。我提早整整十五分鐘抵達，但停車場幾乎已經全滿。我沿著通往教室的上坡石子路一直開，希望找到停車位，但一個開著黑色瑪莎拉蒂跑車的女人，突然從轉角冒出來，直接闖進我的車道，差點把我撞下山坡。我們兩個猛踩剎車，接著那女人對我比中指，重新發動引擎，然後就開走了。我後頭開黑色荒原路華的金髮駕駛，不滿我因為被嚇到而呆住半秒鐘，猛按喇叭，大喊：「搞什麼，快點開車！」我終於駛進停車位時，一個穿著亮紫色運動上衣、開著保時捷911紅色敞篷車的女人，因為看見停車位被搶走，雙手舉在半空中，手指呈爪子狀，不停憤怒發抖。

我匆忙進教室，在地上找到一個空位，接著馬上有人在我旁邊坐下來——是剛才開黑色瑪莎拉蒂、黑色荒原路華，還有紅色保時捷的那三個女人。我的媽啊，她們怎麼這麼敢，剛才在路上兇的人，很可能就是接下來緊貼在身旁運動一小時的人，她們不怕被報復嗎？大概是因為她們一抵達就全神貫注，完全專注於讓自己的身材完美，其他人對她們來說根本不存在，所以她們不怕也沒感覺。不過，雖然班上的人氣喘吁吁做運動，假裝旁邊都沒人，我還是觀察到一堆做過隆乳手術的大胸部、削過的顴骨，以及打過填充物的圓潤臉龐。所有喜歡炫耀身體的人似乎都跑來漢普敦了，人人拼了命和別人比身材，比臉看上去有多年輕。上東區人頂多只希望擁有結實的身材，跑到漢普敦度假的人則希望自己穿著比基尼、被二十多歲的模特兒和健身教練包圍時，也不會被比下去（每年夏天，漢普敦到處是想釣金龜婿的年輕跑趴妹）。漢普敦的身材標準不只是高，而是高到看不見、高到不可及，但我身邊的女人絕不輕言放棄。老化就跟出生在糟糕月分一樣，很不幸，很倒霉，一定得用恆心、毅力與熱忱克服。

漢普敦的Physique 57據點有趣的地方，在於和SoulCycle共用空間。這兩間健身公司同時選中布里奇漢普敦巴特路（Butter Lane, Bridgehampton）上一間改造過的穀倉。由於我得和SoulCycle的學員搶車位，我也開始觀察她們。SoulCycle的人看起來和Physique 57一樣認真，一樣努力，而且具有強烈宗派意識。這兩派的人也穿一樣的緊身運動褲，有時臀部的布料還有交叉的線條，讓我想起母靈長類動物在發情的時候，會露出呈鮮豔粉紅色的屁股。我們被彈性纖維包裹、展示在公眾眼前的臀部，似乎大聲說著：「快看！我在發情！」但除此之外，SoulCycle和Physique 57是兩種人。首先，Physique 57已經很離譜了，但SoulCycle更排外，她們的學員感情很好，但只限於彼此，絕不包括外人。我一開始不懂，碰了一鼻子灰。我看到一個SoulCycle的媽咪，覺得自己認識她，她應該也住上東區，所以打了招呼，但她理都不理我。

SoulCycle部落團結一心的精神，也顯現在她們的服裝上。她們那一國的人，和我們Physique 57的人，穿衣風格很不一樣。我們想當芭蕾舞者，她們則想當摩托車女郎。你會目瞪口呆看著一群超有錢的媽咪，全都穿得像混幫派的一樣。當我第一次看到一個女人學LA的黑幫，在頭上綁紅頭巾、身穿寫著「POSSE」的緊身運動褲時，實在很想悄悄走到她身旁，小聲告訴她：「上個月我在以馬內利會堂，看到妳參加瑪姬‧列文女兒的成年禮。妳跟洛杉磯的血債幫（Blood）或瘸子幫（Crip），完全扯不上邊！」

SoulCycle和Physique 57除了打扮不同，行為舉止不同，還有其他地方也不一樣。她們做運動的方式和Physique 57不同，她們會向教室買室內腳踏車，如果是前排的位子，一年可能要八千美元，而且可能不只向一間教室買。她們上課的時候會不顧旁人，在震耳欲聾的音樂中，一邊騎腳踏車，一邊盡情吼叫、盡情抱怨。她們流汗，罵髒話，而且據我所知，她們還放屁。她們宣泄一切，接觸內心的宗教狂喜，釋放心中的室內腳踏車幫派魂。我認識的一個人兩邊都有參加，她說SoulCycle是流汗的夜店加上熱瑜伽（她們會關燈，在燭光下踩腳踏車），Physique 57則是古板的女子學校。

人們最喜歡說SoulCycle比較狂野，比較有趣，比較酷，她們是柏金包；Physique 57則是凱莉包。據說在我兒子念的高級托兒所，有個媽媽的另一半是身價破億的金融家，到處在外拈花惹草，名聲很差；最後，那個媽媽在SoulCycle找到真正的自我。故事是，婚姻不幸福的她在SoulCycle愛上了自己的女教練，最後離開先生，和女教練同居，每天都在東區教室的最前排，和靈魂伴侶一起騎腳踏車，從此過著幸福快樂的日子。從這個故事就看得出來，SoulCycle的人狂野、性急，充滿勇於嘗試的精神；Physique 57則被教條束縛住，不敢冒險。SoulCycle願意冒險、勇於展現自我，Physique 57則小心翼翼用沒有雙酚A的瓶子喝水。她們是女同志，我們是異女（straight）。或者也可以說，她們是騎著室內哈雷摩托車的T，我們是穿著低跟鞋的婆。

老實說，我覺得SoulCycle幫有點太過頭了。兒子家長會裡女王蜂中的女王也練SoulCycle，光這點就讓我確定SoulCycle不適合我。除此之外，我在下城區住過好幾年，或許我錯得離譜，也或許她們根本沒那樣想，但我得承認，每當許多練SoulCycle的媽媽似乎覺得，運動不只可以讓她們更健康，還能讓她們更酷、更潮時，我心裡都在偷笑。每當她們一副自己是有顛覆精神的饒舌歌手、說自己和朋友是「出來混的」，我都會想到住在郊區的乖乖牌少女，穿上黑色皮衣，故意在晚上搭乘紐約的大都會北方鐵路線、長島鐵路線或PATH線進城，好讓自己看起來比較酷、比較反社會。我看到SoulCycle的女人在教室外用拳頭碰拳頭的方式打招呼時，都覺得自己寧願被誤認為大驚小怪的守舊女舍監，也不想像她們一樣可悲。誤解我吧，看扁我吧，沒關係的。是的，我對Physique 57的忠誠感，讓我有點走火入魔。

然而，不管你怎麼看待Physique 57或SoulCycle——這是兩種非常不一樣的運動，兩群人的「女性特質」很不一樣——它們都是很辛苦的運動，而且會給人某種新的「身分」。人們幻想做了那兩種運動後，除了心跳會加速、身材會變好之外，還可以變成不一樣的人。那個漢普敦的夏天，我一直想起日本二戰前的藝妓學徒。她們待在被稱為「置屋」的培訓所，與世隔絕，接受年長藝妓的訓練，遵守嚴格尊卑制度，每天過著辛苦的生活。「置屋」有自己的規矩、自己的教條，對於美姿美儀該怎麼做，自有一套要求。學徒得花多年工夫勤奮工作，還得專心學習，看起來不費吹灰之力，就一舉手、一投足，均得符合藝妓每個動作都有規定的大小儀式，「用藝妓的方式」呈現美感。雖然辛苦，但每個女孩完成訓練之後，將可從普通人化身為「花魁」。花魁是男人最仰慕的對象，最理想的陪伴對象，也是文化中最理想的女子典型，整個社會都崇拜她們。

我母親那個年代的人，一定無法想像現代女性對自我的認同，以及她們的野心，居然和做什麼運動有關。今日生了孩子的女人拼了命健身，立志成為最美、身材最好、最高雅的曼哈頓藝妓；和我母親同代的女性則靠節食。她們生完孩子後，有幾週或幾個月的時間，只喝黑咖啡，吃加脫脂牛奶的家樂氏Special K麥米片，還有哈密瓜、薄土司片、低脂茅屋起司。再接下來她們會快走，有的人還會嘗試慢跑，但大部分的人靠著控制飲食來減肥。對母親那個年代的人來說，年過三十還要追趕潮流很困難，到了某個時間點之後，她們還有社會都允許她們身材有點走樣。當然，她們還是會出門找樂子，但她們也累壞了。由於金錢和社會風氣的緣故，她們通常沒有全職保姆幫忙，連兼差的都沒有，什麼事都得自己來。到了三十五、六歲的時候，她們甚至放任自己頭髮變白。

在我研究與生活於其中的上東區無法想像那種情景。上東區的媽咪不會放棄，永遠不會。她們無法想像過去那種慢慢來、靠著節食就希望自動瘦下來的生活。她們積極追求苗條，永遠在努力「做點什麼」。藝妓會學習複雜的茶道，以及高雅的談話方式。我身邊的女人則願意不惜一切，真的是殺了自己也沒關係，只為了看起來像沒生過孩子、因為年輕身材自然就好的二十歲女孩。至於飲食方面，什麼脫脂、低卡路里，那種東西太過時了，現在的人要吃，就吃有機、天然、可以排毒抗老化的東西。食物一定要和健身一樣，要對身體很好才行。世上最了解被拒絕的感受的人，就是上東區和漢普敦雞尾酒派對上提供小點心的服務生了，他們每一秒鐘都聽到：不，不用了，謝謝，我不吃，不要，不用，謝謝，不了。

到底為什麼？我們為什麼要永無止境努力，讓自己什麼都不能吃，什麼都不能碰，每天都在健身，這一切有什麼意義？上東區和漢普敦的男人，他們連調情都懶，也不會幫女士開門。紐約的男人，和羅馬、巴黎，或世界上任何一個角落的男人不同。他們根本不會欣賞妳的臉、妳的身材。上東區和漢普敦的人生勝利組，永遠一副心不在焉的無聊樣子，因為他們是真心感到無趣——女人每天都在為他們梳妝打扮，他們身邊全是任君挑選的超級美女。不只一位來自歐洲的女性朋友告訴我，紐約男人在派對上，或跟妳共處一室的時候，感覺永遠都在看妳後方的人。他們在看下一個女人是不是更好、更漂亮、家世更顯赫。我猜紐約女人會這麼努力，就是為了這個原因。紐約女人這麼多，放眼望去，到處都是過剩的年輕妹妹，還有外表比實際年齡年輕的女人，男女之間的互動因而改變。紐約的女人得無所不用其極展示身體，每天想方設法保住老公，努力讓男人看她們一眼；但紐約男人看美女看慣了，要引起他們的注意比登天還難。

此外，如果說女人努力變美是為了男人，放在漢普敦的夏日社交生活來看，根本說不通。在漢普敦，不管走到哪裡，都和Physique 57與SoulCycle的教室一樣，男女根本是隔開來的。女人會在學校一放暑假後，立刻在六月帶著孩子和保姆抵達漢普敦，開始整理房子。她們的先生則會在週末過來團聚，但平日由主婦主持一切。放眼望去，漢普敦的每一個角落全是女人、女人、女人，而且就我的觀察，就連男人在的時候，女人也寧願參加全是女人的朋友聚會，或是廠商幫VIP大戶舉辦的新裝發表會，以及幫學校或貧苦人家募款的慈善皮包拍賣晚會。我參加過的活動，男女通常分開坐不同桌，甚至坐在不同大廳！儘管到處都是火辣、隨你看的女性胴體，但空氣裡沒有一絲性的意味，完全沒有。我和老公一起參加曼哈頓或漢普敦的晚宴活動時，我老是說：「最好有人過來跟我搭訕。」男人和女人之間怎麼會完全沒有開玩笑的互動，我百思不得其解。如果不能享受調情的樂趣，人生活著到底有什麼意義？瘋狂雕塑身材有什麼意義？我研究的女性和藝妓不同，她們讓人感覺調情太過低俗，但她們也和藝妓一樣，比性還要高級。當然，紐約的女人生孩子，所以我們知道她們一定有性生活，但她們的身體經過千錘百鍊，被小心翼翼照顧、小心呵護，她們的身體經過淨化，不適合人間汙濁的性愛。

事實上，運動以及對服裝的重視，似乎在基本層面上取代了性。我和其他女人吃飯喝酒時，大家似乎都同意，女人平日在曼哈頓太累、壓力太大、太煩，沒心情上床。假日來到漢普敦後，難得可以擺脫城市壓力，海灘和晴朗的天氣撫慰著她們，而且孩子白天都待在夏令營，甚至好幾週都不會在身邊煩人，這是女人可以休息的歡樂時光，不想和男人待在一起。有些文化覺得月經不潔，月經來潮的女人必須離群索居，住進「月經小屋」，我覺得漢普敦就是紐約人的月經小屋，而且這不只是個比喻而已。由於整個夏天，女人都一起同進同出，我們的月經週期還真的彼此同步。我每多上一堂健身課，下課每多去一次果汁吧，每多和滿屋子的女人吃一次午餐或參加晚會，我對這個女性部落的認同感就愈深。夏日結束的時候，姐妹淘才是我們的人生，老公則像是陌生人。

漢普敦的女人就是這樣生活。她們為了「不在」的男人，以及「在」的女人，努力讓自己年輕貌美，從不鬆懈。她們對於身材的努力，讓她們和其他女人有共同的話題可以聊。在每一個白天，每一個晚上，每一場活動，每一堂健身課，女人除了努力達到別人的標準，也在幫別人打分數。她們有如色彩鮮豔的公紅雀，或亮眼奪目的公孔雀，永遠在展示自己的羽毛，永遠在等著外界的目光。零贅肉的身材與青春永駐的臉孔，除了是值得追求的成就，也是整齊劃一的制服，就像上健身課一定得穿防滑襪，頭上一定得綁頭巾，或是荒原路華的後座一定得放划水板。夏日結束時，我感覺我的身體不只屬於自己，還屬於整個部落。身體是拿來健身和不斷雕塑用的，永遠有改善的空間，永遠不能休息，永遠不能鬆懈，只要我還撐得住，就得自強不息，夙夜匪懈。

Chapter 5

A Girls' Night In

女人交心之夜

田野調查筆記

當地人似乎已經接納我。我花了數月工夫觀察部落習慣，不斷試圖模仿與參加當地儀式，不斷伸出友誼之手。那段艱辛的旅程似乎結束了。我受邀參加一場高社會位階女性的聚會，地點是有錢有勢的酋長夫婦所居住的屋子。

部落舉辦的大部分活動都嚴格隔開男女。在自家及其他地點舉辦的活動，似乎是女性聯絡感情的機會；部落靠著八卦，以及允許或排斥某人加入社交活動，形成聯盟。部落人士靠著統治階級的力量，鞏固自身與他人之地位。出席社交場合最重要的是「自我呈現」，包括身體必須用特殊紡織品加以包裹，加以裝飾，臉部也必須塗上特定顏料，強化美感。

———

我的電子信箱出現一封邀請函。兒子同學的媽寄了一封信過來：「不知道妳是否聽到我的手機留言，妳沒回我，我希望下星期四晚上，妳能到我家吃飯。其他女孩也會過來。ＬＭＫ。瑞貝卡留。」

糟了！我沒聽到瑞貝卡的留言。我的朋友都知道，我除了偶爾傳傳簡訊與寄信，很少用手機。我一邊想「ＬＭＫ」到底是什麼意思（後來朋友告訴我，那是「讓我知道妳要不要來！」〔Let me know!〕的縮寫。她很驚訝我連這都不知道），一邊慌忙回電給瑞貝卡。我緊張得要命，覺得自己怎麼搞的，這麼沒禮貌。我留了言，道歉沒有馬上回覆，說自己當然想參加。我除了電話留言，還寄了電子郵件，以防萬一。最後的表情符號要加什麼？親一下（啾）」？不行，瑞貝卡沒加，我不能如此僭越。

這不是我第一次寄電子郵件給瑞貝卡。她是深色頭髮、有四個孩子的美女媽媽，老公是全紐約最成功的金融家。不過這還是我第一次收到她的信。先前我寄過去的信，全都石沈大海；我曾應兒子的要求，寫信說或許我們兩家的孩子可以一起玩。我信寫得很客氣，不過瑞貝卡從來沒回過。有時候，我會在走廊上攔下她，建議我們兩人可以一起幫孩子安排活動，尤其是現在她已經看到我和上東區的首領爸爸聊過天。先前首領爸爸對我的關注，已經提升我和兒子的社會地位。除此之外，我去健身的時候，也常在紐約各個角落碰到瑞貝卡。我去麥可餐廳（Michael's）吃飯的時候，也常遇到她（那家餐廳位於紐約中城。在我心中，我把那裡想像成上東區部落人士聚會的營火區）。我參加較為私人的活動時，也遇過她。換句話說，種種跡象顯示，我們兩人的生活圈應該有重疊之處。有一天，我們為了同一場活動，都跑到波道夫古德曼百貨買手提包，還有我們在募款活動上也見過幾次面。經常不期而遇之後，瑞貝卡變得較為友善。

我正在寫書的消息傳出去後（每個人問我的時候，我都說：「我正在研究上東區媽媽的生活。」），瑞貝卡和其他幾個媽咪明顯變得較為敞開心胸，開始會和我打招呼閒聊，有人甚至主動邀我一起吃午餐、喝咖啡，告訴我她們如何在上東區生活、如何當媽，還有事情為什麼會這樣那樣。並非所有人都很友善——有些人大概不信任我，雖然我保證自己不寫爆料文或諷刺文章，而是打算從社會學、人類學和幽默的角度，記錄自己的個人經驗——不過有很多人對我伸出友誼之手。她們希望談比較深入的東西，而不是平日走廊上的閒聊，例如今天穿了什麼衣服，或放假的時候要去哪裡度假。有些人告訴我自己坎坷的婚姻之路，有些人則告訴我她們出生貧寒，在紐約感到格格不入（「我是舊金山人。對很多人來說，那就像我是火星人。他們永遠不可能真的接受我。」）我和那些媽咪的共通點，多到超出預期。出了學校走廊、午餐聚會、社交活動之後，她們其實是很好相處的人。某個人告訴我：「上東區這群事事要搶第一、處處與人競爭的媽咪和爹地，我認為他們的問題，在於他們私下一對一的時候人都很好，但身處群體時，有些人不得不擺出惹人厭的嘴臉。」

接送兒子上下學時能看到幾張新的和善面孔，實在令人欣慰。先前首領爸爸已經大幅提升我和兒子的社會地位，但現在我看到學校走廊上擠滿穿高跟鞋的冷酷上流社會媽咪時，依舊心生恐懼。我因為忙著帶孩子，忙著工作，與下城區的生活及朋友漸行漸遠，因此能和大寶學校以及二寶玩伴的媽咪做朋友，對我來說變得十分重要，我必須打入我家孩子的社交網。再說，我研究的上東區部落非常重視身分地位，很重階級，能被瑞貝卡邀請到家中做客，等於是魚躍龍門，這是成人版的在學校吃午餐時，被學校的風雲人物邀請坐同一桌。一部分的我，覺得自己如此受寵若驚過於可笑，但另一部分的我——那個努力要弄懂上東區女人、努力替兒子找玩伴、努力交朋友的我——則萬分感激社會地位這麼高的瑞貝卡能夠邀請我，她替我打開了上流社會的大門。另外，如果瑞貝卡邀請的女性想向我解釋她們的世界，那就太好了，希望她們會感興趣。除此之外，我一直在祈禱女王蜂中的女王當天不會出現，因為我應付不來。

幾天後，我和可以流利翻譯上東區文化的甘蒂絲一起吃午餐。她問：「妳要穿什麼去瑞貝卡家？」我們入座的時候，她知道我注意到她盛裝出席，穿著香奈兒外套，頭髮還特別吹過，便搶先解釋：「我等一下要去看東區的醫生，所以得打扮打扮。」

我老實回答：「不曉得。」我說我不能問學校或遊戲小組的其他媽媽，因為我不知道誰被瑞貝卡邀請，誰沒受邀。甘蒂絲點頭，覺得我說得對，她慢條斯理喝著冰紅茶，考慮著這次任務的棘手度，最後提議：「穿可以融入、但又不會太顯眼的衣服。女主人才是主角，對吧？就跟參加婚禮一樣。」

我想了想後判斷：「這其實像是一場媽媽之夜，大家的老公不會在，所以大概屬於比較非正式的場合。」

「真的嗎？」甘蒂絲一臉懷疑，口頭禪脫口而出。她已經站在我這邊聽我講故事講了好幾個月。她知道我搬去的新部落穿衣方式和嘴臉有多誇張。甘蒂絲自己也常和紐約上流社會接觸，平日在慈善晚宴、餐廳、募款午餐會上和名媛打過交道，她知道她們是什麼樣子。甘蒂絲在加州長大，後來嫁給土生土長的紐約人，公婆都是上個世代的社交圈名人，她和我一樣同時是圈內人也是圈外人，用嘲諷和幽默的態度看待我所研究的世界，是個天生的人類學家。甘蒂絲做出最後的判決：「不可能是穿平常的衣服就好。」

甘蒂絲是對的。上東區沒有「低調」這回事。不管有沒有男士在場，女人花了無數小時在Physique 57與SoulCycle鍛鍊出來的身材，必須搭配高級服飾，以及濃妝豔抹的臉龐。髮型必須完美，但不能看起來刻意整理過。每一個人臉上毫無皺紋，頭髮整整齊齊，隨時都能近距離拍照上雜誌。這種「隨時隨地的美」不是自然美，與天生麗質恰恰相反。我所認識的上東區女人，不論是在孩子的遊樂場，還是在家長午餐會上，都力求容貌完美，而且絲毫不掩飾這點。上東區的女人時時刻刻提醒自己臉蛋與服裝一定得萬無一失。這種堅定不移的精神，展現在她們必備的名牌衣，以及她們昂貴的公寓與名牌斜背包。她們的準備十分齊全，隨時隨地準備好上場，我總覺得遊樂場外面、學校、她們常去的咖啡廳、五歲孩子的五千美元生日派對，以及所有上東區部落人士聚集的地方，總有一天會出現名人出席活動時的「攝影牆」——有一塊讓大家可以擺姿勢、像名人那樣拍照的地方。

要打扮到永遠容光煥發、隨時可以上鏡頭，得花去上東區女人無數時間，而且令人焦慮萬分——這方面我有第一手的經驗。大多數的早上，我得梳妝打扮。一開始我就發現，送孩子上學的時候，我是學校裡唯一臉上還有床單印痕、頭髮隨便用髮圈綁一綁就了事的媽媽，所以我開始每週做頭髮，而且出門不再只塗防曬乳，還要加隔離霜以及粉色系唇膏。上東區的人就連慢跑衣都要美麗有質感，還有是的，也得跟上流行。有時候，我不能直接穿慢跑的衣服出門，因為送完兒子上學之後，還有會要開。這種時候我會一直琢磨要怎麼打扮才好，還會對老公發脾氣，因為我沒時間幫兒子準備他要上學的東西——我得準備好自己。我知道那種話從我嘴裡說出來有多荒謬，但我被上東區的高標準文化帶著走，我身邊的人，每天依據天氣冷熱要穿不同的Prada慢跑鞋，而且臉上的妝都很完美，每個人都把自己打扮得漂漂亮亮，而且一切要在早上九點之前完成。

基本上，每個人都有幾套「制服」，才不用每天很麻煩地想要穿什麼。上東區的女人除了會穿露露檸檬出現在學校接送區和遊樂場，其他類型的打扮也都差不多，幾乎沒什麼不同，甚至撞衫、撞包。例如包包，大家都喜歡Céline（旅行包、笑臉包、鞦韆包）、香奈兒（男孩包）、愛馬仕（H字包、小吉普賽包、斜背凱莉包；春天和初秋是花園派對托特包；地位最高的包包是三十或三十五公分大的黑色、牛仔藍或金色柏金包）。此外像是瓦倫蒂諾（Valentino）的鉚釘包又美又潮，但我研究的對象，以及我認識的人，沒有任何人拿那個包；那種包不合規矩，不被上東區接受。

在不下雨或沒雪的月份，上東區喜歡穿芭蕾平底鞋——浪凡、香奈兒、Chloé特別受歡迎，尤其是個子高的人。如果是「低調」接送孩子的日子，而且不用匆忙趕到其他地方，那麼浪凡的楔型鞋，以及Isabel Marant的楔型跑步鞋極受歡迎。就我的觀察，大家愛那幾款鞋的原因，在於那種鞋會帶來身高上的優勢，讓妳的腿比任何人都長。穿著大紅色亮漆鞋底的恨天高和細高跟鞋，等於是在昭告天下：「我要出門，而且不是搭地鐵。」至於秋冬和春天快來臨時，自然是靴子當道——Manolo Blahnik、

Christian Louboutin、Jimmy Choo幾個牌子用最柔軟的皮革和小山羊皮，打造花枝招展的高跟靴子，有的還露趾。此外Brunello Cucinelli的毛襯裡機車靴也很受歡迎。如果要穿得隨意，大家的首選是窄版牛仔褲和皮褲。下雨天，經典風衣是妳的良伴（風衣永遠會出現新設計，例如皮袖和雷射蕾絲邊，所以永遠得買新款），再搭配五顏六色的Pucci雨靴，或是香奈兒具有玩心的經典山茶花標識雨鞋。到了冬天，上東區媽咪會穿閃亮的經典黑色Moncler羽絨衣。此外，追求時尚的媽媽們超愛毛背心，我朋友笑說所有的上東區校刊都該放這種衣服的圖片故事。天氣最冷的時候，街上會出現更多毛皮——例如奢華的海貍皮，閃閃發亮的黑貂皮，或是柔軟到無法用言語描述的絨鼠外套（我之所以知道，是因為某次我在一部擁擠的電梯裡，沒戴手套的手碰到了那種毛皮）。那些毛皮光彩奪目，我確定一件的售價，一定都超過我第一本書的預付款，但上東區每個女人都一副輕鬆自在的樣子，就好像她們穿的只是不怕髒的牛仔外套。

如果有慈善活動，或是送孩子上學後有早餐會，或是有「媽咪與我」活動，那會是一場大混戰。所有人會挖出壓箱寶，恨不得把最好的衣服通通拿出來。你會看到The Row簡單但引人注目的長袖皮衣，有趣、明亮、粉嫩的香奈兒流蘇外套搭配流蘇洋裝，以及整套的紀梵希（Givenchy）花系列，外加繁複的綁帶高跟鞋。有的人會穿上Alexander McQueen合身喇叭洋裝，趁機炫耀她們的古銅色長腿和平坦小腹。人們穿上蛇皮褲，以及薄如紙的皮外套，但搭配可口奶油色的端莊絲質上衣，讓狂野與低調相互平衡。此外，所有衣服都有鑲金鑲銀版。某天早上送孩子上學時，一個帶著三個孩子、身材高挑的金髮媽媽讓我好驚豔，她的外套是亮麗的吊鐘花色，而且鑲著珠寶。我後來在辦公室上網查了一下——那件衣服要七千多美元。

但事情不只是付不付得起的問題而已。要是能在最高級的上東區當最高級的媽咪，而且還搶先穿出最新時裝，那麼妳會得到額外獎勵。我曾在某天早上看到一個帶著兩個孩子、走在時尚尖端的媽媽，在寒冷的二月天只穿棉質白洋裝，胸前有一個金色葉子狀的裝飾，搭配霓虹綠的鉚釘露跟高跟鞋。她冷到發抖，但她贏了，比所有人更早抵達終點線。接下來要是再有人穿那件洋裝，就是在學她了。剛入秋的時候也一樣——雖然太陽還像火爐一樣高掛天空，女人會穿上秋天的厚衣服，套上輕羊毛和新靴子，以及最新款的香奈兒外套。曼哈頓很多女人都熱愛時尚，但這種夏衣冬穿、冬衣夏穿的事再次與時尚無關，重點是要比別人先穿。這是一場似乎毫無樂趣，冷或熱得要死，只為了出風頭的競賽。

同性競爭——與同種的其他同性成員競爭——是常見的演化天擇壓力。靈長類動物學家與生物學家多年來幾乎只研究「雄性」的同性競爭，原因大概是雄性之間的競爭非常明顯。物競天擇後出現的龐大體型、舉起武器挑釁的儀式化展示、求偶時的誇張裝飾與行為，全都一看就能明白，相當好解釋。勝出的雄性可以得到一至多個具有生育能力的雌性，不管你是什麼條紋、什麼羽毛，或是穿幾號鞋的雄性，這是演化最終的獎勵。

但近年來，生物學家與靈長類動物學家開始轉向，開始研究「雌性」私底下的同性競爭。大部分的雌性哺乳動物——不管是老鼠、黑猩猩或智人——在有必要的時候，她們和雄性一樣會彼此競爭，勾引大家都想要的雄性，搶奪繁殖機會。然而對雌性來說，要不要表達出侵略性，得看情況。例如母家鼠會分泌特別的蛋白質（MUPs），讓自己的尿液帶有一股強烈氣味，告訴其他母鼠：「給本小姐滾遠一點！」但如果附近沒有太多母鼠，公老鼠又多，母鼠就不會費這種工夫。反過來說，如果四周都是其他雌性，母鼠的尿液氣味就會大幅改變，明明白白告訴大家：「女士們，這是老娘的地盤！」生物學家認為，今日的老鼠可以視情況改變尿液，原因是發出競爭訊號的代價很高。母鼠的身體若要製造特殊蛋白質，得耗精力也得花時間，而原本她們可以把那些資源用來維持體力，讓自己擁有最強大的生殖能力，有辦法尋找築巢的材料，以及懷孕、泌乳、照顧幼鼠。

由於展露敵意可能招來危險，散發競爭訊號的代價又高昂，學界目前認為雌性的哺乳動物，包括靈長類動物，經過千萬年後學會「以不受偵測的方式」競爭。也就是說，她們不會施加肢體暴力，但會透過組成小圈圈，以及散發巧妙訊號與非肢體的威脅，用社會壓力霸凌其他雌性。當一群母黑猩猩靠著故意無視或騷擾來排擠新來的母黑猩猩，她們是在說：「妳的階級比我們低。」欺負新人的母猩猩如果直接採取肢體攻擊，她們自己和孩子也可能遭受肉體上的傷害，但如果是靠社會霸凌則不必擔心。人類女性採取的方法，則是如果有人不聽話，那就破壞對方的名聲（讓其他人不敢靠近她），講對方的八卦，還有不讓對方參加社交活動。此類方法全都能有效摧毀潛在的競爭者。由於被害者通常同時遭受群體中好幾人隱而不顯的排擠，她無從為自己「辯護」。女王蜂中的女王難看的嘴臉，「我比妳高級」的態度，以及她在學校接送區與遊戲區的幫手，讓妳無從抵抗，因為她們不是直接打妳肚子一拳，而是暗地裡偷偷來，不過那些手段的威力和揍人一樣強大。

科學家認為，母靈長類動物敏銳察覺到雄性喜新厭舊的天性，因此她們會對新人充滿敵意，隨時看著她們，尤其如果團體中雄性多、雌性少；而上東區恰巧就是男女人數比十分懸殊的地方，每兩個有生育能力的女性要搶奪一個男性。科學家告訴我們，在這種高度競爭的情況下，雌性之間才會出現高度敵意，因為除了生殖的獎勵很大，還可以保住自己的伴侶地位和子女（此種威脅可能是真實的，也可能是假想的）。雌性的敵意和母鼠的例子一樣「具有彈性」，隨著特定的環境、生態情況與資源變化。這就是為什麼，有次孩子練足球的時候，坐在我前面的媽媽，在我連續三次告訴她我兒子想參加她組的夏日遊戲團時，她連頭都不肯轉過來，完全裝作我不存在。這就是為什麼，當另一個媽媽幫了我一把，說：「溫絲黛的兒子也想參加。」那個高位階的媽媽說：「隨妳便。卡洛琳、南希、莎拉、潘蜜拉、戴妮拉、茱莉亞，還有她。」她說這句話的時候，依舊背對著我。這也就是為什麼，當我看著櫃子裡那件二月就被搶先穿去的美麗棉質白洋裝時，會覺得那個走在時尚尖端的媽媽，早已用她的尿弄濕我的洋裝了。

雖然從生物學的角度來說，從「明爭」變成「暗鬥」的競爭成本較低，但代價依舊高昂。有一天，我和甘蒂絲在吃飯，科布（Cobb）沙拉端上來的時候，我正講到在上東區的世界，不知道得做些什麼，才能變成生了孩子還很美麗的媽媽。不曉得要花多少錢？甘蒂絲因為遺傳了優良基因，又注重飲食，而且最近打了不錯的肉毒桿菌，毫無魚尾紋。聽完我的提問後，她棕色的眼睛亮了起來：「我們來算算看！」我們以前怎麼沒想過這個點子？我和甘蒂絲馬上忘了沙拉的事——這比吃東西好玩。我們依據自己會做什麼事的加強版，以及聽別人講過的加上自己的觀察，列出清單。我所研究的上東區部落曼哈頓藝妓，如果要維持青春美麗的外表，可能得有後列支出：

■上東區中高階至高階女性，孩子若念私立學校，每年為了維持外表所需成本之從頭到腳分析

頭髮與頭皮

- 剪髮＆染髮（5x/年@$500）$2.5K，外加美容院保養頭髮（每週@加小費後每

次$70）$3.5K＝$6K

- 為了參加活動，特別請設計師設計妝髮（10x/年@$150）＝$1.5K
- 由於染髮、壓力、荷爾蒙問題，或因壓力與荷爾蒙引發的自體免疫問題，後續請教保險不給付的專家掉髮問題＝$2K

臉部

- 每季打肉毒桿菌、瑞然美（Restylane）及其他填充物（$1000x4）＝$4K
- 每月換膚（$300x12）＝$3.6K
- 每月做臉（$250x12）＝$3K
- 每月修眉：蜜蠟、用鑷子修、糖粉法或挽面法（$50x12）＝$600
- 雷射（修復曬傷、刺激膠原再生等等）＝$2.5K
- 臉部肌膚保養產品（潔膚乳、保濕液、精華液、防曬、眼霜）＝$1.5K
- 臉部彩妝＝$1K

身體

- 運動課程＝$3.5K

- 私人教練＝$7.5K
- 營養師＝$1.5K
- 果汁排毒＝$3.5K（每週一次）
- 手腳指甲＝$2K
- 按摩＝$9K（每週一次）；$4.5K（兩週一次）
- 噴霧古銅肌膚＝$500
- SPA假期＝$8K（一年兩次）
- 隆乳、抽脂等整形手術＝視情況而定

衣櫥

衣服

- 秋冬衣服＝$3K-20K
- 春夏衣服＝$3K-20K
- 活動用＝$5K-20K

度假／假期用

- 漢普敦＝$5K

- 棕櫚灘＝$5K
- 亞斯本（滑雪外套、褲子、帽子、手套）＝$2.5K

其他

- 鞋子／靴子＝$5-8K
- 包包＝$5-10K

「太驚人了！」甘蒂絲宣布。我們一邊相加所有數字，一邊把信用卡放在桌上準備結帳。上東區的女人光只是達到低標，讓自己能夠見人，衣服和鞋子不要太離譜，加上平日保養身體，就最少要花九萬五千美元左右。甘蒂絲嚴肅地說：「絕不能讓我們的先生知道這件事。」我們兩人互親一下後分道揚鑣。雖然老婆最好不要讓老公知道自己花了多少錢，但搞不好我和甘蒂絲可以順便讓老公知道，跟其他人比起來，我們兩個實在是太好打發的妻子。「嘿！」跳上計程車的甘蒂絲對著車窗外的我喊了一聲：「我們甚至沒把往返商店和做臉時，司機和Uber的錢算進去！」甘蒂絲說得沒錯，但我實在沒那個心情重算，我覺得頭很昏。不過儘管想到那麼多錢讓人頭暈，我還是得想想去瑞貝卡家要穿什麼，上街買點東西。

我煩惱女孩之夜究竟要穿什麼。我新認識的朋友，很多人花很多時間在髮型師和化妝師那裡，有時就連只是和姐妹淘到喬治燒烤餐廳（Rotisserie Georgette）吃個午飯，都會請專人幫忙打點。此外，她們也有專屬的造型師負責服裝——派對要穿什麼，參加活動要穿什麼，甚至連到學校接送孩子都有專門的打扮。曼哈頓神祕難解的零售商體系分為對內與對外兩種，所有人都能走進Prada的店，但若是想拿到全紐約唯一剩下的一件零號衣服，就得有人幫你運作才行。這就是為什麼除了造型師之外，你一定得有忠心耿耿的店員當你的內線。這個店員會在新貨來的時候，幫你挑你可能喜歡的東西，先寄圖片到你手機上。你到店裡的時候，她會把最大間的試衣間留給你，你在試穿的時候，她還會送水、送香檳。你沒空去試穿？她可以請專人送到家，而且包退包換。換季的時候，店員會打電話過來小聲問：「何時可以幫您預售？」這句話的意思是：「您什麼時候可以過來？衣服下個月會打折，您可以先挑，現在就用折扣價購買。」上東區的女人喜歡特別待遇，而且購物時很重隱私。高級服飾店常關起門來辦慈善活動，你可以和朋友一邊喝酒，一起看衣服，你們買衣服的錢，一部分會捐做公益用途，例如捐給上東區的古根漢美術館、兒童援助協會或兒童博物館。你可以在香奈兒、浪凡、Dolce&Gabbana或迪奧（Dior）享受慈善購物之夜。

參加了幾場這種「公益購物活動」之後，我把衣櫥裡所有的上衣褲子通通翻出來、最後挖出一件亮粉紅色、蛇紋的彈性單寧緊身褲，以及一件剪裁簡單、前面和中間有紅黑色花紋、方方正正的白色T恤，以及袖口與開口處有流蘇的亮綠色香奈兒外套。我知道對於會到瑞貝卡家的女人來說，這麼驚人的組合也只是稀鬆平常。

只剩鞋子還沒決定。最近我去別人家的時候，大多會碰上進入室內要脫鞋的情形。全曼哈頓的家長現在都改採脫鞋的習俗，以免外頭骯髒的細菌跟著鞋底被帶進家中，不過我猜女孩之夜的時候，客人應該可以穿鞋，因為少了鞋子，那種你比別人高一點、比別人瘦一點的感覺會被剝奪。不穿鞋會讓上東區的女人覺得自己的弱點通通暴露在他人面前，而瑞貝卡一定會考慮到這種細節。我挖出常穿的露跟外出鞋，但發現鞋跟壞了。沒時間送到「皮革ＳＰＡ」（Leather Spa）修鞋店了，衣櫥裡又沒有其他可穿的鞋，只好前往上東區女人的時尚聖殿巴尼斯百貨，而且當然是去麥迪遜大道那家。

「全部的鞋都是六百美元一雙。」男店員搖著頭。我告訴他晚上要到別人家做客之後，他搬出各種高度、各種樣式的美麗女鞋——奧賽（D'Orsay）的包頭鞋、細跟高跟鞋、厚底鞋——我忙著一雙雙試穿。男店員看我緊張查看貼在柔軟海軍藍麂皮靴鞋跟上的價格時，加了一句：「所有靴子都是一千二。」他又拆開包裝，拿出Christian Louboutin一雙上頭有紅色和粉紅色條紋、麂皮的黑色厚底露趾露跟鞋。他看我穿上後，下了明智的判斷：「這雙好看到死。」

這雙的確好看，像包裹在腳上的鮮豔糖果，穿起來又穩，不會跌倒，而且正在特價。但我還是猶豫，因為鞋跟有點高，夾我左腳的大拇指，花這麼多錢大概不會穿幾次。男店員補充說明：「這雙鞋可以穿去馬上要脫鞋的地方。萬一是漫漫長夜的話，妳可以打針。」

你說什麼？

男店員笑了。沒聽說過嗎？現在可以打那種讓整隻腳或只有一部分的腳沒感覺的針，然後妳就可以穿著痛死人的鞋子一整個晚上。顯然上東區和好萊塢有那種「腳醫生」，專門服務愛穿高跟鞋的愛美人士，只要付錢，他們就可以幫忙安排，讓人「來一針」。我揚起眉毛，覺得男店員在唬我。「是真的。」他微笑收下我的美國運通卡，手指放在耳朵旁，比出「神經病」的手勢。

美麗要付出代價，而且通常是女人要承受代價——愛漂亮的女人得花大量的時間與力氣，而且要能忍受皮肉之苦，也難怪老祖母的至理名言是：「要美麗就得浴火。」不論是哪個國家，哪個文化，都是一樣——以前中國的貴族女性得纏小腳，搞得連走路都成問題。泰國克耶族（Kayan）女人在脖子上戴金屬環，以求給人脖子修長的感覺（但其實是頸部和肩膀的骨頭被往下壓）。非洲和亞馬遜部落用碟子撐開嘴脣，有的盤子甚至大如一片ＣＤ。以我研究的上東區部落來說，女人如果愛美，她們可能跑去隆乳，把胸部弄得看起來、摸起來都硬梆梆的、好像有兩塊東西塞在那裡。那是貨真價實的物化女性，女人是帶給他人性慾的「客體」，不是「主體」，自己活起來舒不舒服不重

要。上東區的女人還可能靠著打針把臉撐住，讓臉看起來「比較圓潤」、比較緊實，達到局部豐臉的效果，以求看起來比較年輕，以及防堵皺紋；然而，美麗是有代價的。

研究顯示，如果你在聽別人講話的時候，臉部沒辦法做出心有同感的表情，人與人之間的情感連結會減弱。簡單來講，如果你凍住你的臉，你的感情也會連帶被凍住。腦部掃描顯示，打過肉毒桿菌的人，他們大腦的主要情感區域活動，少於沒打的人。你費了很大力氣，弄來一張給別人欣賞的年輕臉龐，結果呢？我們人類在和別人講話的時候，如果對方的臉不會動、不會顯露情緒，我們會感到困惑、沮喪，覺得無法和這個人建立關係。這件事我有親身的經歷。有一次我在路邊碰到一個朋友，我們聊了五分鐘，她從頭到尾都表情空白地看著我。我分享孩子的趣事時，她皮笑肉不笑。她在生氣嗎？我上次碰到她的時候惹到她了嗎？應該沒有吧。然後我想起來了，上回我們碰面的時候，她正要去找皮膚科醫師。

凍住臉部肌肉還可能帶來意想不到的副作用。有一次，老公帶著我們家二寶去和別家孩子玩，他好奇某位媽媽發生了什麼事。「那個長得很可愛的媽媽怎麼了？她今天看起來很怪。」老公還以為那位媽媽離婚了，或歷經喪親之痛，才會幾個禮拜沒見，就一夕之間老了很多。我知道老公看到什麼，好幾個媽媽下課後喝咖啡都在講這件事。大家的結論是，那位才三十出頭的媽媽太早打肉毒桿菌。她原本年輕又漂亮，眼睛閃閃發亮，笑起來很甜美，現在卻變成「那種臉」。以前的人看到一個人沒皺紋，會覺得那個人很年輕，但現在只會覺得那個人已經老到要打肉毒桿菌了——那種面無表情、看不出來心裡在想什麼、過得不開心的老女人。

我經常想起身邊那些五官精緻、面容僵硬的女人。她們很多人在結婚前就動隆鼻手術，把自己搞得像完美無缺的漂亮殭屍。她們看上去很漂亮，但眼裡似乎什麼都沒有，眼部注射了去魚尾紋的肉毒桿菌，就算在大笑或微笑的時候，一張臉依舊看起來是死的。有時候，我會想像她們直直伸出雙手，在學校走廊追趕我，把我逼到電梯角落，或是從麥迪遜大道上，一路追到聖安博路絲義大利餐廳（Sant Ambroeus），把我困在沙發椅上，想吞下我的腦子。我第一次打肉毒的時候，眼睛旁邊出現一個很大的瘀青，所以我比較喜歡針灸美容。儘管如此，我似乎不得不加入其他女人的行列——給自己打針，讓臉不要動，讓自己變殭屍。另一種方法是填充物。我知道有的女人因為不斷做瑞然美和喬雅登（Juvéderm）的注射微整形，臉腫大如籃球。月亮臉再加上瘦骨如柴的身體，很適合登上《國家地理雜誌》的圖文介紹：「愛美的『紐約上東區』

部落奇風異俗。」

我請教耶魯大學研究鳥類與生態學的演化生物學者理察・普魯姆（Richard Prum），問他為什麼女人會為了愛美不惜上刀山、下油鍋。普魯姆教授除了研究鳥類的配偶選擇、性擇以及審美觀演化，對人類的演化也很感興趣。在他書籍和綠茶罐經年累月已堆積如小山丘的辦公室裡，我們聊了這件事。普魯姆教授指出，瘋狂的審美觀是一種跨物種現象。「對許多鳥類與人類來說，『美』這件事和『性』有關。外顯的特徵會讓某些鳥或某些人成為搶手的交配對象。」以鳥類來說，母鳥除了喜歡長得漂亮的公鳥，也特別喜歡聲音好聽的小伙子，例如在厄瓜多西北部的安地斯山脈，公梅花翅嬌鶲（Machaeropterus deliciosus）長得和其他鳴禽（songbird）親戚很像，都是棕色加白色的身體，配上黑色翅膀，頭頂是小小的紅色貝蕾帽。牠們與眾不同的地方，在於牠們的聲音，以及牠們發出聲音的方法。

公梅花翅嬌鶲求偶的時候，會像小提琴一樣演奏自己的翅膀，以蟋蟀的方式發出嗡嗡震動聲。普魯姆教授興致勃勃地解釋：「對鳥類來說，這種溝通方式過於荒謬！那些公鳥明明會唱歌，卻選擇用翅膀發出聲音，所以人們感興趣的是，為什麼牠們這麼做？為什麼要發出翅膀的共鳴聲？」答案是為了吸引母鳥注意。母梅花翅嬌鷂喜歡那種聲音，覺得很美，深受吸引，選擇翅膀會唱歌的公鳥當配偶。經過幾代的演化後，有交配壓力的公梅花翅嬌鷂行為因而改變。普魯姆教授和他當初還是研究生的助理金・伯斯威克（Kim Bostwick）嚇了一跳，因為他們發現公梅花翅嬌鷂不只行為發生改變（用翅膀唱歌），連形態（身體構造）都變了。地球上其他鳥類的尺骨都是中空的，公梅花翅嬌鷂卻有增厚、交錯、平面、密實的骨頭。喜歡「翅膀之歌」勝過「歌喉」的母鳥，帶來意想不到的影響與奇特結果。公鳥尺骨被增強後，較容易發出悅耳的求偶音樂，但飛行能力卻因而下降，導致牠們較難逃出肉食動物的魔掌。也就是說……公梅花翅嬌鷂為了愛美而死。普魯姆教授覺得很不可思議：「雖然這種美麗特徵削弱了公梅花翅嬌鷂適者生存的能力，卻依舊出現這種演化結果。」

一直以來，演化生育學與演化心理學都認為，「美」和功能及適者生存有關。普魯姆教授在聊天時指出：「理論上，美傳遞出很多資訊。美原本是要讓外界知道：『我很健康！你想選我！』」美的功能就在於此，美是某種健康、容貌和身體的簡易指標，讓外界看見內在的「健康」基因。從這個角度來看，漂亮的牙齒與對稱的五官，「代表」著某個潛在的交配對象沒有寄生蟲或心臟病。然而以公梅花翅嬌鷂來看，翅膀唱出的靡靡之音幫牠們贏得女孩，但除此之外沒什麼用處，因此普魯姆教授不認為「美」如一般所說只是資訊而已；他認為美比較像是「推一把的工具」，可以幫助個別鳥兒吸引其他鳥兒。普魯姆教授張大著眼驚嘆，鳥類演化出能弄碎堅果的鳥喙是順理成章之事，「但引誘母鳥卻是永恆的難題。」教授表示，光是天擇這個理由，無法解釋為什麼會出現瘋狂的小提琴翅膀獨奏這種對美的偏好。這首歌或許能幫公鳥找到伴，讓牠們得以交配、傳宗接代，卻會讓牠們喪失基本生存能力。如果連自身性命都堪憂，也不用去想後代的事了。普魯姆教授說，在嬌鶲的世界，以及在我研究的高級女性靈長類動物的世界，美通常是墮落、不理性、沒有極限的，可能光彩奪目，但也可能害人性命，那通常是自成一格的世界，脫離實用性與功能性。

瑞貝卡住在薩頓區（Sutton Place）一棟上下三層樓打通的「宏偉建築」裡。那一區屬於上東區較為古老、較為優雅、地理位置偏南的地帶，並以美國人註定征服全世界的姿態，一直延伸到曼哈頓九十幾街。據說瑞貝卡的先生最初從岳父岳母手上買下公寓的一個單位，接著又決定乾脆買下整棟樓。不，他不是地產開發商，而是對沖

基金經理人；對於做那一行的人來說，買下自己住的大樓大概是很正常的一件事吧。電梯門一開就直通瑞貝卡的家，我把外套交給服務人員後，俯視曼哈頓東河驚人的美景——我從來不曾站在這樣的高度，以這麼近的距離，看著就在對街的東河。河流與四周的街區從樓頂看下去，像是立體模型或舞台布景。接著我又改搭另一部電梯抵達公寓三樓，那裡顯然是瑞貝卡專屬的角落，到處裝點著淺色花卉與米白色家具，中間有一張正對落地窗的美麗大理石長桌。身穿米色制服的服務生，遞給賓客伏特加、龍舌蘭、白酒等顏色晶瑩剔透的飲料，以及簡單、清爽的小點心。屋內有英國藝術家霍克尼（Hockney）的畫作——看起來像是瑞貝卡的肖像，還有塞西莉・布朗（Cecily Brown）的巨幅油畫；新銳藝術家托芭・奧爾巴哈（Tauba Auerbach）的作品也在那裡。我原本就聽說，某幾對夫婦的「藝術預算」高達兩億美元，看到瑞貝卡牆上掛的東西後，更可以想像的確如此。一旁伊姆斯夫婦（Eames）設計的米白色桌子上，堆著賓客給女主人的伴手禮，袋子上的標識是蒂芙尼（Tiffany）、Ladurée或Diptyque。我的伴手禮——我和兒子一起烤的餅乾——一下子就被女主人在門邊迎賓的可愛雙胞胎兒子開心接過去。我注意到桌子上除了小禮物之外，還有一堆像寶石一樣閃閃發亮的東西。靠近一點後，發現是現場女客的皮包。大家今晚都帶著小型包出門，愛馬仕珠寶色系的小巧凱莉包（亮紅色鱷魚皮）、香奈兒的格紋亮彩塗鴉包、掛著字母D與心型裝飾的小巧迪奧包，在桌上閃閃發亮。我把自己簡樸、飾有一朵紅玫瑰的黑色晚宴包，和別人的包放在一起，然後深吸一口氣，看來今晚絕對不是一群媽媽訂披薩來吃的輕鬆聚會。

豔光四射的瑞貝卡優雅走過來，帶我到房間中央，一一介紹我不認識的客人。很多人都是億萬富翁的太太，先生要不是擁有電視聯播網，就是《財星》五百大企業（Fortune 500）的老闆，或是指揮著不動產帝國與對沖基金。有幾位客人是兒子同學的媽媽，有些不是，其中一人先前是時尚雜誌編輯，現在則是時尚代言人兼三個孩子的媽，肚子裡的那個也快出生了。另一位則是為了多陪陪三個孩子、最近才剛辭職的新聞主播，肚裡還懷著一對雙胞胎。現場還有兩名這種聚會一定會出現的才貌雙全「藝術顧問」。從事這一行的人有時多、有時少，人數多寡隨著最有錢的前一％富人的財產變動。現場沒有一個客人是胖的，沒有一個是醜的，沒有一個是窮的。每個人都在喝酒，而且似乎輕鬆自在又友善，跟在孩子學校裡的樣子不同，也跟在街上或參加活動時不同，沒有平日的緊繃。我一下子意識到，眼前這群女人是放鬆的。我觀察了一下，發現女王蜂中的女王沒來，而且我的衣服完全穿對了，在這群有錢人之中也不顯得突兀（雖然我的衣服是大拍賣的時候買的），所以我也跟著稍微放鬆了一些。

客人不只聊平常的孩子和假期話題，也聊政治和朋友，一個最近和先生分居、當晚不在場的朋友A，以及一個大家都認識、又要做第N次人工受孕、希望再生一胎能讓愛玩的老公回心轉意的朋友B。眾人目光低垂，默默同情B一直流產，也為另一個羊膜穿刺驗出糟糕結果的朋友C真心難過。我感到羞愧，我先前一直天真的以為身邊的女人事事如意，日子過得舒服，看來人生永遠不能盡如人意。但接著話題又轉了，大家再度聊起最近流行穿什麼。

眼前這間富麗堂皇的屋子，這群衣服和妝容都無懈可擊的女人，她們和西剛果盆地的艾菲人（Efe）與阿卡人，以及喀拉哈里沙漠的昆申人，完全是兩個世界的人。過狩獵採集生活的民族都是徹底的平等主義者，他們和大部分的史前人類一樣，團體內不分階級，也沒有社經地位之別。在他們的部落，沒有人擁有任何東西，沒有任何人的地位比別人高或低。他們沒有財產概念，而且生活方式又進一步強化平等主義。首先，他們會「要東西」，例如一個女人常會走向另一個女人，要求拿走她的珠子。小孩會走向沒有血緣關係的成人，要求分一點食物。男人外出打獵時會跟別人開口要矛尖（spear tip），而且也會拿到，沒聽過有誰拒絕他人的要求。此種禮物的機制，強化了無人擁有任何東西的概念。此外，不居功與謙虛，也讓階級的概念無從產生。眾人成功圍捕獵物後，真正的功臣會站出來宣布：「我們不確定在金合歡樹（acacia tree）下找到的麂羚是誰殺的，或許是另一個部落的人。這頭麂羚全部的人都可以分，每個人都可以拿到一份。」讓大家有肉吃的人不能居功，大家也不會把功勞歸在他頭上，而是宣布每個人都殺了那頭麂羚，那頭麂羚不是誰殺的，因此狩獵過後，眾人依舊平等。

當然，如果我在瑞貝卡的聚會上，走向品味高雅又彬彬有禮的名媛，然後要求：「珍，把妳手上的三枚Pomellato疊戒和浪凡快樂包給我，我現在就要！」對方會當場昏倒。不過，今晚在場的女士在聽到誇獎時，的確嚴格遵守非洲狩獵採集民族應有的禮貌，萬分謙虛。不論是今晚或平日，如果在全是女人的場合，聽到讚美時，一定得不惜一切代價，千方百計迴避那句讚美，因此整個晚上會聽到：「那是Chloé的上衣嗎？妳穿這個顏色真好看！」「沒有啦，這件衣服已經穿四年了，而且我今天的氣色看起來有十年沒睡好了！」如果有人說：「妳皮膚真好！」有禮貌的人應該要回：「沒有啦，我的皮膚一年到頭都乾裂，看起來好，只是因為今天有化妝，真的！」「妳是不是瘦了？身材真好。」此時一定要說自己根本沒瘦，然後東拉西扯，例如：「沒有啦，大概是因為我今天穿的褲子有塑身效果，我聽說妳現在每天都跟好萊塢的崔西教練（Tracy Anderson）一起健身，效果真好，妳看看妳！」

一開始，我還以為碰到讚美要左躲右閃是因為害怕招人嫉妒。如果有人喜歡妳擁有的東西，妳得把那樣東西說得一文不值，以免對方討厭妳，以後時不時要設計妳、陷害妳（地中海人和中東人把這招稱為「抵擋邪惡之眼」）。但我發現我錯了。這種迂迴的一來一往，別人讚美妳後就得貶損自己幾句，其實是在維持階級的穩定性。上東區的女人太有錢了，想要什麼就能擁有什麼，如果不靠這種方法，上下之分會大亂，女王蜂每天都在換人做。讚美其實是一場測試：妳承不承認自己是我們的一份子？大家說什麼，妳就跟著說什麼？妳知道自己是什麼身分嗎？還是妳想要壓倒其他人？我注意到，瑞貝卡是唯一被允許接受讚美的人。有人說她看起來好美的時候（她的確很美），她會嫣然一笑，然後說：「妳嘴真甜！」瑞貝卡和幼兒遊戲團那位社經地位超高的媽媽一樣（那個驅逐我和兒子、裝模作樣、不讓我們參加夏日遊戲團的媽媽），有人讚美那個媽媽很美的時候，她只會紆尊降貴點個頭，擠出一個小微笑，不用否認自己很美。同樣的道理，瑞貝卡是今晚的女主人，每個人都讚美她，其實是在承認她女主人的地位。其他人就算真的很美，大家也不會承認她們的美貌，心照不宣就好。

用完美味的晚餐後——無麥麩、有機、健康、由服務人員小心翼翼一一擺放在客人面前，話題轉到紐約社交界最近出現搞不清楚狀況的美國西岸人。一對來自洛杉磯的有錢夫婦，尤其是那個太太，最近在向某位長期投身慈善事業的工業鉅子致敬的盛會上，居然搶主角鋒頭。大會一宣布那位工業鉅子要捐出一百萬美元，那個俗氣的褐髮女人跳出來大喊：「我跟我老公捐兩百萬！」她的失言和厚臉皮讓全場鴉雀無聲，紐約慈善圈的重量人士，立刻靠著私下耳語與公開的社交排擠方式，懲罰那位太太。今晚審判團也出動了，一名女賓客很有技巧地批評：「那位太太很洛杉磯，講話非常直。我第一次見到她的時候，她居然問我隆乳手術是誰做的。『那對東西不可能是真的。』『是真的！』」大家笑得東倒西歪，贊同那對洛杉磯夫婦的問題是沒搞懂這裡的規矩。曼哈頓的社交圈有自己的一套運行方法，大家早已把那套標準內化；但那對夫婦還沒有。

曼哈頓特有的季節性社交舞，已經至少有百年歷史。每年四到六月是曼哈頓的「宴會季」（gala season），夏天時派對移師漢普敦，到了九至十一月，又重新在曼哈頓舉辦。有些是表揚捐款大戶的晚宴，有的是慈善與勸募活動早餐，以及吃不完的午餐會，名目包括贊助疾病研究、生態保育、掃除文盲，也可能是為了贊助文化機構。這一類活動完全是女性的場子，除了丈夫會出席的活動，男女全都嚴格分隔開來。遊戲規則很清楚。你可以買票進場，也可以受邀當其中一桌的客人，或者如果是你支持的活動，你是委員，委員會由你出力或掛名，你也可以買下一整桌的位子。若是午餐會，幫自己和九個好友留位置，三千五百美元至七千五百美元一桌；晚宴的話，一萬起跳。大部分的活動會同時舉辦無聲拍賣，你可以用記帳的方式，匿名拍下長桌上的奢侈品，幫活動募到更多錢。每次我參加這種全是女人的早餐或午餐會，都會想起靈長類動物幫彼此梳毛的行為——卷尾猴、吼猴、狒狒會幫忙整理「朋友」的毛，有時一整理就是數小時。牠們花時間待在一起，親密地觸碰彼此，以強化彼此之間的關係，為未來的結盟鋪路，這種結盟有時甚至可以救命。上東區的女人看似並未替彼此抓身上的蝨子，但或許其實我們有。我們聊天，一起吃飯，一起喝飲料，我們問別人穿了什麼新衣，她們的孩子和工作好不好，還一起參加公益活動。我們做這些事的時候，也是在降低戒心、建立關係，以及彼此碰觸。靈長類學者稱這類現象為「互惠利他」（reciprocal altruism）：「你幫我梳毛，我幫你梳毛」。宴會季完全展現出這種精神：「如果你來我的慈善活動捐錢，我也會去你的慈善活動捐錢！」曼哈頓富人靠著這樣的辦法建立與維持人際關係。你可以一邊做公益，一邊「展現」你有能力做公益。人類和其他靈長類動物一樣會結盟，會做出有利於社會的行為。此外，許多人類受農業社會影響，有階級觀念。上流社會的早／午／晚餐公益活動，證實了這個論點。

晚間的活動如果有丈夫出席，一般會有舉牌式的現場拍賣，好讓大家知道某人有能力用過高的價格，搶下安圭拉的小島之旅、私人飛機的擁有權、洋基隊比賽的包廂，或是尼克隊在麥迪遜廣場花園（Madison Square Garden）最棒的一樓座位。據說在某場學校的現場拍賣，一群四年級學生做的餅乾罐以六萬美元成交，某班小學生的手指畫賣到兩萬美元。炫耀性消費變得無比高尚（或是無比簡樸，看看孩子們的美勞作品就知道）。你的社會階級，要看你在活動中出了多少錢，但也要看你認識現場的誰、你和誰講話、你坐在哪裡、你是誰的客人，或是你的客人是誰。脫稿演出的人，例如前文提到的那位洛杉磯太太，以及在她之前的費利克斯．羅哈廷（Felix Rohatyn），很快就學到這些神聖的部落儀式有多麼牢不可破、堅不可摧。羅哈廷曾公開抱怨，與其參加沒完沒了的奢華「癌症舞會」，還不如直接開張支票給想捐錢的慈善機構，結果立刻被上流社會排擠，最後在《紐約時報》上寫了一篇文章解釋事情始末，承認自己錯了。

「攀龍附鳳」（social climbing）是曼哈頓真真實實發生的事。我聽到這幾個字的時候，總是想到穿著高跟鞋的女人——「女王蜂中的女王」以及她的上流社會朋友是最高階的人類，其他努力往上爬的人緊跟在後——那些女人穿著香奈兒套裝，或是聖羅蘭（Yves Saint Laurent）褲裝，閃閃發亮的包拿在手裡，或掛在纖細的肩膀上。她們在黃昏時，手腳俐落爬上樹，穿越一層層樹枝，最後在最佳高度找到理想位子，眺望著下方的森林，或是前方的大草原。她們和所有靈長類動物一樣，包括我們的智人祖先，高處的視野讓她們感到安心，感到富足。

夜晚降臨，女賓客向瑞貝卡道別，互吻臉頰，感謝招待。今晚在場的女人和平常一樣，一邊道別，一邊問：「星期四會見到妳對吧？妳明天會去學校開會嗎？」確認下次會再見面，就像擋掉讚美一樣，這是在確認自己是團體的一員。

我研究的部落女性為了讓自己美麗，的確付出代價。她們讓自己的臉看起來像沒有感覺的假人，還拼命節食，做運動做到死。此外，她們還替自己、替孩子、替另一半交際，為了保住社會地位辛苦得要命，永遠有參加不完的活動。然而這一切的一切，都由男人買單。那天晚上在瑞貝卡家，我覺得那些有錢、能幹、美麗的女人的確有權有勢，但我還是覺得奇怪，為什麼男人總是不在場。我問這個問題的時候，其他的女性會回答我：「只有我們女生比較好玩！」有一次，我參加了一場特別溫馨、特別

友善的晚宴，一名男性告訴我：「別開玩笑了，我們比較喜歡這樣！」——男人和女人在不同房間分桌而坐。我覺得這種性別隔離的現象，就跟「女人就該待在家帶孩子一樣」，具有更深層的社會意涵，但大家卻像在參加「拯救威尼斯」藝術慈善化妝舞會一樣，戴著面具，假裝這不過是一種偏好而已。人們告訴我，性別隔離如同掛在衣物間的名牌服飾，不過是一種「選擇」，剛好喜歡那件衣服的設計而已。

然而全球各地的民族誌資料不是這麼說的：一個社會的階級制度愈嚴格，性別隔離的現象就愈明顯，女人的地位也愈低。或許這裡也是一樣，只是乍看之下不像，但誰知道呢？部落裡的女人成群結隊出現在曼哈頓各個限女性的零售店與社交場所時，當她們出現在女人組成的委員會、幼兒音樂班旁的高級早餐店、昂貴的健身房或SPA，討論著孩子，討論著家長會，同一時間男人在做些什麼？男人通常正在工作，身邊是其他男人，處於成員依舊大多以男性為主的公共與商業世界。有時候，男人會參加爹地撲克之夜，或是紐約各地的私立學校募款活動。沒有妻子膽敢出席這種活動，也不會有人問東問西。有時候，女人會私下向我吐露心聲，她們懷疑自己嫁的有錢有勢男人，正在享受調情，正在四處風流，正在外遇，正在進行田野生物學家口中的「偶外交配」。

從人類學與靈長類動物學的角度來看，外遇和敗德無關，和情境有關。當然，在我研究的部落，許多男人選擇一夫一妻，然而種種因素相加之後，全球各地的上流社會有錢男人可以自由地「偶外交配」，又不必承擔任何假設性或實質的後果。人類和所有人科動物一樣，性成熟後必須離開原生群體的一般是雌性，雌性會失去娘家提供的重要社會支持，不得不和其他沒有血緣關係的女性結成脆弱聯盟（母倭儒黑猩猩是人科動物中的例外，她們想出一個增強聯盟忠誠度的策略：與女性伴侶頻繁進行同性間的性交）。相較於和原生家庭同住、周遭都是聲援妳的血親，一個女人如果嫁到人生地不熟的地方，實在很難輕易帶著孩子離家。我朋友的朋友老公很花心，但她一直等到孩子都被送到寄宿學校後，才離開先生。她的理由是：「孩子的出生地在這裡，我不能就這樣搬回長島的娘家。」

雌性比雄性弱勢的原因，不只是因為必須離家的是雌性。雌性人類還面對其他靈長類動物無須面對的基本難題：她們是依賴人口。人類是唯一一種大量共享食物與資源的靈長類動物。在許多社會，雌性人類被迫食衣住行都得倚賴雄性。帶著孩子的母鳥、艾菲人母親與黑猩猩永遠都在靠自己尋找食物。昆申族帶著幼子的女人，每一個都會帶食物回家，全族人每日所需的卡路里，八成五都由她們提供。菲律賓的阿埃塔人（Agta），即使是懷孕時也還在打獵。這些部落女性因為負責「養家活口」，她們有權有勢——想離開伴侶就離開，想跟誰上床就上床，想留就留，想走就走，而且她們說的話部落會聽，很有發言權。對上東區人與上東區的婚姻來說，事情就和喀拉哈里沙漠與東南亞雨林一樣，資源再重要不過。如果你沒能力帶植物根莖與野豇豆根（sha root）回家，如果你沒在賺錢，你在婚姻裡就是弱勢，你在世上就是沒有勢力，沒什麼好說的。

平日我觀察與來往的男性（我們的交際通常很尷尬——每個人似乎都對人際關係有點生疏）占盡社會上的便宜。地位最高的雄性人類，如同世界各地的雄性靈長類動物，有各式各樣強迫雌性留下的手法。雄性阿拉伯狒狒（hamadryas baboons）會靠著翻白眼威脅與啃咬脖子，控制後宮裡的雌性，恐嚇她們不准和其他狒狒性交，甚至連走遠一點都不行。波多黎各的母普通獼猴（rhesus macaques，亦稱恆河猴）如果試圖和低階雄性交配，她們會被驅趕甚至被傷害。除此之外，許多雄性靈長類動物都會弒嬰，殺掉其他雄性留下的孩子，好讓做母親的雌性重新發情，懷上他們的親生子。

當然啦，公園大道的雄性靈長類動物不會做得那麼明顯，他們的手法比較高明，靠著掌控女性取得資源的管道，掌控著家眷，讓女人服服貼貼。他們可以決定要送或不送昂貴禮物，要不要讓妳享受奢華假期，要不要讓妳在換季時有零用錢買衣服，要不要讓妳有錢做臉和健身，要不要讓妳在做慈善事業時有錢可捐，而慈善事業是女人能接觸外界的機會——以上在某群人之中，都是很常見的手段。也因此好幾名女性告訴我，妻子會有「年終獎金」。這種獎金有的會在婚前協議書裡明白寫好，有的則是丈夫很大方時會發放——也或者丈夫可以隨便找理由不給錢。這種事在太太的社交圈裡是公開的祕密，她們會在委員會議或是晚上和姐妹淘一起出去的時候，告訴別人：「我不確定今年能捐多少錢，因為不知道今年的慈善零用金有多少。」「我先生還沒決定我的年終，所以不知道我會坐在主辦桌還是慈善桌。」這一切都是許多位高權重的男性讓人乖乖聽話的手法，他們靠著這一套，保有自己在社會上與婚姻裡最大的優勢，只不過外界看起來他們很大方，對老婆很好，讓女人過得舒舒服服。

我觀察得愈深入，就愈覺得處處是權力不對等的現象。女性不僅在人際關係上會碰到權力不對等的情形，制度、社會與文化也處處對人設限。曼哈頓有錢男人是重要董事會的成員——醫院董事會、大學董事會、高知名度疾病的基金會，那樣的董事會每年都會給出／收到十五萬美元以上的捐款（你同意捐多少，再加上你從別人那裡收到多少錢）。有錢男人的妻子則一般是小型董事會、女性委員會、偏遠地區博物館的成員，每年僅捐出／收到五千至兩萬美元。有錢有勢的丈夫是高級私立學校的理事，妻子則是「家長會長」，負責以無償的方式成為所有媽媽的社交與聯絡中心。有孩子的貴婦，當老公在外頭賺好幾百萬美元時，她們自己卻沒什麼選擇，被迫向上東區的「媽咪經濟」（Mommynomics）臣服（「我必須當個好義工，我的孩子才能進好學校。」）。這些媽媽把自己在大學、研究所、高階專業工作辛苦學來的技能，以免費的方式贈送給孩子的學校——組織各種活動、編輯校刊、管理圖書館、舉辦糕點義賣。要是沒有這群擔任義工的貴婦媽咪，要是沒有她們每年免費做若是支付薪水、得要數十萬美元的工作，學校會破產。從某方面來說，女性參與「媽咪經濟」是為了讓自己有事做，為了覺得自己有用處，但除此之外，這其實是一種可以拿來向人炫耀的奢侈生活方式——「我以前有上班，我有能力上班，只不過我不需要上班。」但她們能做的事，和她們的先生比起來，實在不算什麼。男性在外頭可以累積到不必工作的財富，而且還「發願貢獻家產」——億萬富翁喜歡公開承諾捐出自己一半財產。

妻子和其他有孩子的女人，在弗瑞德餐廳（Freds）或波道夫古德曼百貨公司吃午飯，她們的大猩猩丈夫則遊走在俱樂部裡。幾年前，你可以在曼哈頓的二十一俱樂部（21 Club）同時看到外交官季辛吉（Henry Kissinger）、電視網大亨艾爾斯（Roger Ailes）與傳播名人菲爾（William Safire），他們全都坐在離彼此沒幾公分的地方，沒事還會到每一桌打招呼，鞏固自己在這世上的勢力。紐約有個叫「燒烤廳」（Grill Room）的地方，與其說是一間餐廳，不如說是男性俱樂部。我先生某天算了一下，發現那裡的男女比是四比一（其他男性告訴我，通常是二比一）。杯觥交錯之間，生意就這樣談成了。在我研究的部落，生意的事大多由男人出面。

那天晚上，我站在瑞貝卡家樓下攔計程車，腦海裡回想剛剛在二十六樓的巨大窗戶前俯瞰的景觀。在那個全世界最高階的經濟體的最有錢地段，在那個特定街區的小角落，有一群離開職場、一輩子不必再工作的女人。從人類學的角度來看，那群有錢的女人似乎有夠幸運，但同時她們也被關進一個性別隔離的世界，只能擔任次要董事會的董事，只能出席慈善早餐會與午宴，只能和孩子的同學家長社交，整個暑假只能待在漢普敦的避暑豪宅。上東區的上流社會女多男少，男人很珍貴，資源也都在男人手中。他們的妻子只能靠先生養，照顧著更是不能沒有父親資源的孩子。上東區的男人隨心所欲，他們說自己和妻子是平等的夥伴，但錢主要還是由他們掌控。男人可以平等對待妻子，但也可以隨時不這麼做，打破婚姻的約束。女人依舊是依賴人口，依賴著她們的男人——做丈夫的人，隨時都能忽視自己的義務。可以花丈夫的錢很棒，但比較一下人類與人類靈長類親戚的社會之後，你會發現能花男人的錢所帶來的力量，還不如自己當那個賺錢的人。一個女人如果清楚這種狀況、知道男人與女人握有的權力有著天淵之別，甚至就算只是隱隱約約意識到這種不平等，她晚上會睡不著覺的。

Chapter 6

A Xanax and a Bloody Mary: Manhattan Moms on the Verge of a Nervous Breakdown

鎮靜劑與血腥瑪麗——瀕臨精神崩潰的曼哈頓母親

我穿著有一堆口袋的迷彩綠背心，以及適合走路的橡膠鞋，悄悄潛入波道夫古德曼百貨公司二樓，途中用淡紫色購物袋當掩護，預備捕捉走過Prada與浪凡專櫃的路人。可惡，沒瞄準。我收起生物學家在野地專用的吹箭筒，搭電梯向上，進入五樓「年輕時尚區」叢林。周遭可研究的樣本太多了，我一時不知如何選擇，每隻動物都符合目標：瘦到不正常、承受著高壓、睡眠被剝奪、生過孩子的上東區富裕中年女性。但麻煩的是，她們成群結隊出現，而且偏好穿著難以射穿的皮褲或牛仔褲，很難捕捉。我不只得把催眠針射到正確的腿上，還得抓準時機。沒關係，這事很重要，我可以耐心等候。目前為止，我研究的大多是上東區部落的集體行為，但接下來得鉅細靡遺研究個人。要是能取得其中一人的血液樣本，就能了解這群女人的生理與心理狀態。

來了，在五樓角落，一個女人脫隊去看巴黎世家（Balenciaga）架上的東西，而且還穿著薄褲子。我瞄準她，吹箭筒一吹，射中她的右臂。她一陣天旋地轉，倒進試衣間。不到二十秒，就躺在柔軟的地毯上。我把她拖過厚重布簾，快速移動到最大的鏡子間。神經內分泌學家與人類學家薩波斯基（Robert Sapolsky）讚美我的捕人功力，要我快點把人帶進去：「幹得不錯！」薩波斯基因為研究肯亞馬賽馬拉保護區（Masai-Mara）東非狒狒的生活，並且對牠們進行血液研究，在行內很出名。

我們兩人監測倒地女子的生命徵象，手腳俐落立刻抽好血，時間不多。這個身材嬌小、衣著光鮮亮麗的人類，等一下會在豪華地毯上醒來，看著我們在試衣間桌上留下的半杯香檳，怪罪自己喝太多了。她會覺得丟臉，不敢告訴別人發生了什麼事。在此同時，我和薩波斯基已經跑得不見蹤影，朝血液診斷室前進——位於東區五十七街、公園大道與萊辛頓大道之間的一棟建築。女人的血液樣本裝在我口袋的小瓶子裡，還是溫的。我興高采烈，很想吹口哨，等不及要聽樣本會告訴我們的故事。

我寫這本書的時候，每當我搭乘M86號公車穿越中央公園，或是當我把自己塞進地鐵那個被稱為座位的塑膠凹洞裡，或是當我坐在遊樂場邊緣的板凳上，一邊和其他媽媽聊天、一邊盯著孩子的時候，我一直做著前述的白日夢。不過，我在我家大寶學校認識的許多家長，以及因為二寶的玩伴而認識的上東區媽媽，她們的體態（包括身體和臉）已經說出了很多事。當我在學校走廊上，在貴婦的午餐會上，以及所有女人都會參加的活動上，我看著她們削瘦的臉龐、似乎隨時準備好一躍而起的結實軀幹與四肢，不禁想起準備好戰或逃的動物。她們緊緊咬住下巴，眉頭深鎖，手指與大拇指不斷滑iPhone與黑莓機。她們如果打了肉毒桿菌，看不出深鎖的眉頭，那麼可以觀察深鎖的唇部。她們通常噘著嘴，或是臉上掛著勉強的笑容——那種傳達不出來快樂或輕鬆氛氛的緊繃笑容：「嗨，我看到你了，但我很忙。」大部分的時候，露餡的是她們的眼睛——她們瞪大著眼，警覺地掃視著周遭一切，看起來像永遠在關注四周的瞪羚，就像一個不小心，她們便會遭遇不測。

目前為止，我已經學到上東區貴婦媽咪必須經歷的成人禮與入會儀式。我知道一個女人要被社會接受，得先通過幾個明擺著的儀式：首先，你得找到英國十八世紀小說裡的「金龜婿」，接著通過共有公寓委員會的面試，裝潢新家，幫孩子申請高級私立學校，以及每天跑去上令人筋疲力竭的健身課程，而且必須參與「媽咪經濟」，也就是負責組織慈善午餐會與社交和學校活動的小團體，好讓自己能夠運作策略聯盟，以求鞏固或提升社會位階。儘管如此，我依舊時常好奇，當位階最高的男人的妻子（或是很接近的第二高位），以及在上東區當年幼孩子的母親，究竟是什麼「感覺」。雖然我已經融入當地人，但我永遠都是新來的，而且財力也不如身邊的眾多女人。我社會地位低下，依舊是新人，無法確定自己在接送孩子、參與學校活動，或是帶孩子和同伴一起玩的時候，所感受到的壓力與不安，是否也是真正的上東區母親的感受。有幾個上東區母親願意和我聊聊。我們喝咖啡的時候，或是孩子的學校活動結束之後，她們告訴我，她們的表情所代表的意義。

她們說：「暖氣發出很大的聲響時，我嚇都嚇死了。」

她們說：「我女兒的老師說，女兒很難在下課的時候，找到一群願意和她玩的孩子。我聽到後眼淚噴出來。」

她們還說：「我先生為了問我一件事，拍了我的肩膀，我嚇到尖叫，從椅子上摔下去，地點是我自己的家。」

某天中午，我和甘蒂絲在餐廳碰面，她一看到我，就氣喘吁吁告訴我：「我知道妳該寫什麼了！」她從皮包裡掏出不知道什麼東西，塞進嘴裡，然後向我道歉：「抱歉，塞車。」甘蒂絲遲到了，不到二十四個小時前，她剛得知兒子在比賽足球的時候腦震盪，先生又正在找新工作。看著甘蒂絲的黑眼圈，我知道她晚上沒睡好，而且瘦了，整個人弱不經風。我想安慰她，但我想先聽她說我該寫什麼，因為她太懂我研究的超級競爭、超級人生勝利組的男男女女，畢竟她自己就嫁了一個超級成功的人，而且她是高級宴會籌辦人，多年來替曼哈頓最有錢有勢的富豪辦產前派對、孩子的奢華生日宴，以及大大小小的慈善活動。她見過有錢人最糟、最沒防備的一面。

「焦慮！」她靠了過來，壓低音量，急促說道：「部落媽咪與焦慮！」

我點頭想了一下：「可以啊。」我回答，接著又鼓起勇氣問了一句：「嗯，甘蒂絲，妳剛才吞了什麼？」

「抗焦慮的安定文（Ativan）。」她的語氣像是那是全天下最自然的事。她深深吐出一口氣，給了我一個微笑，然後坐回皮沙發，肩膀和表情終於放鬆，整個人看起來明亮動人，又像是原本的她。接著她的下一句話是：「來杯酒吧？」

人類學家賈德．戴蒙（Jared Diamond）說焦慮與壓力是西方疾病，也是「西方工業民主國家教育程度高的富裕人民」特別會受到的折磨——這群人的英文縮寫湊起來剛好是「怪胎」（WEIRD: western, educated, industrialized, rich, democratic people）。只要去看各種文化的社交恐懼症資料，就知道確實如此。社交恐懼症是研究過度焦慮的可靠指標，中國、韓國、奈及利亞、台灣的罹病率不到一％，美國則是近十倍，而且四人就有一人經歷持續性的嚴重焦慮，男女皆同。

研究人員告訴我們，都市人的壓力與焦慮感特別重。擁擠的街道與公車，昂貴的食衣住行，分貝惱人的電鑽，全都讓人類感受到威脅，我們覺得自己無力掌控環境，連帶高度焦慮起來，與壓力相關的罹病率年年攀升。城市特有的情境，改變了人類的大腦，我們的扣帶回皮質（cingulate cortex）與杏仁核就此改變，惡性循環之下，相較於鄉下同胞，城市人一向不太能應付壓力。

史丹佛生物學家兼神經科學家薩波斯基，是我的波道夫古德曼百貨白日夢犯罪夥伴，他研究壓力是如何被扭曲，從生物演化不可或缺的適應能力，變成現代人類特有的慢性壓力問題，以及連帶的慢性焦慮。薩波斯基解釋：「對一般哺乳動物來說，壓力是大草原上的三分鐘恐懼，三分鐘後壓力就消失了，也或者你已經被吃掉。」壓力在演化過程中，變成一種實用、極度短暫、可以救命的心理狀態：你心跳加速，好讓身體獲得更多氧氣，肺部也用力過度工作。身體為了活過眼前這一刻，關閉所有不必要的作用（被獅子追的時候，沒時間排卵、長高，或是把能量用在組織修復——那些是等一下才要做的事）。這些短期的恐懼會造成腎上腺素與皮質醇等壓力荷爾蒙的濃度急速上升，等你擊敗或躲過獅子後，血液中的壓力荷爾蒙濃度才會下降。

薩波斯基指出，然而在今日，「人類違反演化設計，在自身心理狀態的影響下，沒獅子也開啟壓力反應。」我們的血壓飆高到一八〇／一二〇，不是為了救自己的小命，而是因為人塞在車陣，或是在憂心恐怖主義，而我們找不到關閉的按鈕。原本可以救命的短暫壓力，變成慢性壓力與揮之不去的焦慮。在今日，「原本只在救命時刻分泌的荷爾蒙……在我們擔心臭氧層或擔心要在眾人面前發言時，變成永遠都在分泌。」薩波斯基最重大的發現，是有階級現象的哺乳動物，例如狒狒或上東區人類，社會地位可以造成巨大壓力，進而改變動物的血液與身心；尤其是在階級不穩定、個體爭權奪利的時刻。看來我的問題有答案了。

一滴血，看起來像一滴紅酒，只要一滴就能告訴我們很多事。過猶太逾越節時，我坐在哥哥嫂嫂位於上東區的房子裡，心裡想著血液的事。過逾越節讓我家大寶很開心，他喜歡過節的食物，也喜歡洗手與祈禱等儀式。還小的二寶不喜歡被困在椅子裡，不過他喜歡被堂哥包圍。我本人也因為在上東區當了媽，開始接觸逾越節的傳統與猶太文化：這一切是婚姻造成的結果。哥哥嫂嫂和他們的孩子還有我老公，忙著進行一項又一項的儀式，我和我家的孩子則興奮地看著眼前的新事物。記載逾越節規定的《哈加達》（*Haggadah*）指示，我們得列出上帝為了懲罰法老王不肯讓以色列人脫離奴隸身分，降在埃及境內的十大災難。所有人把手指浸在自己的玻璃杯裡，接著在盤

子邊緣留下酒滴，一滴酒代表一個災難：水變血之災、青蛙災、蝨子災、蒼蠅災、畜疫災、泡瘡災、冰雹災、蝗災、黑暗之災、長子災。我一邊跟著滴，心裡一邊列出如今我瞭若指掌的上東區部落女人遭遇的苦難，包括頭蝨、學校申請、募款活動、成天出差的丈夫、同性之間的競爭、紐約證交會（SEC）的調查、離婚，以及更多數不盡的苦難……

每一滴酒都來自上帝。

我開始和身邊很多上東區媽咪熟了起來，不過其他媽咪則繼續對我敬而遠之。我開始思考「歸屬感」這個概念——對我、我新交的朋友、不肯當我是朋友的女人來說，歸屬感究竟是什麼意思？我想要融入，想要擁抱每一個新族人，畢竟靈長類動物是擁有強烈結盟需求的社群動物，我們和其他生物不同的地方就在這裡：人類和黑猩猩、狒狒、獼猴一樣，與同類建立起關係比什麼都重要，就算是我這種來自下城區、憤世嫉俗的媽咪也需要人際關係。先前幾個月被兒子同學家長排擠的創傷，依舊留在

我心中。我知道對人類及其他靈長類動物來說，故意羞辱你的入會儀式並不罕見。不讓我加入，故意轉身離去，也不是針對我這個人，但我大腦最原始的部分依舊害怕被再次排擠。所有女人都想融入群體——不論是柏克萊嬉皮，內布拉斯加州奧馬哈（Omaha）家長會的母親，或是離開上東區、搬到下城翠貝卡區（TriBeCa）的人，通通一樣。要我做什麼都可以，我決定屈服於惡勢力：我願意遵守上東區的穿著打扮規定，願意當學校委員會的義工，願意參加午餐會。但我的前腦也在思考，要是不肯聽話，或是沒辦法聽話，不曉得會發生什麼事。發生什麼事會讓一個人萬劫不復？完蛋的人會有什麼下場？

我把「離婚」與「收入減少」列為兩大災難。這兩種災難，似乎是人類被社交圈驅逐的主因。女人一旦離婚，八成不再有足夠的金錢過從前的生活——沒錢買活動入場券，沒錢飛到聖巴斯島、巴黎或邁阿密參加派對。人們會因為她們沒錢，不再那麼常發出邀請——除此之外還有別的理由：離婚的女人通常會引發同伴的恐懼，朋友一看到她們，就想到：「這種事也可能發生在我身上。」「這下子她又得重新找人結婚，她可能會搶我老公。」一個離婚的朋友告訴我：「我被禁止入境，人們把單身的女人視為可怕的第三者。」離了婚的女人或許可以保有一、兩個朋友，但社交生活大幅受限。

婚姻一旦出狀況，人生也會跟著完蛋，讓人想起來心驚肉顫，有個叫蓮娜（Lena）的女人，她的故事我一直忘不掉。據說二〇〇八年金融海嘯過後，蓮娜和先生幾乎失去一切，他們的漢普敦海濱避暑豪宅，公園大道上的經典八房公寓（紐約的七房配置：飯廳、廚房、三臥房、女傭房、雙衛浴，再外加一房），通通沒了，小孩也得從高級私立學校轉走。他們夫婦倆原本是孩子學校的捐款大戶與董事會成員，誰家的小孩能入學由他們決定，也因此他們握有極為重要的人脈；這下子，這個人脈也沒了。一家人搬到一百一十街。蓮娜悄悄在曼哈頓高級郊區的頂級購物中心，找了一份頂級百貨的售貨工作，沒告訴任何人。你可以說她是被迫謀生，但從另一個角度來看，她十分勇敢，因為她踏入了凡間。有一天，幾個蓮娜認識的人，恰巧到她工作的地方買東西，那些女人嚇壞了，因為蓮娜現在是「另一個世界的人」，居然幫她們試穿鞋子。蓮娜的朋友其實可以支持她，組購物團到她工作的時髦百貨公司購物，讓她大賺一筆佣金。朋友大可用這樣的方式鼓勵她，如果是我，我就會這麼做；但蓮娜的朋友沒有，她們躲蓮娜，就好像在躲瘟疫似的。老實說，那些女人會那麼做，我並不意外，但我很生氣。蓮娜的朋友，讓我想起自己身邊某些女人，她們有同情心，但不會去做有同情心的事，不會做我會做的事。她們的表現就好像她們活在種姓制度之下，蓮娜已經髒了，永遠回不去了，她的生活困境嚇壞其他女人——她成為禁忌。也或許，那些女人只是覺得去看蓮娜，她會覺得丟臉；但我覺得可能性很低。再說，怕朋友丟臉難道是拋棄朋友的好理由嗎？

一位剛離婚的女士在喝咖啡時告訴我：「整個世界的態度幾乎就是這樣。如果妳的姐妹淘遭逢厄運，妳會袖手旁觀，讓她們自生自滅。」那位女士離開有錢有勢的老公後，女王蜂中的女王就再也不跟她說話了。我告訴她，不用理那種人，但我懂那種被放逐、被排擠的感受，我替她感到難過，也為蓮娜感到難過。

蓮娜最終和先生離開了上東區，聽說後來變成佛教徒，過得很自在，我替她感到安慰，不過對某一群女人來說，蓮娜再也不存在於這個世上。我曾問某人蓮娜的近況，那人說：「她好像搬到那些嬉皮住的地方？然後加入了邪教還是什麼的？」在人們心中，蓮娜已經死了。

我覺得對上東區的媽咪部落來說，她們每天生活於其中的文化，本身就是上帝讓

她們受苦的災禍。團體做什麼，就得被迫做什麼，而且永遠得以完美形象出現在世人面前，不開心也得裝開心，上東區的規矩不容違反。我一搬來上東區，就發現只是到附近買瓶牛奶也得盛裝打扮，而且那種事不過是冰山一角。妳得是完全少根筋的人，才會感受不到社會加諸在身上的壓力。女人得身材完美、衣服完美、髮型完美，永遠得在正確時刻參加正確的活動，而且身邊必須是正確的同伴。但事情不只如此。蓮娜的故事讓我知道，上東區的世界就像貝都因人或羅馬人的世界，社交圈盛行榮譽／恥辱文化。這裡的人不怕下地獄，也不怕被抓去關，他們怕的是無法融入團體或是被驅逐。操縱羞恥心與恐懼，是這種文化最主要的社會控制手段。除此之外，上東區也和中國與北美某些部落一樣，一個人可能喪失榮譽或丟「臉」——所謂的臉，不是真的指用來說話、吃東西、化妝的，那張有血有肉的臉；而是指影響力、名聲，還有自我。法國社會學家馬塞爾．莫斯（Marcel Mauss）曾經這樣描述西北太平洋海岸的印第安人：

> 瓜求圖人（Kwakiutl）……他們的貴族和中國人一樣有「面子」的概念……神話提到一個為人吝嗇的大酋長，他不肯舉辦宴席讓族人大吃大喝，因此被說是「有一張爛掉的臉」……

丟臉等同丟掉靈魂，你會真的沒有「臉」，沒有跳舞的面具，無權讓靈魂現形，也無權在身上放上標識圖騰。你危及自己的「面具人格」。不辦宴會的人會丟臉，若在給予禮物、打仗，或是進行儀式時犯錯，也會丟臉。

就我研究的現代女性來說，莫斯還可以再加上一項：如果妳沒錢，或是床上出現臭蟲，也會丟臉。

對紐約人來說，生活中如果出現臭蟲或頭蝨是很麻煩的一件事，讓人倍感壓力，每個人都一樣；不過對上東區的貴婦媽媽來說，例如我朋友吉娜，家裡有蟲代表天塌下來了。吉娜哭了好多天——不只是因為除蟲很貴，很耗時間，令人心力交瘁；也不只是因為她被咬了好幾個包很癢，晚上躺在床上不能放鬆、一直擔心又被咬；甚至也不是因為這下子他們家要好幾年後才能賣房子，因為法律規定賣方必須揭露自己最昂貴的資產有害蟲問題。不，不是因為這些原因，主要不是因為這些原因。吉娜最、最、最害怕的事，是朋友會發現她家有蟲。她定義自己是安排孩子遊戲時間的主辦人，是完美房子的屋主，因此有臭蟲是世界末日，她可能被逐出團體。吉娜告訴我：

「再也沒有人會願意來我家了！」如果她的孩子沒有社交生活，身為母親的她也連帶不會有社交生活，而我們全都知道，在一個階級嚴明、必須生活在團體之中的世界，失去盟友會發生什麼事——社會就當你這個人死了（如果你是狒狒，你甚至會遭遇真正的肉體死亡）。

很多我認識的媽媽都跟吉娜一樣，極度害怕丟臉——她們不只害怕離婚或破產等大型災難事件，也害怕各種小事，例如胖了兩公斤，或是孩子需要職能治療，沒錢到亞斯本度假兩週等等。在重視榮譽與恥辱的文化裡，在一個你不能有橘皮組織、一根頭髮都不能亂的世界，在你是誰要看你在宴會上捐了多少錢、你家整理得多乾淨、你的孩子是否一點問題都沒有的世界，要丟臉太容易了。上東區沒有原罪問題，大概也沒有上帝（傳統上，這群人信仰一神教，不過現代人沒那麼虔誠了），但有丟臉的問題。西方人可能覺得「丟臉」這個概念令人陌生，不過一旦身處這樣的文化，你就會理解，光是「可能丟臉」，就會帶來多大的心理壓力，你會丟掉真正的臉，一張臉變得憔悴不堪。這是上東區另一種天降的災禍。

甘蒂絲可說是上東區部落權威。我在她的引導之下，的確發現不同性別的焦慮程度很不同。已開發國家的女性，得到焦慮性疾患的機率，確實是男性的兩倍（未開發國家沒有這種情形）；但我原本還以為，上東區的女人既是天之驕女，她們把焦慮留給別人，畢竟我從個人第一手經驗得知，曼哈頓的貴婦媽咪有資源，有很重要的生存優勢，不必擔心生病時沒健保，也不用擔心沒錢養孩子。除此之外，她們也有錢紓解大都市的日常生活帶來的壓力，她們可以按摩，跑到鄉間度過悠閒週末。我兩個兒子的同學與玩伴的媽媽，她們是超級富裕的一群女人，財產是一般人的成千上萬倍，家裡又有私人飛機，沒事就可以到加勒比海或亞斯本度假三週（或是夏天到土克凱可群島、冬天到韋爾〔Vail〕），也可以和閨蜜就近跑到漢普敦的費瑟街（Further Lane），在峽谷牧場度假區（Canyon Ranch）過個一星期，遠離都市令人抓狂的擁擠人群，讓自己心平氣和起來。上東區的媽咪難道不是最不用焦慮的一群人？她們的孩子念最好的學校，家裡有最棒的保姆（收費極度高昂的仲介，會幫她們安排一流保姆），難道這樣還不能讓她們安心，不用像別的女人成天焦頭爛額？我原本以為，要是有那麼多資源，根本沒什麼好擔心的。要是還有壓力，還在焦慮，都是自找的。我認識的女人老是愛擔心沒什麼好擔心的事，無法活在當下，有錢還不懂好好享受。

但我錯了。

西方的古老諺語說對了。一旦錢多到不怕生病、不會餓肚子之後，錢買不到快樂，而且也絕對無法讓你免於焦慮。事實上，錢愈多的人，似乎煩惱也多。上東區的貴婦媽咪每天為了城市生活以外的壓力，弄得自己神經兮兮，心神不寧。身處重視榮譽與恥辱的文化、不必擔心基本生存問題的媽咪，正是神經質的完美人選。對這些媽咪來說，完美生活是人生有如地獄的基本原因。

西方與有錢人特有的「密集母職」現象（intensive mothering），的確困擾著我所研究的媽咪。此一專有名詞由社會學家雪倫·海因斯（Sharon Hayes）提出，海因斯認為，密集母職是「一種性別模範，迫使母親不得不將大量的時間、精力與金錢用於養育孩子。」社會期待有錢的母親應該隨時照顧到孩子的情緒，時時刻刻專注於他們的心理狀態，用一個又一個的活動，「促成孩子的智力發展。」如果妳不能全方位培養自己的孩子，任孩子自由發展，幾乎就是失職的母親。上東區的媽咪和我的母親不同，永遠不能休息，要不是在幫孩子烤蛋糕，就是在教孩子分數算法，或是帶他們到具有教育功能的博物館，以及「參與」學校活動。這種模範育兒模式，讓母親一天二十四小時、一週七天都不得閒，時時刻刻處於焦慮之中，精疲力竭。上東區的人不認為讓孩子嚐到失敗與沮喪的滋味，可以培養自己站起來的能力。上東區沒有愈挫愈勇的概念，要是你的孩子失敗了——例如分數排名不是前〇．一%，美勞課沒有畫出曠世傑作，或是障礙賽表現不佳——那可不是機會教育的時刻，而是妳是個失職母親的明證。

但如果妳時時刻刻盯著孩子，付出全部的心力，人們又會說妳是「直升機母親」，孩子的人生都被妳毀了。也難怪某項樣本數一百八十一人的研究指出，採取「密集母職」育兒方式的母親，焦慮與憂鬱指數都破表。可是如果妳叫孩子去看電視，自己悠閒看著《明星》八卦雜誌，那妳就是個糟糕的母親。現代人當媽的方式，完全不同於人類演化的劇本——母親和自己的姊妹以及其他女性親戚，一起照顧眾人的孩子。孩子和其他年齡不一的人整天待在一起，向年長人士學習幫家裡做事的技能。「密集母職」是上東區媽咪面臨的另一種災禍。

我開始慢慢了解，對我研究的媽咪部落來說，有錢、有選擇的餘地，其實也是一種詛咒。一開始，這個結論讓我吃驚。人們常說有錢人有選擇，窮人沒選擇，有選擇是非常幸運的事。的確是，可以選擇把孩子送進小班制的私立學校、不送到教學資源不足的公立學校，的確是很大的優勢。因為錢夠多，可以在兩輛最安全的車子中做選擇，不必買出事率高的便宜爛車，也是很大的優勢。碰上這一類的例子時，因為經濟上的優勢而有選擇（要選Volvo哪一款車？哪一位癌症專家？要選哪一位英國王室愛用的諾蘭德學院〔Norland〕訓練出來的保姆？），不但可以改善一個人的生活品質，還可以保障壽命。不過，在我觀察生活周遭的母親後，我發現相關研究是對的：太多選擇會帶來壓力。人們面對三、四個以上的選擇時，反而會出現負面效應，例如惋惜感、期望過高與失望感。選擇愈多，負面效應就愈大，進而導致焦慮。只有在一種情況下，負面效應會降低：如果當事人不必為了自己的選擇負責。資源豐富、努力照顧孩子的母親則正好相反。挑選可能改變人生的汽車安全座椅、嬰兒車與有機蘿蔔時，挑出最好、最安全的東西，百分之百是妳的責任，因為妳有錢選擇。一天，我坐在托兒所餐廳，對面桌上是堆積如山的保姆履歷表，一位正準備回公司全職上班的媽媽哀嚎：「我不曉得要挑誰，但不能隨便選一個，她們要顧的可是我的孩子！」

你可以把這一切當成「第一世界的人在自尋煩惱」，無病呻吟；不過這的確是第一世界獨有的問題。地球上很多人類不必擔心孩子要由誰來照顧，因為在許多角落，「養一個孩子需要全村的人」（it takes a village）這句話，並非只是汽車貼紙上的俏皮語，而是真的由全村一起照顧孩子。女人可以工作，可以有成就感，除了照顧孩子之外，還可以有自己的人生，不必感到愧疚，也不用焦慮，不像上東區的母親被上帝詛咒。

貴婦媽咪最重要的盟友，是男女保姆、打掃阿姨、清潔工與豪宅管家。但就我個人經驗而言，以及從其他媽咪那裡聽來的故事，這些人也經常是女主人最大的敵人，以及焦慮的主要來源。我生了孩子搬到上城區之前，我一直以為，和在你家工作的人保持良好的關係很簡單，只要我「人很好」，而且尊重他們，保姆就會「開開心心」做好自己的工作，就這樣。那種和保姆還有管家處不好的女人，一定是狗眼看人低，隨意使喚他人，自作自受。可一旦我請了人之後，很快就發現事情比小說《豪門保姆日記》（*The Nanny Diaries*）的描述還有趣、還複雜、還令人焦慮。首先在錢的方面，很多我認識的保姆一年賺超過十萬美元，還搭乘私人飛機環遊世界。他們享有有薪假、僱主幫忙付全部或一半健保，過節還有厚厚一疊的獎金，所以我們不是在談那種壓榨人的低薪工作。我百思不得其解的原因也在這裡。為什麼這種保姆的工作條件那麼好，還是會鬥爭女僱主（沒錯，女僱主，因為很少有父親會積極插手自己的家務事）？某天，某個媽媽向我抱怨：「保姆覺得我需要她的程度，超過她需要我的程度。」我想這就是保姆／管家／老闆之間的關係，每況愈下的常見主因：「一旦她發現自己有多麼不可或缺，她就開始要東要西，我覺得她在欺負我。」

真相就是，媽咪錢很多，但力量在保姆手中──保姆有力量讓我們的人生變輕鬆，或是有力量在有意無意之間，搞亂我們的行程與人生，並且他們照顧著我們家中最脆弱的成員，這點讓他們握有極大的力量。外頭有很多非常優秀、很有愛心的保姆。我一個朋友的保姆會參加紐約猶太社區中心的育兒座談會，而且沒人規定她這麼做，是她自己想去。我朋友會發現自己的保姆這麼有心，是因為她在放皮包的檯子上，看見保姆的筆記。那位保姆努力用拼音的方式記英文筆記，然後又仔仔細細翻譯成西班牙文。沒人要求她這麼做，也沒人幫她付學費，但她依舊花無數小時進修，就為了自己照顧的孩子與僱主，以及為了成為更優秀的保姆。在上西區的某場意外，有個保姆還冒著生命危險救孩子。雜貨店外的鷹架垮下來時，那名保姆不顧旁人勸阻，第一個衝進現場救孩子（孩子沒事，但要不是保姆這麼勇敢、這麼重視自己的工作，他不會安然無恙）。

有的保姆則是對人生感到不滿，或是沒接受過訓練、沒興趣帶小孩，但也學人當保姆，「直到找出人生真正想做的事」（那種二十幾歲、大學畢業的人）。有的保姆則缺乏其他謀生技能，所以才跑去當保姆。這類人滿腔怨言，沒事就愛亂鬧，或是缺乏判斷能力，工作態度差。有一天，我朋友因為外頭風大，警方呼籲民眾不要待在街上，打電話給保姆，要她帶孩子回家。我朋友七歲的兒子後來告訴媽媽，保姆掛斷電話後告訴他：「你媽真是有病。」有些保姆表面上很聽話，但會故意選在女主人的重要家族聚會時請病假，或是把僱主家中弄得一團亂，用一些小手段讓女主人難堪。保姆和媽咪彼此勾心鬥角，但通常都會默默隱忍對方，她們討厭彼此，但也需要彼此。媽咪與保姆之間的關係很複雜，有時是因為雙方社經地位不同，有時則是因為文化差異（如果保姆來自其他國家），有時是因為處於不同人生階段（如果保姆是二十多歲的人），有時是因為嫉妒（媽媽會抱怨：「在我孩子的生活，保姆比我更重要！」；保姆則怨恨：「憑什麼那女人什麼都有，我什麼都沒有？」）。女人家中每天都在上演這些戲碼。僱用保姆可以讓媽咪鬆一口氣，也或者會令人抓狂；而在別人家當保姆的人，也同樣覺得日子不好過。

媽咪和保姆之間的關係十分複雜，就像婚姻一樣，你根本不知道自己會碰到什麼人，也不知道對方會怎麼待你。上東區的媽咪焦不焦慮、生活品質好不好，要看碰到什麼樣的保姆。以前的我會罵媽咪：「妳明明就可以解僱他們！」等我自己碰上狀況後，我才明白：「對，我可以解僱這個保姆，但是然後呢？」國務院官員安妮瑪麗・斯勞特（Anne-Marie Slaughter）曾說，美國沒有托兒體系，政府也沒規定保姆標準與監管制度。媽咪和保姆高度依賴彼此，選擇卻又太少，以至於事情沒那麼簡單。這是上帝給上東區的另一個詛咒。

除此之外，上東區的媽咪還面臨一個無從解決的三重詛咒：卡路里的限制、雌激素的下降，加上如影隨形的失眠問題。我訪問過的每一個家有幼子的女人，全都被這三件事同時轟炸。我在上東區當了一陣子媽媽之後，深刻了解睡不飽、荷爾蒙失調與饑餓，可以讓人多焦慮又可憐。比較晚才結婚生小孩的女人，相較於二十多歲的年輕人，把人生看得比較清楚，保護腦細胞的髓磷脂（myelin）比較多，社交地位與財務狀況也較為穩定。但我們這些晚婚的人，體力比年輕媽咪差，而且也很難休息一下就恢復體力，我們根本沒時間休息。女性年紀大了之後，雌激素濃度開始下降，睡眠品質因而受影響，有些人三十五、六歲就開始進入這個階段。雌激素濃度低，不只會讓人睡不著，研究顯示女人之所以較容易焦慮與罹患情感性疾患，很多時候與缺乏雌激素有關。健康女性與母鼠體內的雌激素，可以幫她們克服恐懼：研究人員做「恐懼消退實驗」時發現，同樣是接受過練習，血液內雌激素濃度愈高的女性，愈不容易被嚇到。簡而言之，雌激素愈少，鎮定程度愈低。

雌激素的問題，再加上曼哈頓上東區最詭異的規矩，讓女性遭遇多重詛咒：妳得苗條，一點贅肉都不能有，體重最好輕到可以飛起來。我先生曾到奈及利亞首都阿布加（Abuja）出差，他走到市場一個擺滿鮮豔衣物的攤子，想幫我挑件禮物。老闆是一個身材壯碩、穿著鮮豔傳統服飾的女人，她一邊幫老公挑，一邊問：「你太太胖嗎？」老公很疑惑：「什麼？她不胖，她很瘦！」女老闆十分尷尬，眼神往下。她那句話問的其實是：「你太太健康、漂亮嗎？你是有錢人嗎？」老公說直到他付錢、謝謝對方幫忙時，攤販老闆都不看他。這個人的太太很瘦，而且他還承認了！這是一個全身長滿爛瘡的乞丐。然而，場景換到上東區，比0號還小的00號衣服賣得比什麼都快。女人分為瘦、更瘦、夭壽瘦三種。我們判斷一個人漂不漂亮、有沒有錢，看的是對方有多瘦，而且我們的標準非常嚴苛。曼哈頓心理分析師史蒂芬尼．紐曼（Stephanie Newman）開了一間私人診所，治療過很多飲食失調的病患，她觀察上東區的病患後表示：「除了好萊塢與模特兒，我沒看過人們承受著如此強大的一定得瘦的壓力。」上東區的女人非常瘦，而內分泌學家告訴我們，一個人愈瘦，雌激素濃度就愈低。胖不一定健康，但脂肪細胞會釋放雌激素，而雌激素又能讓人抵抗焦慮。「焦慮」和「瘦」是天作之合，就像Dolce&Gabbana兩位名牌設計師是絕配。

我研究的女人又瘦、又餓，不吃飯只喝蔬菜汁，這種生活方式造成的影響，可不只是雌激素濃度下降那麼簡單。二戰的時候，有三十六名反戰男性參加了一場著名的饑餓實驗，而今日上東區女人每天生活的方式，以及美國推薦的減重標準，幾乎重現了那場實驗：每日減少攝取五百至六百卡路里，一週瘦一至兩磅（一磅約〇．四五公斤。當年參加饑餓實驗的男性受試者，一天攝取一千六百卡路里，每週步行三五．四公里，實驗目標是一週瘦二．五磅）。接受實驗的男性受試者，立刻出現無精打采、易怒、高度焦慮的現象，其他症狀還包括頭暈、畏寒、掉髮、耳鳴、無法集中注意力與「性」趣缺缺。受試者開始對食物著迷，並且發展出複雜的進食儀式，就跟厭食症的人一樣，在準備食物與進食時有一套複雜的規矩。

簡而言之，那場饑餓實驗和平日在紐約聖安博路絲餐廳吃午飯沒什麼不同。值得一提的是，那場二戰實驗的飲食限制，讓原本精力充沛又健康的受試者，有整整六％的人被送進精神療養院：一個人自殺，另一個人切下自己三根手指頭。也難怪我身邊那些女人，那些平日一運動就是數小時，還喝果汁斷食「排毒」的人，緊張、焦慮又易怒。她們在學校的電梯裡只是用嫉妒的眼神打量人，沒拿起菜刀砍自己砍別人，已經算是很不錯了。

以我研究的瘦到皮包骨的中年女性來看，下降的雌激素的確會讓人侵略性大增。曾經有人透過扣分遊戲研究侵略性，讓兩組女人玩，一組高度焦慮，一組不焦慮。研究人員有點訝異地發現，高度焦慮的女性玩遊戲時，比較常下令攻擊，雖然以那個遊戲的設計來說，攻擊不會幫助你得分，「因此攻擊完全是出於恨意、反射性的侵略行為。」哈，我一邊讀這個研究結果，一邊想起自己出門買菜時，老是被人行道上的女人撞。

每種災禍都是一滴酒，或是一杯酒，或是好幾杯酒。

上東區的有錢丈夫喜歡蒐集紅酒。他們在漢普敦豪宅的酒窖是一種文化資本，有酒窖代表他們不只有錢買酒，還是高尚的品酒專家。男人開紅酒是為了享受，為了和他人分享，但也是一種權力的展現。喝正確的九四年波美侯（Pomerol），就像家裡擺著正確的當代藝術作品，別人不只會知道你有錢，還會知道你很有水準。曼哈頓夫婦到外頭的餐廳吃飯時，點三位數價格紅酒的人會是丈夫。如果同桌吃飯的還有別人，男人會彼此商量一番。

生活充滿折磨的太太則通常會喝白酒（她們號稱喝紅酒會睡不著）。在上東區帶著年幼孩子的人一定會喝酒。美國的葡萄酒銷售量靠女性帶動成長——每一個家中地址郵遞區號是「10021」、「10075」、「10028」的人都知道這件事。紐約市健康與心理衛生局（New York City Department of Health and Mental Hygiene）的資料指出，上東區的居民幾乎每項健康指標分數都勝過其他紐約人，只有一項落後：上東區居民酗酒的可能性，比紐約其他地區高出三成五。換句話說，在我研究的部落，有五分之一的人在過去一個月酗酒。酗酒的人之中有多少是女性？統計數字沒講，但依據我的田野調查，以及大量的「親身經驗 VS 親眼觀察」結果來看，我的半科學答案是——很多。參加媽咪之夜的人，一口氣灌下四杯酒不是什麼稀奇事。她們帶孩子到才藝教室參加生日派對，或是下雨天參加室內活動時，會場早上十一點就開始供酒。我認識的媽咪喝很多很多酒——一般會喝白酒、伏特加、龍舌蘭。如果喜歡男性化一點的酒，或是不想喝女人在喝的酒，蘇格蘭威士忌與其他「男性」威士忌都是好選擇。媽咪們每天晚上都在喝酒，除了星期一——星期一是懺悔日，她們那天通常會喝果汁斷食，替週末的大吃大喝與酒精過量贖罪，接著星期二到星期五又開始喝。

我問一個朋友喝酒有什麼規矩，她說：「週末很難說。」意思是，如果早上就想喝酒，早上就可以喝了，然後午餐會喝，晚飯前來一杯雞尾酒，晚餐時又接著喝。對我認識的、很多帶孩子的曼哈頓女人（週三、週四、週五早上，在學校走廊戴太陽眼鏡的女人）來說，喝酒是一種自我療癒的方式。問題解決不了的時候，來一杯；睡前，來一杯；在恐怖的紐約搭完計程車後仍倖存，來一杯；辛辛苦苦跑到上東區以外的地方，來一杯；跟保姆吵完架了，來一杯吧。在宴會上或晚餐時看到骨瘦如柴的酒鬼，或是看到有人必須在自家司機的攙扶下才能上車，都不是什麼新鮮事。如果妳發酒瘋發得太厲害，隔天人們會竊竊私語，但大家都有個心照不宣的基本共識：「對，我們喝酒，沒什麼大不了的。」當然，每個人還是有程度上的不同，從滴酒不沾到酒鬼都有。但真正令我訝異的是，我和身邊的女人一起喝酒時，我發現不論是從心理、社會或情感的角度來看，喝酒主要是一種部落行為，幾乎可稱得上正當，因為喝酒是文化的一部分，而喝酒之所以是文化的一部分，主要是因為喝酒可以讓人忘掉憂愁。甘蒂絲帶兒子去了一趟小兒科診所後大呼：「他們應該在醫院設置酒吧！」

酒還不夠解憂。除了酒之外，抗憂鬱與安眠的苯二氮平類藥物（Benzodiazepines）是上東區女孩最好的朋友。許多我認識的曼哈頓媽咪倚賴處方藥，而且是天天吃。安定文、贊安諾（Xanax）、煩寧（Valium）、氯硝安定（Klonopin）、安必恩（Ambien）——應有盡有，吃下去就對了。不論是時尚設計師，或是帶著兩個小孩、在上東區熱門餐廳吃飯時，頭經常埋在盤子裡的媽媽，大家常配酒吞下這些藥，而且從中午就開始服用。我認識的女人要吃抗焦慮藥物才睡得著，她們會在半夜吃藥，因為她們會在那時突然驚醒，擔心著學校怎麼了、錢又怎麼了，或老公是不是在外面偷吃。她們會在送孩子上學或中午聚餐前來一片，鎮定一下自己的神經（光是想到參加活動時會見到女王蜂中的女王，想到要被她冷嘲熱諷，我就想來瓶酒）。藥效消失後就再來一顆。我不是在批評那些女人，真的，我自己也因為飛行恐懼症，平日會吃苯二氮平類藥物。有天在學校電梯裡，我聽到另一個根本不認識的媽媽告訴朋友，她很討厭坐飛機，就算吃贊安諾也沒用。這種事我太有經驗了，所以雖然我和她素昧平生，沒說過話，我還是冒昧轉身建議：「那是因為妳沒有配血腥瑪麗！」

有些女人在孩子長大後，就不再喝酒與服用鎮定劑了。對她們來說，那只是對抗壓力的方法。她們得負責孩子的一切，還得應付保姆以及相關的每一件事，永遠沒有休息的時間，壓力很大。等孩子大一點，整天都待在學校，不用再上演帶孩子的肉搏戰之後，她們服用酒精與藥物的程度也會隨之下降。不過，對於某一群媽媽而言，喝酒與吃藥不只是某個人生階段會做的事。對她們來說，母親身分除了助長她們吃藥配酒的行為，還可以幫她們找到很好的藉口，她們可以說，自己是因為當媽太累才這麼做，不會有人懷疑，因為其他每個人也都是這樣。由於沒有人會發現異狀，某些貴婦媽咪將出現「問題」。上東區有一個匿名戒酒協會據點，地點是麥迪遜大道上Prada與Ralph Lauren中間的一座教堂。穿著香奈兒、Céline、瓦倫蒂諾等名牌的優雅苗條媽咪（往南幾個街區有這些牌子的分店），把孩子交給戒酒協會的托兒服務，然後參加戒酒聚會。上東區媽咪的部落裡有另一個祕密部落，但沒人會說出去。戒酒的媽咪參加派對時提早抵達，請主人給她們看起來像酒、也裝在酒杯裡的飲料。她們在聖拉費娜餐廳（Serafina）吃晚餐時，假裝附上萊姆的通寧水是伏特加湯尼。她們會幫自己找不能喝酒的理由，例如正在服用抗生素，或是頭在痛，明天一早還有約會等等。她們會假裝什麼事都沒有，保住自己的面子，因為大家都是這麼做。她們參加匿名戒酒聚會時，緊張兮兮半坐在椅子上，像一匹纖細、焦躁的賽馬一樣動個不停，但焦慮的臉龐僵住不動。那個場景就像大家平日在附近的低調餐廳比爾博凱（Le Bilboquet）聚會那樣，只是手上沒有酒。

然而，酒精還不足以協助女人克服最大的焦慮。上次去過瑞貝卡家後，我發現眾人最大的焦慮是自己得仰人鼻息，靠別人生活。我每天和周遭的上東區媽咪一起吃飯喝酒，我觀察她們，聽她們講自己的遭遇。我發現很多人的人生，以及她們的幸福快樂、她們存在的價值，都得仰賴她們完全無法控制的人事物。

我認為我認識的許多女人晚上之所以睡不著覺，是因為她們的經濟全都要靠另一半，雖然她們本人可能並未意識到自己的焦慮來源。以我認識的某些女人來說，光是想到丈夫可能為了別的女人離開她們，光是知道沒了先生就沒了經濟支柱，就好像有螞蟻在啃咬她們的心。這種痛苦就像她們平日挨餓的痛苦。有的女人悄悄告訴我，她們學母親與祖母開設祕密銀行帳戶，偷偷把零用錢和其他收入存起來，「以備不時之需」。有幾個女人告訴我，先生會給太太「年終獎金」——妻子聽起來像是僱員，而不是人生的另一半。有一次，我和一個朋友坐在遊樂場邊的椅子上聊天，某個我們共同認識的人離了婚，而且事情鬧得很大，所有人都知道。朋友擠眉弄眼地說：「我母親告訴我，要盡量向先生要珠寶，讓自己多一層保障。」這位朋友以最優異的成績畢業於常春藤大學，也有MBA學位，但從來沒有出過社會。

我問曼哈頓的臨床心理學家兼作家紐曼，她在上東區執業時碰過病患有哪些焦慮與經濟依賴的情形，她告訴我：「那種喜歡人生勝利組的女人，她們在家中感到自己無足輕重，擔心有一天會無法養活自己和小孩。」律師兼領有社工執照的瑞秋·布萊克曼（Rachel Blakeman）表示，那樣的女人萬一婚姻出了問題，「不管從實際層面來看，或是出於情感上的考量，都無法選擇離婚，因為她們的人生完全建構在擁有完美的婚姻。」對很多女人來說，嫁給有錢有勢的男人是無法逃脫的僵局——雖然她們原本以為，只要嫁得好，這輩子就不用擔心了。

我兒子的學校有一個美麗的法國媽媽，先生是投資銀行家。我問其他媽咪，為什麼那麼多家長似乎都對那個法國媽咪又愛又恨。一個媽咪氣憤地說：「她不該和其他人的丈夫調情！」那個法國媽媽是新來的，因為嫁了一個有錢的紐約人而來到這裡，她顯然和我一樣，對上東區的性別隔離現象感到困惑，經常在孩子的生日派對和音樂會上和其他男人講話，她可能是一邊在培養商場人脈，一邊享受一點調情的樂趣。我覺得她很有魅力，人很聰明，常常喜歡找她聊天，也會故意讓老公和她巧遇。有女人願意跟我老公調情，難道不是幫了我一個忙？如果老公心情好，我的生活也會過得比較順。讓另一半偶爾享受安全的小挑逗，交換一生的承諾，似乎很划算。但對於婚姻與孩子就是人生一切的女人來說，沒了先生，人生就會完蛋；丈夫的調情會讓她們極度焦慮，甚至是恐懼。調情讓她們想到自己手中握有的東西，隨時可能消失。

有些女人經濟上不只要靠丈夫，還得看公婆臉色。上東區的龐大財富許多都掌握在上一代手裡，導致下一代的年輕成人（以及不那麼年輕的成人）在面對自己或另一半的父母時矮了一截，奇怪地還像個小孩一樣。不只一個女人告訴我，她們承受著必須取悅公婆的詭異壓力，因為錢都掌控在對方手中。某次兒子校外教學時，我和一個媽媽走在孩子後頭聊天。聊到學費時，她提到她孩子的學費是公婆付的：「我先生以後會繼承龐大家產，而那給了公婆操控我們人生的權力。」她給我看她的 iPhone 行事曆，上頭有一連串下週她得接送婆婆並隨侍在側的約會與午餐會。「我不是不肯幫忙，但我不喜歡那種大家暗自認定這是我的義務的感覺，就因為我們結婚的時候，房子是我公婆買的，而且我先生在他爸爸的公司上班。」另一名女性也提到一個典型的上東區情況：她和先生想在海灘區幫自己和兩個孩子買房子，但先生的父母不允許。公婆說自己的房子大很多，還有空房，搬出去「不合邏輯」，小夫妻的計劃因而流產。公婆在錢這方面很慷慨、人也很好，但年輕一代得付出代價，因為老人家的控制欲很強。那位女性講得很白：「我和先生希望能像個大人。我們希望有自己的家，不用看別人的臉色。」這種情形在我研究的部落十分常見。某種程度上來說，上東區許多有錢人正在等他們更有錢的上一代離開人世，長輩的死會讓人哀傷，但也會讓人鬆了一口氣。

其他我認識的上東區富裕女性有「自己的」錢——然而這通常意味著，她們在金錢上或情感上要看自己老爸的臉色。一位女性告訴我，她的雙親非常有錢，那些錢以後會留給她和妹妹，她每天都在受爸媽的恩惠，因為房子是爸媽買的，一家人到亞斯本度假的錢是爸媽出的，孩子的教育費也來自爸媽。「我不會抱怨這種生活，但我先生就不舒服了。」上東區的男性常替自己有權有勢的岳父工作，或是靠岳父的人脈做生意，在社會上交際。這種兩代之間的關係少有不複雜的，因為吃人的嘴軟，拿人的手短。布萊克曼告訴我：「不管有錢花是多麼舒服，如果自己和小孩的人生總是被別人掌控，通常對心理健康來說不是好事，進而導致怨恨、不安全感，以及各式各樣的人際關係與婚姻問題。」

以我們人類的祖先來說，負責採集食物的女性（有時她們也會打獵，例如今日的阿埃塔人）想做什麼就能做什麼，她們在社會上享有發言權，在另一半面前也不會矮人一截，因為是她們帶食物回家，她們提供卡路里，別人少不了她們。今日也一樣，有錢的人說話就是比較大聲，也因此我研究、認識，或是一起喝咖啡的女性，我感覺她們不只在經濟上依賴他人，而是事事都被別人掌控。很多時候，她們是誰得看她們是誰的誰、她們認識誰——有時她們的地位要看朋友是誰，公婆是誰，父母是誰，但主要是看先生是誰，而且她們為孩子而活。如果婚姻不完美（誰家的婚姻完美），妳是怎麼當人家太太的？如果孩子不完美（哪有小孩是完美的），妳是怎麼當人家媽媽的？連基本的事都做不好。妳的面子怎麼掛得住？又不能離婚，也不能把自己心愛的不完美孩子退貨，去換個完美的。我認識的許多女人身處文化造成的奇特壓力，她們是他人的附屬品。從這個角度來看，女人連自己的人格都不完全是自己的，老是依附著他人。

甘蒂絲的先生找到新工作了。甘蒂絲在午餐時大呼：「感謝上帝，終於結束了。」我還以為她的意思是先生原本不曉得會落腳何處，有一段時間沒收入，這種不確定感讓人壓力很大；然而甘蒂絲搖頭：「不，我的意思是『我』終於可以鬆一口氣。每次他在外頭交際，我分分秒秒都得看起來完美，因為這裡就是這樣，特別是如果你要求人的話。請把麵包遞給來。」出現了，甘蒂絲是在講一種特殊的壓力：在重視榮譽與恥辱的文化，如果女人嫁給地位高的先生，女人會變成地位高的太太。但如果男人有貌美的妻子——臉蛋漂亮，身材姣好，會穿衣服，而且又認識其他重要社會人士的太太——這個男人的社會位階也會因此被鞏固，甚至提升。甘蒂絲先生的事業，的確有一部分要看甘蒂絲穿著Azzedine Alaïa的名牌洋裝時有多美，以及她的社交手腕多巧妙，有多能讓每個人都心花怒放。妻子是丈夫昂貴的裝飾品與紅酒，妻子證明了丈夫有多優秀，而丈夫是妻子的飯票。女人有太多要焦慮的事，有太多上帝降下的災禍，她們的人生有太多滴酒，累積成一杯又一杯。

女人還有最後一種災禍：那個讓法老王心碎、最終妥協放以色列人走的災禍。原本就算人民遭受蝨子和泡瘡之苦，就算國土遇上血水災、青蛙災、蒼蠅災、疾病、冰雹災、蝗災、黑暗之災，法老依舊不肯退讓。於是上帝說了：一切頭生的，無論是人

是牲畜都必死，只放過以色列人。

有一天，甘蒂絲打電話給我，聲音聽起來快哭出來。現在回想起來，媽咪還有另一個明顯到不行的焦慮來源，只不過我一直沒想到。甘蒂絲說，她人正躲在廁所裡，以防家人聽到她說話。不久前，她兒子腦震盪被送到醫院，復原情形良好，或至少看來如此。孩子在昏暗的房間裡待了一星期，好讓「大腦休息」，不准讀書，也不准看螢幕，然後又經過一星期完全不能耗費任何體力之後，孩子好了，又可以跑、可以跳，而且和從前一樣討人喜歡，一樣聰明，一樣活力充沛，就和他媽媽一樣。然而，在意外發生了十四天之後，出現新狀況。甘蒂絲告訴我這個消息時，我心跳加快，深吸一口氣，不露聲色，不管接下來聽到什麼，我都得為甘蒂絲保持鎮定。甘蒂絲絕望地說：「他的牙齒。」什麼，他的牙齒？只是牙齒嗎？我整個人鬆了一大口氣，但甘蒂絲語氣急促：「是灰的，看起來很糟。」她開始啜泣。我小聲安撫「沒事的」，我要她別緊張，先告訴我牙醫怎麼說。接著甘蒂絲的話語如連珠砲般射過來：只是一場意外，他們在打架，他和其他男孩撞在一起，流了一點血，就那樣而已，他沒事，但牙齒灰了，撞到以後壞死了。甘蒂絲用恍神又哀傷的語氣說：「牙齒在嘴巴裡死了。」

我聽見小兒子在廚房地上玩鍋碗瓢盆的聲音，剛才我把他放在那裡，讓自己能講電話。但我想起了幾個月前，和仲介英嘉一起看房子的時候，每一間客廳牆上擺的每一張照片。照片裡的孩子，沒有一個人有灰牙齒。我在想，一個小小的不完美，怎麼就像世界末日一樣，妳會感到一股巨大的無力感，覺得自己被大浪沖走，原本安心的日子不見了，妳發現自己不是個好母親。甘蒂絲一直哭、一直哭，我把電話貼在耳邊，告訴她沒關係，一切都會沒事的，但我也用手環住了自己的肚子，因為我能感同身受。

一顆壞掉的完美牙齒，如同法老王及其他人被上帝奪去的孩子，只是一顆牙，只是一則故事而已，但那代表著事情不對勁，那是事態可能雪上加霜的徵兆，而且每個人都可能遇上那種事，每個人心中都有陰影。以前我總覺得許多曼哈頓媽咪都瘋了，我無法理解她們的行為，直到剛才我突然懂了。曼哈頓媽咪必須保持完美的形象，必須擁有完美的生活。她們會在人行道上故意撞其他女人，還會為了孩子的大小事而壓力爆炸。她們得選到最好的嬰兒車，還得搞清楚哪種墊子無毒，外加擠破頭把孩子送到正確的學校、必須知道孩子學腳踏車該請哪一位老師——恐懼是潮濕、肥沃的土壤，孕育出各種奇形怪狀的扭曲生物。我想，我又找到一滴酒了。

Chapter 7

A Rainy Day

陰雨綿綿

不知不覺中，我變了。在上東區帶了幾年孩子後，我發現自己變得完全像當地人，不再是一半當地人、一半觀察者。與其說我一腳在圍城內、一腳在圍城外，還不如說已經沒有「城外」這種事了。

我在下城區的交友圈完全消失——我還是會見那裡的朋友，她們大多是沒結婚的藝術家與學者。我們會在感恩節見面，或在聖誕節碰頭，她們會唸書給我的孩子聽，送他們很多小禮物，然後調侃我，說我變了。她們覺得我完全變了一個人，很詭異，但也蠻有趣。沒錯，我變了。老實說，我和老公不是億萬富翁，我們在公園大道上的房子和豪宅完全扯不上邊（雖然我的確有一整個衣櫥可以放包包）。我堅持我的孩子必須做家事，而且也不會每年幫他們舉辦盛大的生日派對。兒子如果受邀參加我覺得過於奢華的活動——例如坐在本壘板後方第一排座位看洋基隊比賽，或是到別人的漢普敦豪宅參加可以騎小馬、觀賞走鋼索表演的派對——我一定會再三強調他們很幸運。我不希望孩子以為生活是一個接著一個的精彩片段，我不希望他們把標準定得太高，再也無法享受粗茶淡飯。

然而，我現在已經成為上東區媽咪，因為我開始關心其他上東區媽咪關心的事，我們是同類：孩子要念哪間學校？我為孩子做的夠多嗎？孩子的老師教得好嗎？我交的朋友除了讓我享受友誼，對我、對孩子、對先生的事業有幫助嗎？我想要舒服、井然有序的生活。我想要火辣身材，也想要Dolce&Gabbana、Prada的美麗衣服鞋子，就算只有打折時才買得起也一樣。我也想要那種每隔一個月就得上美容院整理的漂亮髮色，想要海灘上的房子。我和許多上東區的朋友不一樣，我還想要工作——我想寫出讓自己引以為榮的東西。但除此之外，我和她們一樣想當好太太，還有最重要的是，我想當好媽媽。我不只想當還過得去的媽媽，我想成為只要辦得到、就願意為孩子上刀山下油鍋的那種母親。

我和上東區人一樣，也和住在工業化國家的西方人一樣，對於該怎麼當媽有特定的看法。我採取密集教育法，雖然我知道那是財富有一定水準的人在做的事，而且大概不太健康。我先是觀察別人怎麼當媽，接著跟著做，最後完全接受那一套觀念。當媽的意思是，妳要拼了命生下小孩，然後把自己累給半死，犧牲自己部分的人生。當那種媽的時候，有時妳是心甘情願，有時則覺得很煩、很焦躁、很受不了。不用說，我和我認識的貴婦媽咪一樣，每天一起擔心東、擔心西，有時變成神經質的媽咪。我和甘蒂絲一樣，為了一顆壞死的牙，還有壞死的牙代表的意義，就可以崩潰好幾個小時或一整天；我也和身邊每一個人一樣，過慣了多年好日子，每天的生活就是在小兒科診所與托兒所打轉。我坐在椅墊舒服的休旅車上，開著車居高臨下遊走四方，警覺心下降，無法察覺近在眼前的危機。我活在不愁吃穿、富裕、有疫苗的世界，感受著安全的氛圍，我和所有西方人一樣，讓孩子冒險。如果是我們人類的老祖宗，或是當代依舊以史前時代方式生活的狩獵採集者，絕不會那麼做。

西方人因為重視「獨立精神」——包括孩子與大人自己的獨立精神——我們會在自己洗澡的時候，把新生兒放在地上的彈彈椅。此外，我們還會僱用根本不認識的保姆，或只聽過別人或機構的說法，就聘請那些人，只為了做點別的事，不用一直抱著孩子、或者把孩子交給近親幾分鐘或幾小時。我們要求剛出生的孩子遵守睡覺與餵奶時間表，而不是讓他們想吃就吃，想睡就睡。對其他文化的父母來說，我們的做法不可思議。夜間，我們居然讓嬰兒整晚待在遠離父母床邊的木頭嬰兒圍欄裡，放任他們自己睡……或是自己哭。當許多人類學家告訴傳統部落人士西方人的做法時，那些過著狩獵採集或採集農業生活、讓嬰兒在火邊或坐或爬、允許小孩提刀弄斧的人，無不目瞪口呆，百思不得其解，不懂西方人怎會如此殘忍地忽視自己的孩子。他們聽到我們經常「讓孩子自己去哭」的時候，一開始不敢置信，接著則被嚇到。他們想知道，西方人在面對世上最珍貴、最脆弱的嬰兒時，怎會如此冷漠無情？

生活富裕的西方父母，除了育兒方式十分不一樣，他們的觀念也和世界上其他人不同。我們覺得不管是生兩個孩子，還是生三個、四個、五個，甚至是六個，孩子理所當然都能存活並順利長大。就算感冒，或是出了水痘，最後也都會恢復健康，不會有嚴重副作用。我們有疫苗，可以避開麻疹、百日咳、小兒麻痹帶來的破相、傷殘或死亡。在我們的觀念裡，孩子理所當然會進學校、上大學，然後念醫學院、商學院或法學院，接著有一天結婚生子。孩子會讓我們自豪，孩子會替我們送終，西方的人生劇本就是這樣寫的。

就這樣，我像個上東區人日復一日養著孩子，從未認真想過當媽的人有一天可能失去孩子。有些事要身歷其境才會知道。

我怎麼可能懷孕？我像情境喜劇的主角那樣——或是人生電視頻道（Lifetime Television）的女性悲歌特輯——盯著驗孕紙上兩條紫線，然後再次確認包裝盒的說明。

不可能，不可能，不可能。兩個月前，避孕措施失敗了，但我和老公都知道失敗了，所以我立刻遵照指示，服用醫師開的事後避孕藥，接著月經就來了。量雖然不多，但依舊是月經，而且還來了兩次，所以不可能的，我四十三歲了，家裡有一個七歲大的孩子，還有一個剛會走路的小小孩，不可能懷孕。先是避孕措施失敗，接著事後避孕藥又失敗，這機率有多高？再說，四十三歲還不小心懷孕的可能性有多高？我可以想像，做了一次又一次人工受孕都失敗的朋友會問：「妳是怎麼辦到的？」我緊抓著浴室的大理石檯子，腦子裡模模糊糊想起家族裡的傳說。據說我的某對北美原住民切羅基人（Cherokee）加蘇格蘭人祖先，在不可思議的高齡生下孩子。我祖母說那叫迎來「改變人生的孩子」。現在回想起來，顯然老蚌生珠的事還蠻常發生，居然還有約定俗成的奇怪委婉說法。這樣說來，我真的可能懷孕了。但還是不太可能，也許驗孕棒有問題。我用發抖的手又抓了一根驗孕棒，然後尿下去。

我再度沖掉馬桶，靜候結果。這次我想到，那兩條紫線可能解釋了一些事。直到現在這一刻之前，我原本還相當確定，幾週前我突然提早進入更年期，也或者我瘋了，或是我要死了。前幾個星期，我的腦子突然不清楚起來，喪失思考能力，還對孩子和老公大呼小叫。不管發生什麼事都動怒——我的手機呢？為什麼老師不能多幫幫兒子？樓上的裝潢什麼時候才會結束？——平日就讓我心煩的事，現在更是讓我一觸即發。除此之外，我累到不行，在書桌前就睡著，有一次在雜貨店站著排隊時也睡著（「小姐，小姐？蛤？」），甚至還在彼拉提斯課伸展做到一半的時候，在核心床上睡著。我打電話給醫生，說自己怪怪的，預約看診，但要看什麼我也不知道。難道我要和醫生討論，我因為明顯存在的不明病因，情緒突然抓狂，全身不舒服？我靜觀其變，就算喝了咖啡，依舊腦袋昏沉，全身虛弱，而且咖啡味讓我想吐。

噢我的天啊，我想吐，而且是咖啡讓我想吐。這下子真相大白，事情都清楚了，我怎麼那麼笨沒想到。我低頭看驗孕結果，當然，當然是這樣：又是兩道紫線，這下可好。

冥冥之中，在機率非常不可能的情況下，我懷孕了。

——

我在婦產科候診室含著薑糖，默默等待，準備告訴醫生我和先生的決定。我看著一旁每本雜誌封面上微笑的幸福孕婦，發現自己——套用靈長類動物演化生物學家赫迪的術語來說，我是個受農業影響的兩足、無毛、半連續性發情的高階靈長類動物——身處一個獨特但毫不令人意外的情境。

史前時代的人類，如同許多今日依舊存在的搜食者與狩獵採集者，女人兩胎之間的間隔長達三、四至五年，畢竟如果飲食主要是植物、核果以及一丁點的肉，攝入的卡路里不高，隨之而來的是瘦弱身材。體脂肪低的女性較不常排卵與來月經，一年可能只有四次，再加上泌乳期與養育孩子的重擔，以及永遠都得尋找食物，人類祖先的生育率極低。等下一胎出生時，上一胎也四歲了，大到可以幫忙照顧新生兒。但如果把女性放到農場上，讓她們過著遠比採集靜態的生活，卡路里又較為充分，體脂肪率會快速上升——生育率也跟著上升。這種生活方式的特徵是每個月都來月經，而等人們不再下田，遠離農場，走進購物中心、千篇一律的大房子與公寓建築物時，這種生活形態並未改變，也就是說，每兩年就生一個孩子變成常態行為。那就是為什麼在美國每一個城市，你會看到媽咪推著的嬰兒車前放著一個小嬰兒，踏板上還站著一個兩歲大的孩子。隨著時間的推移，農業社會之前的原始生活方式，在我們眼中開始看起來很奇怪，我們人類永遠都在改變自己的遊戲規則。

我有一個剛學會走路的孩子，以及一個已經升上小學二年級的孩子，每當有人問起，為什麼兩個孩子差這麼多歲，我都會聳肩回答：「這是更新世冰河期生孩子的間隔。」而這下子，我肚裡又有一個大概十週大的寶寶，大概吧。醫生喊我進診間並關上門後，我再也無法維持鎮定的假象，我流淚解釋，驗孕棒出現兩次兩條線，我和另一半商量了一下——我已經這把年紀，二寶又還小，再加上我過去的身體情況等等，實在不適合生第三胎。婦產科醫師點頭安慰，給了我幾張他簽好名的表格，我離開診所，前往大醫院，填寫更多流產手術的表格，把資料交給默默同情我的行政人員。我感覺手腳發麻，行政人員露出一個小小的同情微笑，要我明天早上再過去。

我沒回家，也沒進辦公室，而是走進中央公園，坐在湖邊的一個樹下小涼亭。那天是平日早上，陽光燦爛，空氣涼爽但並不寒冷，四下無人。我看著幾隻烏龜在布滿藻類的混濁湖水裡游來游去，想著當母親這回事，心中千頭萬緒。我想到慈愛、溫柔敦厚、寵愛孩子的媽咪，也想到拉克研究的母鳥——順應生活環境，冷靜做策略思考，客觀計算生幾顆蛋最好。我想著再生一個要付出的代價，想著每個孩子分到的母愛會減少——不管是在史前時代還是現在，不管是哪一種生物，具備生育能力的雌性都得做出這種艱難的選擇。要同時餵養兩個雙胞胎，還是養一個就好？有時資源就那麼多，一個母親可以給的就是那樣而已。要不要把這個嬰兒送到孩子可能死亡的孤兒院，好讓自己能繼續工作，養大其他已經脫離危險嬰兒期的孩子？也或者該留下他，想辦法讓他長大，但拖累其他孩子？掠食者在追我的時候，我是否該丟下孩子，讓自己有更大的生存機會？如果我是一隻年輕袋鼠，以後還有再懷孕的機會，我願意賭以後生存環境會更好——等下次懷孕的時候，食物會比較充足，氣候比較溫和，掠食者也比較少等等。

研究母性的社會生物學家赫迪告訴我們，做母親會碰上的一切，都和取捨與選擇有關。現代人和早期的女性人類祖先一樣，也和世界各地的動物一樣，我們會試圖取得平衡，讓已經出生的孩子和未來再生的孩子，可以享受到同樣的資源，同時也得讓自己能夠活下去，不然每個人都會死，或是過得很辛苦。赫迪說，不論是有錢還是沒錢，「女人一直都在生存與生孩子之間做取捨，表面上兩者看起來很類似。」我的困境是個老問題，一點都不特別，但我依舊覺得心力交瘁。

我待在公園湖邊，一待幾小時。天快黑的時候，我回家和丈夫長談。我在醫生的答錄機留言，不久後醫生就回電。我告訴他，隔天早上我不做手術了。他問是否要重新安排時間，我說不用，我們不做了。幾個小時後，我把兒子送上床，自己也和老公躺進床裡，才發現床是這麼軟，這麼舒服。我很睏，但心滿意足，心裡終於平靜下來。我抓著老公的手要他抱著我，我說：「我們很幸運。」老公說：「沒錯。」

當嬰兒或小孩永遠是件相當危險的事。不論是在史前時代、信史時代，甚至是今

天，嬰兒與孩童階段一直是人的一生中最危險的階段——胚胎期又更危險。即便是在工業化的美國，即使這裡有各式各樣的產前照顧，仍有超過一半的孕婦無法順利生下孩子。一九八八年一份經常被引用的研究發現，有就醫記錄的孕婦中，三一%最後流產。如果再算進沒有記錄的懷孕，許多評估數字說超過一半的懷孕「自發性終結」。

但當然，如果是在美國，以及其他許多已開發國家，孩子一旦出生，存活下來的機率就非常高。在美國出生的嬰兒，一千個之中有超過九百九十四個能活過嬰兒期，但全球各地一天就會有一百萬個嬰兒死亡——他們大多死於早產併發症、疾病與營養不良。在距今不遠的年代，嬰兒與孩童的死亡率極高，史前時代更是高到驚人。今日許多傳統部落的嬰幼兒死亡率依舊居高不下，例如在「尚未受到現代文化影響」的狩獵採集部落，四三%的孩子活不過十五歲。學者赫迪估計，昆申女人死時無子的機率高達一半——而且不是因為她們沒生孩子，昆申人平均生下三．五個孩子，其中妮莎（Nisa）是典型案例。人類學家馬喬莉．休斯塔克（Marjorie Shostak）在一九七〇年代深入訪談昆申女性妮莎：妮莎曾二度流產，生過四個孩子，其中兩個活不過青春期，另外兩個活不到成年。

如果孩子隨時可能夭折，做媽的人怎能不心驚肉跳？現代人忘記了，不管是過去或現在，當孩子是一件危險的事，以及當媽有多令人焦慮。但即使我活在今日，我也開始感到兒童的生命其實很脆弱。我當媽的朋友還有我自己，整天接送孩子、忙東忙西、脾氣暴躁，永遠不可能忘掉為人母有多令人焦慮。

我開始想，當女人小心翼翼盯著遊樂場，看著孩子在玩耍中漸漸長大，以及我們平日在女孩之夜釋放壓力時，在我們內心深處，其實知道人類承受著集體災禍：我們失去孩子的機率，永遠和保住他們一樣高。對當媽的人來說，大家除了都會抱孩子、餵孩子，埋葬自己的嬰兒，其實也是古往今來的母親共同的經歷。上一秒我們還在孩子膝蓋擦破皮時安慰他們，下一秒我們也很可能在孩子死亡的時候，安慰自己與他人。我在上東區生活數年，這裡已經看似是全球最安全的地方，但我平日依舊和其他女人一樣，承受著各式壓力，面臨各種當媽的挑戰，因此我認為，人類天生害怕失去孩子的焦慮絕對一直都在。某種程度上來說，我們所做的每一個抉擇，不都來自那些最深層的焦慮？我們難道不是永遠都和甘蒂絲一樣、永遠憂心忡忡，就算自己沒發現？

演化心理學家曾經研究「喪子之痛」對母親以及整個人類族群造成的影響：

在人類的演化過程中，孩子的死亡扮演著重要角色。在人類所有的發展階段，以及在現代之前的信史時代，兒童期一向是死亡率最高的時期。相較於其他演化壓力，例如在成人期求生存，或是必須找到配偶生兒育女；讓血脈無法一脈相承的事件，最可能發生在兒童期。兒童夭折帶來的巨大潛在演化壓力，按理說會對人類的心理適應造成極大影響。然而儘管如此，兒童死亡或許是人類演化心理學最不常研究的影響因子（Volk and Atkinson, 2008）。

在曼哈頓這樣的城市，在我研究的上流社會部落，悲劇會給人雙重打擊，因為伴隨著悲劇而來的是，你會發現儘管自己已是得天獨厚的天之驕子，而且已經盡了一切努力，人生如果要發生什麼事，你依舊躲不過。你健身，背下小兒科醫師的電話號碼，房子保了各種可能的險，而且一切打理得好好的——甚至還請了時薪兩百美元、確保一切井然有序的專業管家，然而災禍要來就是會來。只要留心一下，幾乎每一個我認識的媽咪，或是她們的姐妹或最好的朋友，都曾經心碎。有人懷孕兩週流產，有人懷孕十二週。就算到了三十九週，臍帶一繞頸，寶寶依舊說走就走。有人的保姆晚上睡覺翻身壓到寶寶，新生兒窒息而死。一個兩歲孩子在遊樂場上跌倒——只是輕輕摔了一下，沒什麼，似乎連頭都沒撞到——幾天後就死於腦震盪。一個剛學會走路的孩子摔出窗外，死在馬路上，讓每個人聞之鼻酸。還有一歲大的小孩，到紐約最好的醫院動簡單小手術，結果再也沒回家。三個小女孩的性命被大火奪走，一燒什麼都沒剩下。這裡，就在這裡，在我們的世界，在上東區，人人覺得這裡很安全，事事順遂，直到災難打醒你。

這次我懷孕一直很不舒服，孕吐比前兩胎嚴重，但沒人發現任何異狀。我每天都在吐，不過我懷大寶、二寶的時候也一樣。我每天早上起來，第一件事就是跑去吐，然後刷牙，帶兒子去學校。我會在學校外和其他媽媽講話講到一半就開始吐，接電話也在吐，還吐在計程車上的塑膠袋。我以為孕吐代表肚裡的寶寶很健康，因為大部分的婦產科醫師都是這麼說的，但還是很不舒服，我每天病懨懨的，一下就累了，也對二寶感到歉疚，因為無法好好陪他玩。我會躺在他房間的地板上告訴他：「我們來假裝媽咪是漲起來的泡泡怪，你當小男孩。」接著兒子會拿出自己所有的玩具，在我身旁

玩。我懷孕一段時間後，兒子會輕拍我的乳房和肚子。有一天他一邊吸奶嘴，一邊笑著說：「好好玩。」

我的體重微幅下降，但我懷二寶的時候也是這樣，而且老三發育良好，通過所有的懷孕與基因篩檢，羊膜穿刺也都沒問題。發現這胎是女孩時，全家人高興到呆掉了——不管是哪個神負責掌管這種事，我們都想說：**我們沒生過女兒！都是兒子！**——老公原本不是很想在五十多歲的時候，又要再經歷一次養育新生兒的過程，這下子他改變心意了，會突然興奮地說：「我們又要有一個小baby了！」

從某方面來說，老三是個負擔。她會占據家裡的空間，會偷走哥哥的嬰兒床，而且也需要私立中小學與大學的學費。此外，我們還得替她裝修房子，還要付四、五年全職保姆的薪水。林林總總的花費，讓我直到最後一刻都覺得不能再生一個。但決定要生之後，我們全家興奮地幫她規劃起未來。我們開始做各式各樣的準備，晚上安然入眠。我決定要讓老三跟我姓，先前我希望大寶和二寶跟我姓的時候，老公堅決不肯，這次則毫無異議。我沒告訴老公，但我已經決定女兒要叫達芙妮了。這孩子這麼想出生，我怎能不答應？怎能不給她一個名字？

人們想到紐約市的時候，不會想到大自然，不過這裡有很多自然景觀。我家的街區有很多樹木，而且中央公園綠葉成蔭的入口就在不遠處。在夏天的一大早，鳥兒不會歌唱，而是發出淒厲的叫聲。我們家就連出電梯走到大廳的時候，都能聽到那種叫聲。在那個濕氣很重的一天，在老公帶我去看婦產科醫生時，也是那個聲音。前一天下午，我打電話給醫生，告訴他我好像在出血。我穿著黑色內褲，所以看不太清楚，墊了張面紙後，有一點微微的粉紅，不是鮮紅色，應該沒事，對吧？醫生用嚴厲的口氣要我躺下——我聽得出來，那種語氣的意思是「完全」臥床，而不是稍微躺一下，然後又爬起來給孩子唸個故事，煮個晚餐——醫生要我喝點水，每隔一段時間就打電話回報。我打電話給老公，老公說：「妳懷孕的時候會出血，妳每一胎都這樣，那是妳的體質。」我嘆了口氣，覺得他說得對。我告訴他，醫生的態度很嚴肅，但不會有事的。保姆同意今天待久一點之後，老公就去應酬了。我告訴保姆：「應該沒什麼大礙。」

我遵照指示，稍晚又打給婦產科醫師。醫生要我再多喝一點水，而且絕對不能動，明天一早就到診所報到。

門僮打開大廳的門，鳥兒的叫聲震耳欲聾，一群藍鳥發出緊急、不似鳥類的尖叫聲。我和老公先是走進遮雨棚，接著又走向在雨裡等著的黑色轎車。老公一向不是暴躁的人，但今天他罵：「沒傘嗎？」下雨的時候，我們的門僮一般會撐傘護送住戶上車，讓人享受無縫接軌的舒適。不過今天雨不是很大，還只是毛毛細雨，門僮聳肩，笑了一下，我也是。我鑽進車子後座，躺在老公腿上。老公罵：「這群人不曉得在搞什麼。」車子開過中央公園時，老公望向窗外——雨裡的公園安靜、孤寂，灰濛濛一片，就像我喜歡的那樣，空無一人、安詳、幽靜，不像晴朗的週末，鬧哄哄的都是人。老公搖頭：「門僮應該把該死的傘拿出來，我的西裝都濕了。」

「你看到什麼？」我問醫生。我雙腳張開，踩在罩著米妮毛巾的婦產科腳蹬上，一點都不緊張。先前我也曾經因為可能流產，被要求臥床休息——最近一次是一年半左右以前，不過最後都沒事。過去幾天，我認識的最鎮定的媽媽莉莉，寫了好幾封很

長的電子郵件安慰我，告訴我不會有事的，還在我哭的時候，跟我講了好幾個小時的電話。我臥床休息，還請了居家照護員過來，照護員做數獨，還幫我做波隆那肉醬管麵。我看了《橘郡貴婦的真實生活》（*The Real Housewives of Orange County*），詳細告訴莉莉和甘蒂絲每一集的劇情。她們認真聽我講，跟著大笑，順便幫我加油打氣。我先前也碰過各種危機，但最後都化險為夷：我懷第一胎的時候，曾流出鮮紅色的血，醫生說流產機率是五十／五十；後來生產時又生了很久，護士看著大寶起起伏伏的生命徵象，對醫生大喊：「嬰兒情況不穩定，我覺得不妙。」此外，當初我努力和老公一起建立人生時，有他前妻和女兒的問題。但似乎永遠演不完的連續劇情節，最後都完美解決了。

「妳不會想知道的。」婦產科醫生拉著蓋住我下半身的粉紅色床單，嘆了一口氣，坐回有輪子的辦公椅，讓我好好看著他。我把自己撐起來要跟他講話，但他非常輕柔地說：「躺下。」

躺著聽壞消息是一種很奇怪的姿勢，除非說話的人靠在你上方，或是你閉上眼睛，否則你是在盯著天花板聽消息。接著，依據消息的嚴重程度，你可能會經歷我以前還以為只是被用爛的形容方式，或是誇張的戲劇性說法——你會靈魂出竅，從上方看著自己的身體，只聽見有個聲音說著「羊膜突起」、「子宮頸閉鎖不全」、「她的腳有點卡在妳的子宮頸」……然後我想著：我怎麼會在半空中，下方的那個女人為什麼看起來那麼難過？她似乎在哭——整張臉抽搐，紅通通地擠在一起，恐怖極了。

老公抓住我的手時，我的靈魂突然又回到身體，那種感覺很痛，就像撞到手肘一樣，只不過整個身體都是手肘。我頭暈目眩，渾身無力，嘶啞地擠出不可置信的一句話：「什麼？」現在我看得到婦產科醫生的臉了。他故作鎮定地簡單告訴我：「這種情形通常結果不會太好。」醫生看起來蒼白又疲憊，我兩隻手擰在一起，像是在找些什麼，又像是在推開什麼，我要自己停下。

「所以你覺得這個孩子保不住？」我幾乎平靜下來。所以最糟就是那樣？好。還是他要告訴我更糟的消息？大概沒了。先前我和老公不確定想不想要這個孩子，在最後一刻決定還是要生，但現在我們將要失去她。她會活下來的，對嗎？不會有事的。醫生說要把子宮頸環紮起來，縫個一兩針，讓子宮頸閉合，我說我聽過那種手術，我以前幫女性雜誌寫過一篇相關報導，受訪者被頭下腳上吊起來幾週，然後就沒事了。

醫生聽完我不知道在嘟囔什麼，點了個頭，重複一遍，現在就送我去大醫院。

「什麼，現在？」醫生點頭。先生握了一下我的手，問要待多久。「嗯……」現在回想起來，醫生沒有馬上回答。他緩緩地字斟句酌：「要看情況，可能要蠻久的，也可能不會。」醫生解釋他有個同行專門看高風險孕婦，那個醫生叫什麼什麼名字，可以看看他怎麼說。我接話：噢，我知道，我喜歡那個醫生，我的羊膜穿刺三次都是他做的，他很厲害。所以去，現在就去？我又問了一遍同樣的問題，我知道自己剛才問過了，但不記得答案。是的，現在就去。醫生的臉上沒有笑容。我起身準備轉診，醫生說他喜歡我的鞋，我說那是平底鞋，適合下雨天，女生很喜歡這種鞋。

我入院後，問一個住院醫師，為什麼不把我的腳抬起來？為什麼我只是平躺著？不是要讓胎兒待在子宮裡嗎？醫生微笑。「妳覺得在接下來的十八週或二十週，都要過著腳吊起來的日子，真的是個好點子嗎？別傻了。」我瞪大了眼看著她，她對著我微笑，好像我們兩人有什麼小祕密一樣，好像我們都心知肚明些什麼。我糊裡糊塗點

頭，隱隱約約覺得自己大概是在同意一場悲劇，但依舊順從直覺，順著別人的話接。有那麼一瞬間，我懂這個住院醫師在說什麼，迷糊接受，然後又弄不清狀況了。

她究竟以為我以為什麼？我還以為會有補救流產風險的措施，我等著和那位幫我做了每一次的羊膜穿刺、精通高風險案例的婦產科醫生談。那個醫生非常年輕，長得很可愛，人很聰明，所有的媽媽和孕婦，都在背後偷偷用影集人物叫他「天才小醫生」（Doogie Howser）。他什麼都能搞定，這次也能的。

晚一點要照音波，還要等好幾個小時，所以老公可以先回家。我列出一張清單，請他回家拿，下午再帶過來，包括梳妝用品、一疊探討女性侵略性的學術報告、一本我已經讀過四、五遍的亨利．詹姆斯（Henry James）小說，還有我想要一張兒子的照片。看著兒子的臉，會像是反覆閱讀詹姆斯的小說——我知道結局，而且雖然過程並不容易，有時很痛苦，但一遍又一遍用眼睛和用心看著熟悉的輪廓時，我感到被撫慰。某個女人給了我一些顏色恐怖的亮綠色果凍，我謝謝她，請她拿走，她會心一笑後離開。又來了一個醫生，問我感覺如何，還有我是做什麼的。我說我是作家和研究人員時，她說：「拜託不要研究這件事，妳會把自己逼瘋。」我保證自己不研究，然後開始哭，醫生說了一些不知道什麼，大概是在說大家都一樣。她指了指我貼在床邊兩個兒子的照片——大寶在大笑，弟弟正在放聲尖叫，大概是哥哥在沒拍到時偷捏他，或是只是因為……——我告訴醫生，我已經有兩個孩子，如果沒有他們，我大概無法承受這次的打擊，所以已經很好了，事情本來可能更糟。醫生看著我，歪著頭靜靜地說：「可能更糟，但也可能更好。」她說得沒錯。

「胎兒在這，這是心跳。」超音波技師迴避我的眼神，話說完就逃了，連自己的板子和眼鏡都忘了帶走。天才小醫生走進來，看著牆上的超音波投影，開口：「我就直說了。」我美麗寶寶的輪廓，在她顆粒的灰色陰影世界漂浮，她存在於那個尚不知人世的神祕世界，沉穩的心跳聲大聲播放，讓人聽了心安，似乎永遠不會停。

「好。」我雀躍地說。沒事的。

醫生開始解說，速度飛快，好像想要一口氣說完。我什麼都沒聽進去，只知道他嘴巴開開合合，好一陣子才回過神。達芙妮的命運已經決定，沒有別的辦法。的確可以採取極端手法，但就算硬救回來，孩子也會瘦到不行，渾身是病，而母親也會很危險，感染，高血壓，死亡。達芙妮正在我體內一點一點死去，還太早，她不夠健康，無法在外頭的世界存活，就算是全世界最頂尖的新生兒加護病房也回天乏術。醫生一直解說，聲音低沉，語速飛快，那個聲音明明說著不理性、瘋狂、不可能發生的事，聽起來卻大勢已定，無法挽回。不會有寶寶了，上週她在超音波裡不是在向妳揮手。妳不想要她，然後妳改變心意，但來不及了。

我說：「停！」我想叫醫生停下來，我想說：「停！等一下，如果我們怎麼怎麼做呢？」我想叫他換一個場景，他拿錯劇本了，我要他說達芙妮會沒事，一切都很好，事情可以挽回。但顯然我不是在說話，而是在尖叫，因為旁邊另一位醫生非常輕柔地說：「噢，天啊。」然後把臉埋到手裡。她打開燈，整個房間太亮了，都是消毒水的味道，讓人無處可逃。再也沒有美麗的顆粒投影，沒有抽象的寶寶畫面可以看，可以安心，可以追蹤。

醫生說，有時女人會希望引產，把無法存活的寶寶生出來，有的則會選擇讓胎兒

「自然排出」……我打斷他：「她們瘋了嗎？那些女人是誰？」我不是真的在問是誰做出那種選擇，但天才小醫生似乎以為我真的想知道。他說：「有些女人結束這種事的時候，她們想要完成整個懷孕階段，並且看到……」

我再次打斷他，厲聲問：「我女兒有多大？」醫生說：「我們無法精確得知……」但我必須知道，我尖叫：「她有多大？告訴我她多重！」醫生說出估計的數字，我又開始哭，但知道答案後，該怎麼決定很明顯了。對我來說，女兒已經是一個成型的人類，我不能等著她慢慢萎縮成什麼都沒有，我的孩子不能那樣消逝在人間，慢慢說再見。我注意到老公閉著眼睛，在我瞪大眼看著他的很長一段時間，他眼睛一直沒張開。達芙妮最近一直在踢，我低頭看著肚子，這才發現以一個才剛進入懷孕第六個月的人來說，我的肚子看起來大到離譜。由於我很瘦，因為這是第三胎，我很早就肚子整個大起來，看起來懷孕很久了。在那個瞬間，巨大的空虛感吞噬我，原本有寶寶的肚子，一切的計劃，剛裝潢好的嬰兒房，嬰兒，通通都沒了。

醫生說，如果是自然流產，可能會花幾天時間。現在我知道書上或人們說做「困獸之鬥」是什麼意思了。我被困住了，蹲在愈縮愈小的空間裡，試著要別人放了我，但我發不出聲音——只發得出氣音和喘息聲，我恨自己的無能為力。

天才小醫生說：「她沒受苦，妳沒做錯事。」我問他：「你怎麼知道？你怎麼知道不是我的錯？」醫生縮了一下，閉上眼睛，然後緩緩睜開：「因為我知道，我就是知道這不是妳的錯。」他說那句話的時候，話裡似乎傳達出什麼——突然之間，他不是以醫生的身分在說話，而是一個普通人在對另一個普通人喊話，試著柔聲把對方勸回這個世界。

手術前夕，我堅持老公應該回家陪兒子，自己獨自一人留在醫院。我因為躺在醫院待產區，睡覺時一直聽到嬰兒在哭，一次又一次驚醒，發現自己人在先前生下大寶、二寶的醫院後，還以為是小女兒在附近哭，想著得去照顧她。

我的手術由天才小醫生負責。隔天早上，他有點靦腆地告訴我，手術安排在下午三點，抱歉得等那麼久。他看到我在讀的書，我們聊了一會亨利．詹姆斯，然後我開始等，一開始只有自己一個人，接著先生來了，我們聊天，什麼都沒做。我吃不下，也不想吃。達芙妮踢得厲害，一直動來動去，從我穿的醫院袍子，就可以看到她在動。醫生說，那是因為羊水正在減少。對我來說，那句話聽起來像是達芙妮正在窒息而死。我在心中一直大聲告訴她，媽媽很抱歉，不會太久的。我轉頭告訴先生：「我們也有過好時光。」有時不好的事情發生時，我會對他講那句話。先生微笑以對。

人們把我推進手術室，我還以為自己撐得住。一切的一切，真的像電視上演的那樣，你眼前的東西，就是攝影機從病患的鏡頭角度拍的那樣。我本來很鎮定，直到進了手術室。手術室鴉雀無聲，氣氛肅穆。刺眼白光下，每個人都穿著綠色袍子、口罩、手術帽。我從推床被移到手術台上——那種檯子叫手術台嗎？——達芙妮動個不停，一直在踢。雖然醫院已經告訴我，那是因為幾乎所有的羊水都沒了，孩子無法呼吸，但我雖然知道原因，還是過於傷心，哀求著請快一點，我受不了了，她一直在踢。我看到一個護士哭了——她帶著粉紅色口罩——天才小醫生握住我的手，對我講話。他問我，有沒有什麼手術前他該知道的驚喜，例如我身上有沒有哪裡有穿洞。我笑了，然後我們聊起病人告訴過他哪些驚喜。醫生一直握著我的手，我一度覺得尷尬，但也因此感到安心，他幾乎就像是一個約會對象，只不過他即將替妳正在死去的寶寶動手術，因為她一點活下去的可能都沒有，而妳不能坐等身體自己排出她。我問麻醉師要給我打什麼，她回答：「讓妳睡覺的東西。」天才小醫生翻了個白眼，告訴她：「這是一個不能隨便唬弄的病患。妳得說出清楚的藥名，以及明確劑量。」麻醉師說了——那是某種苯二氮平類藥物——我記得我告訴她，我要最大的劑量，要完完全全昏迷，但別讓我死於麻醉，還有要幫我縫好一點，我還有兩個孩子要養，不想死於某種愚蠢、完全可以避免的感染，然後我就意識不清了。

手術完成後，我的婦產科醫生在，先生也在，我們三個人聊了一下，接著天才小醫生走進來，大概是要看我恢復得如何。他打招呼，問我：「妳還記得手術過後，妳漸漸醒來的時候，我們說了什麼嗎？」我嚇了一跳，眼睛睜大，努力回想，但一點印象也沒有。我問：「是不能在我先生面前說的話嗎？」每個人都笑了，除了天才小醫生，然後他走出病房，我一直在想，那個時候我說了什麼。到底說了什麼？一直到今天，我都還在好奇答案；每當我想起自己失去達芙妮，我都在想，那天我從昏迷中醒過來時，究竟對天才小醫生講了什麼。那股揮之不去的焦慮，是一條連著我、醫生和達芙

妮的黑色臍帶。

先前醫院在和我討論發生了什麼事，以及無法挽回的每一件事時，每個醫生都用「妊娠期」、「胚胎」等中性不帶情感的詞彙，例如胚胎無法搶救，無法採取避免死產的步驟，沒有轉圜餘地，無法挽回，無法中止，胚胎無法存活。接著，在手術過後，社工人員進來，開始叫達芙妮「寶寶」。他們大概是故意突然轉換說法。先前他們關掉妳腦中的媽媽意識，讓妳可以接受手術；現在又再次點出妳的媽媽身分，讓妳的大腦接受孩子死了，被處理掉了，妳可以開始哀悼永永遠遠失去她。社工問我要不要辦葬禮，我說不要。天才小醫生已經問過我，他說如果不辦，達芙妮會被當成醫療廢棄物處理掉。他馬上加上一句：「當然她不是醫療廢棄物。」我說：「我想她是吧。」因為我們無法以任何方式捐出她的幹細胞或身體組織。社工又問，我想不想要一個紀念盒，裡面會放一頂嬰兒帽、死亡證明書，還有一個小手印和小腳印。我扮了個鬼臉，覺得也太可笑，太荒謬了。我要怎麼處理那個盒子？塞在衣櫥上方一個陰暗的角落？放在儲藏室？到底要擺在哪裡？我和社工聊我覺得孤單——有誰懷孕才六個月孩子就死了？你以為懷孕超過十二週，安全了，但誰知道呢？為什麼會發生這種事？社工人員告訴我，其實所有待在醫院這一區的女人，都在第二或第三孕期失去寶寶。整整一區的女人，太好了，我可真不孤單。

沒人告訴我，母親負責生，也負責死。小兒科醫生沒告訴我，《懷孕母親的美麗身材》與《新手媽媽！》等歡欣鼓舞的雜誌也沒告訴我。不過，等我回到人類學的世界，回到書架上以前就擺著的書，以及我在失去達芙妮幾個月後陸續購買的新書，當我試著了解人類的喪子之痛，我明白了一個真實存在的巨大祕密，這個祕密一直存在，不曾消失，有如亙古的真理。昆申人妮莎的喪子之痛，讓我理解自己的喪子之痛，而且我還發現一件事。這件事很明顯，但我從未想過：一個嬰兒或孩子死去時，世界停止轉動。你無法阻止，無法否認，世界真真實實停下腳步。然後慢慢的，過了幾週，幾個月，幾年，所有愛過那個嬰兒或孩子的人，所有曾經愛過任何嬰兒或孩子的人，他們有義務讓事情重來，讓世界重新轉動，因為接下來他們還有另一個義務，有更多工作要做：他們得想辦法活在壞事會發生的世界。他們得每天苦澀地活著，在不公平之中活著。他們得忍受極度的痛苦，內心被挖空，知道自己在世上毫無保障。你會出現瘋狂但可以理解的念頭，你覺得要把還活著的最小的孩子藏起來，你有不理

性的恐懼，怕那個孩子被車撞，或是掉進泳池，或是不知怎麼的就死去。時間一天天過去，一週週過去，我在想，女性承受這種遭遇多久了，她們親身體驗，然後遺忘，然後又想起？我知道這是女人的集體記憶。

莉莉三歲的女兒死亡時——快到令人措手不及，就因為一場感冒——所有愛她的人，所有愛孩子的人，所有聽說這件事的人，大家痛哭失聲，跌坐在地上。憂傷從莉莉傳到我們身上，一開始先是傳到她的姐妹淘那，再來又從我們身上傳到所有親近的友人身上，然後又傳到友人所有的朋友那裡，傳到曼哈頓每一個孩子在上托兒所的男男女女。我們帶自己的孩子上學，在走廊上、在咖啡廳、在電話上談這件事時，全都呆若木雞，神色痛苦，聲音沙啞，紅了眼眶。我們哭了又哭，到現在還在哭，就算只是朋友的朋友的朋友也一樣。不，怎麼會發生這種事？不可能的。到底發生什麼事？為什麼？她媽媽怎麼辦？

芙羅拉在三歲九個月大時離開人世。她有一頭金色秀髮，眼睛又大又藍，平日挑食，不喜歡別人碰她的頭。她喜歡煮東西，喜歡上學，喜歡芭蕾，她才正在展現自我。一天晚上，大約在她病倒的一星期前，她和姊姊到我們家，和我兩個兒子玩。我正在換衣服，準備和老公還有莉莉一起出門，一隻小手敲了我的門，門外是芙羅拉。她拿著一個包著白色包裝紙和金色蝴蝶結的禮物，害羞地說：「這個送妳。」她微笑看著地板，然後鼓起勇氣看著我。我蹲下去親她：「芙羅拉，謝謝妳。」她就為了送我禮物，走了好遠，穿越我們家長長的走廊，遠離母親、姊姊和其他孩子，以及溫暖、明亮、電視正在播放《魔法靈貓》（*The Cat in the Hat*）的房間。芙羅拉幫我拆禮物——拿出一條莉莉做的裙子——然後回到走廊上，自己一個人完成任務。我告訴莉莉這件事的時候，莉莉嗆到：「這孩子最近愈來愈勇敢，可以獨當一面了。」

芙羅拉在那裡，然後又消失了。心靈以片段的方式理解事物，最小的片段。不是「她走了」，而是她再也不會穿上那件有黃花的小毛衣，也不會再穿上那雙粉紅色雨靴。她在學校的小置物櫃，那個放著她粉紅色背包還有當週美勞作業的小格子，被清空了。我拿著她的公主雨傘，而她再也、再也拿不了。要多少時間才能將所有片段集結在一起？才能接受我們失去她了？才能接受她走了？

科學家曾經觀察，獅尾狒、黑猩猩與山地大猩猩的母親，全都會抱著死去嬰孩的屍體梳毛，而且牠們這麼做的時間，通常長到遺體變成乾屍。黑猩猩與獅尾狒媽媽會以不尋常的方式帶著孩子的屍體——用一隻手拿著，或是用嘴叼著——顯示就算牠們依舊愛撫著孩子，牠們知道牠們已經死亡。每次想到這個現象，我就覺得我能理解牠們的感受。我像一隻動物，帶著哄騙自己的希望、心碎與本能走在大街小巷。我猜莉莉也是一樣。我知道我們兩人失去的不能相比，一個是曾經認識與愛過近四年的小人兒，一個則是未曾謀面的寶寶。我很小心不拿兩個孩子來比較，但莉莉有時會說：「我覺得妳能了解，因為妳也發生過糟糕的事。」我要對所有的女人致上敬意，不過最重要的是敬莉莉與妮莎，敬這世上偏偏被挑出來、承受著不可承受之痛的許許多多人。

我花了相當長的一段時間，才真正接受自己的肚子已經空了。有一天，我把所有孕婦裝還有產後的衣服收起來——哺乳衣、哺乳胸罩、有好笑開口的柔軟餵乳上衣——把它們打包放進購物袋裡，然後放在舊衣回收箱，或是把東西交給附近大樓的門僮，門僮大概會再捐給認識的人或教堂。

我開始神智不清，永遠記不住鑰匙放在哪裡，回電子郵件一回就是四次，而且隨時暴怒。我對自己發脾氣，因為我皮包亂放，鞋子脫下後放進垃圾桶，就好像東西本來就該放在那裡。我對自己發脾氣，因為我把手機放進冰箱。我對醫生發脾氣，因為他聽不懂我得了阿滋海默症。還有什麼別的解釋？我記不住自己說過的話、做過的事、去過的地方、做過的承諾。我隨時全身發冷。我在大寶的房間裡，發現一張他畫的畫：他畫了兩個火柴人，一個有大肚子，肚子裡的小人兒該畫眼睛的地方被打上叉叉；另一個人則有一個盒子，盒子裡有線跑出來。我問：這是什麼？兒子回答：「這是寶寶死掉的時候。那是醫生還有他的機器。」兒子加上題字，一段話給達芙妮，一段話給芙羅拉。他寫給達芙妮的話是：很高興妳是我妹妹，雖然妳死掉了。寫給芙羅拉的是：我想念妳，可以的話請回來看我。

我的小家庭似乎陷入自己的悲傷，孤立於人世。丈夫不懂我怎麼會痛苦憤怒到這種程度——他怎麼會懂？——在我情況最糟的時候，我感覺他也是另一個世界的人，就好像他只不過是背景裡一個來來去去的人。我試著工作，以為寫作會帶來幫助，但我恍恍惚惚，心思不肯合作。我想不起來字怎麼寫——有些是很多人都不記得拼法的，例如朝生暮死的「蜉蝣」，但有些字像是「那」或「也」，我也記不起來。我打電話給甘蒂絲或擔任英文系教授的友人傑夫，請他們告訴我，我是要講哪個字，我想要表達什麼。他們努力帶我走出迷惘與痛苦，一個字一個字幫我。

有時候，家門外的世界似乎消失。我曾經關心或盡力去做的事——我工作，在全然陌生的世界替自己和兒子爭得一席之地，努力從格格不入到熟悉、到幾乎覺得新環境很正常——自從喪女之後，這些事現在對我來說荒謬、扭曲、不重要。做好了又如何？多出版一本書又怎樣？誰在乎我的孩子是否受邀參加生日會，或是別人不和他玩？為什麼我曾經如此在乎？我傷心又脆弱，但我現在清楚知道，我沒耐心陪曼哈頓媽咪玩那些勾心鬥角的小遊戲。如果有人不屑地看著我，或是對我的孩子說一些難聽話、做不好的事，我會給那個人好看，讓對方跟我一起下地獄，教教她們什麼才是人生中真正重要的事。要是女王蜂中的女王敢靠近我，我們走著瞧——聽說最近她在學校走廊上，揪住一個媽媽的領子，翻過來看牌子，就因為對方不肯告訴她那件大衣是在哪裡買的，接著又嘲笑那個媽媽，說她穿著「廉價品」。非常幸運的，她最近都沒來惹我，不過真正需要慶幸的人是她。

不過同一時間，別的事也不一樣了。每一天，真的是每一天，都會有大兒子學校和小兒子玩伴的媽媽跑來安慰我。「每次羊膜穿刺的結果都一樣，但我們依舊心懷希望……所以當我……妳知道的，那時我已經懷孕很多個月了。」有一天，一個有錢到不行、我一直覺得冷漠又虛榮的女人，在喝咖啡的時候告訴我她的私事。她看著我說：「我知道那是什麼感覺，真的很替妳感到難過。」那天我很痛苦又很累，但她依舊堅持拉我出去走一走，雖然我們根本沒什麼交情。我在她面前開始哭，哭達芙妮，也哭她失去的寶寶。然後她說：「我會幫妳。」她是真心說那句話，她真的開始幫我。她也有過相同的經歷，她懂，她們全都懂。出乎意料，好多我原本覺得不友善、活在自己世界的膚淺媽媽，她們讓我看到她們真正的一面，也讓我看到母親的天性。

她們一個接著一個，一天接著一天聯絡我，帶我出去吃飯，送花給我，邀我去她們的避暑豪宅。她們寄信給我，只為了打聲招呼。她們告訴我自己的故事。「我懷孕二十二週時失去孩子，是雙胞胎，一個死產，一個多活了兩星期，但還是救不回來。我只是想告訴妳我懂，我真的懂。」兒子學校的另一個媽媽告訴我，她在十九週時流產，差點死於失血過多。她被輸了一袋又一袋的血，恍惚之中看見自己其他孩子。我們兩人穿著運動服，在中央公園的騎馬道上來回健走，她聽我講話，我聽她講話，不知道在當時的公園、周圍的建築物，以及再延伸出去的城市、國家、世界同心圓裡，有多少其他女人正在想著同樣的喪子之痛。我們兩人走到角落，看到我家二寶口中那棵「歪歪的樹」。那棵樹很適合小人兒，如果有慈愛的臂膀在後頭撐著，小孩可以坐在上頭。

女人們告訴我，在預產期前幾週或前一天失去孩子的故事。一個我原本覺得冷酷到完全不近人情的女人告訴我，一天她走進女兒房間，結果發現快六個月大的孩子死了，是嬰兒猝死症。另一個人告訴我，她的孩子在八個月大時死了，也是顯然沒有任何原因。她說這個故事的時候輕描淡寫，就好像她不重要，我喪女這件事才重要。我伸手摸她的肩膀，兩個人站在人行道上，她給了我一個遺憾的微笑，告訴我：「妳永遠都忘不了，但事情有一天會過去。」

我感到羞愧、疑惑，但也鬆了一口氣。我發現自己從前太快否定許多媽媽。先前我被她們傷害，甚至害怕她們，因為她們冷漠，只跟自己的小圈圈來往。好幾個原本我覺得很討厭的女人，讓我不再有理由不喜歡她們。她們讓我家大寶到她們家過夜，或是帶他去看電影，還送晚餐過來。人們邀請我和先生週末到她們家，我們都會去，然後吃飯，聊天，在泳池裡和兩家的孩子一起游泳。我們夫妻稱這種出遊為「喪子之旅」。我原本以為，失去孩子會加深我與其他女人之間的鴻溝，但卻相反，因為她們也曾經失去。我和其他失去孩子的媽咪開玩笑，我們應該做一件T恤，上頭寫著：「我孕吐了六個月……結果只拿到這件爛T恤。」我的情況有時還好，有時不太好，有時非常糟，然而其他媽媽，那些曾經揮舞著柏金包在人行道撞人，那些曾經讓我覺得我和兒子是下等人的女人，沒有放棄我。曾經欺負我、騷擾我的人，到我家喝酒。她們坐下聽我說話，陪伴我，以不可思議的程度包容我的痛苦與憤怒，關心我。有的人關心了幾週，有的人關心了幾個月，幾年。

過去十年，改變整個人類學、讓一切轉向的大發現，是人類在演化過程中，其實是相互合作的養育者。在核心小家庭帶大孩子其實是新鮮事，對人類的家庭生活來說，獨立養育孩子的情況只不過是歷史上一個小點。女人從未在孤單一人、隔絕於世的情況下自己養孩子，或是只跟另一個人一起養，也就是孩子的爸。一個人養孩子是非常吃力、非常不尋常的事，不是「該有的」一般狀態。一直以來，我們都仰賴其他女性——靠親朋好友一起帶大自己的孩子。大部分的人和昆申人妮莎一樣——活在大大小小的親族網絡裡，彼此守望相助，彼此照顧，帶大彼此的孩子。今日加勒比海的

某些地方，依舊看得到這種情形，小鎮上所有大人都可以叫任何小孩聽話，小孩也真的會聽。夏威夷的大人小孩都倚賴乾爹乾媽制度（hanai）——被叫阿姨、叔叔的人會因為這種名義上的稱謂，真心愛護沒有血緣關係的孩子並幫忙教育他們。今日大部分的人類學家都同意，給了人類最大支撐力量的東西不是火，不是狩獵，也不是異性戀配偶；最重要的是，我們的人類女祖先會幫其他女性抱孩子、照顧孩子，甚至幫忙餵奶。智人的數量能一直增加，主要是因為這種互相幫忙的關係，其他早期的人族與前人族則灰飛煙滅。這種彼此相互依賴、彼此照顧的歷史，或許解釋了為什麼女性能和其他女性建立起深厚的友誼。我們靠著彼此一起活下去，一起照顧孩子，一起撐下去。由於人際關係的緣故，妳的孩子死了，我也會難過，因為那個男孩或女孩也是我的一小部分。

那一切我全都知道，我念書、做研究的時候，就知道「合作養育」與「社群照顧」理論。我思考過這些理論，還寫過文章，但我現在真實感受到這件事。

對沒有相關經驗的母親來說，我發生的事一定很嚇人。若是親身走過的人，則一定不願再去回想。但所有人卻不怕觸及這個主題，一直在關心我，未曾停止。曼哈頓有孩子的女人經常出現不可思議的競爭——她們靠衣服爭奇鬥豔，還在學校電梯裡掂他人斤兩。然而在我失去達芙妮後，我發現她們也以驚人的程度彼此合作，相互支持，靠著彼此照顧孩子提供支援網。上東區有孩子的女人如同小鎮母親，如同歷史上的母親，她們形成緊密的人際網絡，提供彼此情感上的支持並幫忙照顧孩子。她們沒有放棄我，因為她們放不下。

Chapter 8

Summary Fieldnotes

田野筆記總結

我在上東區做了約六年的田野調查，在占地兩百五十英畝左右的地區、一百五十多個帶著年幼孩子的母親之中，完成融入部族的過程，成為當地人。

一開始，沒有任何跡象顯示我能完成任務。對地方上的高階靈長類動物而言，我新來乍到，性成熟後才從另一個相隔遙遠、文化迥異的族群遷徙過來，而且多年長居曼哈頓島南方一角，接受當地普遍的做法與觀念，後來才搬到北方棲息地，努力在超級富裕的小圈子裡，替自己和孩子尋找機會。我並未信奉自己研究的部落的宗教，最初以格格不入的方式裝飾自己與齋戒沐浴，直到後來習得地方習俗才改變，但依舊時常拒絕遵從地方上的做法；我的季節性自願遷徙模式十分不同於周遭人士，而且相較之下資源十分有限。不意外的是，如同世界上許多新加入團體的人類與雌性靈長類動物，我在抵達新環境後的好幾個月，地位低下，被團體中位階高的成員欺負，甚至是騷擾（位階高的女人，地位通常來自父親或先生）。有時我覺得被踩在腳下的日子永遠不會結束。

然而靈長類動物學家薩波斯基及其他研究者，曾在非人類的靈長類動物之中，做過多年田野調查。他們表示，雖然地位低下會帶來壓力，來自繼承的高階地位則帶來各式各樣的好處；但靈長類動物之間的位階，其實比眾多田野科學家原先的假設彈性，並非永遠固定不變。舉例來說，低階狒狒可以透過聰明的合縱連橫，例如藉由梳毛、在發生衝突時結盟、一起分享食物、一起照顧幼兒，最後替自己及後代創造出舒服的生活環境，不論是公狒狒或母狒狒都一樣。薩波斯基及其他研究者進一步表示，在人類以外的靈長類動物族群內，位階在中間的動物，壓力反而可能少於最高階者，因為高處不勝寒，如果不必時時提防被人推翻、不必怕有人嫉妒，日子可能更好過。

雖然人類是否適用相關理論，目前尚不清楚，但我花了數月工夫努力結盟後，最終滿意自己的位階，尋得盟友。在當地人之中生活數年之後，我終於認同部族，做到靈長類動物最重要的事：讓後代好好長大。我能改善命運的部分原因，在於我做了社交「努力」——我努力讓自己和兒子打進各種團體；我頑強（還有可憐地）堅持和他人結盟，假裝不知道自己被排擠，假裝一點都不丟臉；此外，我還充分利用位階最高的男性對我的短暫關注。然而，造成我的位階起了最大變化的事件，大概是我的高齡流產竟在不經意之間引發同伴的同情心。流產事件大概喚起了那群演化史上同屬共同哺育者的深層慈悲心、關懷心與同理心。她們的祖先平日替親朋好友照顧孩子，雖然今日的生態環境已然改變，女性開始獨自照顧孩子；但套用人類學家史蒂夫・約瑟芬（Steve Josephson）的話來說，顯然在共同養育、社群照顧與關心孩子等層面，女性「內建的軟體依舊存在」。

人類學家馬凌諾斯基曾和新幾內亞群島的特羅布里恩人一起生活，書寫正式嚴謹的民族誌研究《西太平洋上的航海者》（*Argonauts of the Western Pacific*, 1917），並另外就那段經歷寫下《一本嚴格意義上的日記》（*A Diary in the Strict Sense of the Term*），說出檯面下的心底話。當時社會「科學」正在興起，相關研究者努力建立不同於傳教士、商

人與殖民官員的形象。馬凌諾斯基也以研究的名義，搬到遙遠的群島。他時常形容自己「處於迷失狀態」。這位傑出的人類學之父不時感到憤怒，因為負責帶路的當地人有時在他給了菸草之後，就忽視自己的「職責」，消失無蹤，收了禮物卻沒介紹自己的文化。馬凌諾斯基說自己在適應令人困惑的環境時，不時為自己的人生與研究感到不安，甚至情緒上、精神上都經歷非常大的困擾——他住在小茅屋裡，被炙熱陽光的熱氣包圍，周圍的人說著陌生語言，過著完全不一樣的生活。他時常想像自己得到致命疾病，感到焦慮、寂寞，性慾無法排解。

我在上東區生活時，經常想起馬凌諾斯基，我的博士論文就是寫他。我想起他犀利地描寫他無法掌控、但基本上其實是自找的困境。我想起他在書中有時感覺多麼的不專業、不科學、怨天尤人、怪東怪西。他在寫私人日記時，膚淺而充滿偏見，和《西太平洋上的航海者》中冷靜、保持距離、有條有理分析的專業語調全然不同。馬凌諾斯基和其他幾人，可說是「發明」了人類學。我一直熱愛這個學科，這個學科融合了說故事以及對人類的真知灼見。在學者筆下，感到不安的外來者經歷，以及對一個文化的整體描述，被鮮明地並排在一起。我不是學術定義上的人類學學者——我並未主修人類學，雖然我曾做過相關研究、寫過論文，也曾為了文化研究的課程，向學生介紹人類學的歷史；而我也不曾像個靈長類動物學者那樣，到遠方觀察與記錄黑猩猩、人猿、狒狒、猴子的行為。對我來說，人類學與靈長類動物學單純是一門學科，是一種看事情的方式。我研究、愛上它們，然後運用於自己適應異文化的經驗裡。我進入一個儀式、信仰、慣例於我並不熟悉的社會，最初感到挫折，格格不入。我以人類學與靈長類動物學的角度描述那段歷程。

雖然我未曾離開曼哈頓，也不需要學習新語言，但馬凌諾斯基在《一本嚴格意義上的日記》中寫下的經歷——他的憤怒、他感受到的文化排斥——對我來說再熟悉不過。我渴望融入上東區，有時還會怨恨身邊的當地人，因為他們似乎一點都不在乎非他們族類的人，甚至是瞧不起；我伸出友誼之手卻沒得到回應、沒人理我時，我感到受傷；新奇、不熟悉的環境與文化慣例，以及被無視、只能當局外人的經驗，讓我體驗到文化衝擊。有時，我得壓住嘲諷我想了解的那群人的欲望。雖然我知道，別人排擠我其實不是因為我做了什麼，但我心中還是經常充滿敵意。（馬凌諾斯基曾在盛怒之中寫下：「有時我想殺掉那些混帳東西（指帶他了解當地文化的合作者）。」）每一天，我都感受到許多「田野調查時會有的感受」。

然而我研究且多年生活於其中的媽咪部落，最終出人意表。我在進行田野調查的頭幾個月與頭幾年，感受到前所未有的茫然；但在我失去不曾來到這個世上的女兒達芙妮後，也感受到前所未有的關懷與照顧，還交到真正的朋友。那些我原本覺得是兩個世界的媽咪——那些驕傲自大、冷酷無情的女人，那些鄙視我、嘲笑我、故意排擠我、不肯讓孩子和我家孩子玩的女人，那些自己或身邊的姊妹也失去過孩子的女人——她們伸出友誼之手，真心誠意特地來關心我，我真的沒想到她們會這麼做。我認為她們後來忘了自己一開始為什麼對我展現出慷慨大方的精神，不再麻木不仁、不再欺負我，接著又繼續對我友好，而且不是因為我失去了女兒。「我們是怎麼再度成為朋友的？太幸運了……我猜是因為學校的緣故？」這句話出自戴著香奈兒太陽眼鏡、秀髮光澤動人的一個朋友。一天早上，我們兩人在麥迪遜大道的陽光下喝咖啡，她試圖回憶我們兩人是怎麼認識的。我沒告訴她真正的答案，因為我們現在是朋友，而且是很好的朋友，重提往事沒什麼意義，所以我讓事情過去。

有時候，我依舊會在上東區碰到冷淡、不友善的女人，就算見了一次、兩次、甚至三次也一樣。那些帶著年幼孩子的媽媽，是朋友的朋友，或是我認識的人參加的委員會或董事會成員，關係很遠。我不是善良的小天使，不會把族人描述成一群很美好的人，不過現在我碰到其他媽媽對我視而不見，或是態度很差、出言嘲諷、故意要跟我比的時候，有了過去的經驗，現在我知道在她們糟糕的外表下，可能有著不一樣的一面，而且有一天，她們也可能看見不一樣的我。

靈長類動物學家弗郎斯・德瓦爾（Frans de Waal）是研究動物同理心的先驅。學界目前不只研究靈長類動物，還研究狗、大象，甚至是嚙齒動物。德瓦爾表示，所有的哺乳類動物（或許靈長類動物尤其如此）「都能敏銳感受到他人的情緒，並且幫助需要幫助的同伴」。這個主張聽起來不是特別激進，德瓦爾、珍・古德、薩波斯基都曾依據多年的田野調查證據，得出類似的結論。德瓦爾指出，數千份觀察記錄都說，黑猩猩會靠著擁抱與親吻安慰同伴；人猿「會主動開門，讓同伴拿到食物，就算自己會因此失去一些食物」；卷尾猴會幫別人尋求獎勵，被提供兩種不同禮物時，牠們會選擇「較有利於社交」的那一個，同時獎勵自己與同伴。科學界一般不太接受「擬人」的理論——不喜歡把我們自身的人類特質投射到其他動物身上——因為那讓人感到不科學、感情用事、不精確。

然而眾多不可忽視的證據顯示，動物就算在不利於己的情況下，大多也會照顧彼此。以德瓦爾的話來說，科學界開始敞開心胸，接受「不那麼血腥」的演化史版本。新版本強調，我們除了彼此暴力相向與無視於他人性命，其實也有團結合作且富有同情心的一面。人類祖先會相互合作的假設，部分源自觀察其他靈長類動物每日的行為。是的，黑猩猩可能極富攻擊性，牠們喜歡爭權奪利的程度，可能讓曼哈頓最喜歡割喉戰的對沖基金經理人極為欣賞。德瓦爾表示，某些人類以外的靈長類動物喜歡厚黑學——他最初開始觀察黑猩猩時，甚至為了進一步了解牠們，去讀了馬基維利（Machiavelli）講權謀的作品。黑猩猩會「密室交易」，並在殺死敵人時眼睛眨都不眨一下；然而，牠們也活在關係緊密的團體裡，並且高度關心其他黑猩猩。熱愛木屑的母猩猩黛西（Daisy），會為了他人而不是自己蒐集木屑——因為牠想把全部的木屑送給生病的公猩猩阿莫斯（Amos），讓對方能在巢穴裡舒服一點。我們可以想一想，從黛西的感覺出發（「喜歡這些木屑，它們好舒服！」），阿莫斯會有什麼感覺——為了讓阿莫斯舒服一點，黛西讓自己蒙受損失（牠自己那天的白天或晚上就沒有木屑了）。黛西這種無私的情懷，不是（僅）出於算計自己可以得到回報，而是出於深深的移情作用。德瓦爾表示，黛西等於是在幫自己關心的黑猩猩拍鬆病床上的枕頭，因為牠知道那樣會舒服。

誰會關心他人？

德瓦爾表示，「對哺乳類動物來說，母親的關懷是利他主義的原型，以及其他類型的關懷範本。」為了孩子，為了一個在妳體內發育的東西，妳孕育他們，耗損自己的身體（許多人類母親會說她們還付出心力），把他們生下來，泌乳餵養（或是以其他方式提供食物），讓他們成為妳宇宙的中心，而且這不是幾個小時的事，也不是幾天、幾週，而是幾「年」——女性每日、每日付出的母愛，讓「自我」與「他人」之間的界限從根本上模糊起來，一邊是自利，一邊則是對他人無微不至的關懷、同理心與照顧。

赫迪主張，同理心的起源，那種推己及人的深層理解，那種就算會害到自己也會幫助他人的情感，不僅源自母愛，還緣自共同養育，也就是所謂「全村一起養孩子」（it takes a village）的做法與概念。此概念在工業化的西方，大多僅見於希拉蕊（Hillary Rodham Clinton）的引用（編按：希拉蕊著有同名著作《It Takes a Village》）；但其他文化則明顯有這樣的現象，據說數個西非國家的語言都有「一個孩子有很多父母」（A child has many parents.）這句話。

赫迪與人類學家霍克斯，以及更為近期的凱蒂．辛德（Katie Hinde）已經證明，以德瓦爾的話來說，「人類的團隊精神起源於共同照顧〔我們的〕下一代，不只是母親會照顧孩子，而是附近的成人會一起照顧。」這裡的「成人」包括男性，不過霍克斯與辛德的研究發現，主要是女性會照顧孩子——她們在必要時伸出援手、自己有需要時也會得到親朋好友幫忙。科學告訴我們，與他人合作的哺育者除了可以行善——還能讓自己感到快樂。德瓦爾認為，普通獮猴清楚讓人看到，提供母愛與社群關懷的猴子會感到開心。每年春天，普通獮猴生小猴時，進入青春期的母猴會搶著幫忙——搶著一定要「伸手摸」。牠們會待在生產的母猴附近，不停地仔細清理母猴與可愛小猴，直到母猴同意牠們單獨和小猴相處一段時間。德瓦爾觀察到，猴保姆會爭先恐後搶小猴，「把牠們翻過來檢查生殖器，舔牠們的臉，幫牠們梳好全身的毛，最終在猴寶寶緊抓牠們手臂時打瞌睡。」抱著孩子打瞌睡是家常便飯，「讓人感到猴保姆處於入神、甚至是狂喜狀態。」緊緊抱著寶寶，會讓保姆的大腦與血液充滿催產素，讓牠們陷入美夢。接著幾分鐘後牠們會驚醒，把孩子還給母親。

人類學家詹姆士．瑞林（James Rilling）觀察人類的靈長類動物親戚，並研究各種神經成像，他的結論是：「我們在情感上偏好合作，要刻意仰賴認知控制，才能阻擋這股衝動。」換句話說，關懷他人是我們第一時間的衝動，是我們的理智阻止我們不要那麼做。

———

我的兩個兒子，最終在上西區找到學校。我和先生都有工作，每天在尖峰時刻往返上東區感覺不太實際，所以我們搬家了。據說上西區的媽咪比上東區人隨和、友善，我覺得總體來說的確如此。沒有人會為了幫孩子找玩伴而耍勢利眼，孩子自然而然在放學後和其他孩子玩在一起。在上西區，很少有人跑來撞我，我也從不覺得身上的衣服太丟人。此外，現在我家離甘蒂絲與莉莉家更近了。

但有時候，我還是懷念上東區一絲不苟的環境，那裡讓人感到安心，一切都很正式、打理得好好的。我如果想見上東區的姐妹淘，或是到上東區逛一逛——在聖安博路絲餐廳吃午餐，或是沿著麥迪遜大道逛Charlotte Olympia或瀏覽櫥窗——也很方便，過中央公園就到了。現在，我很多東區姐妹淘的孩子也在上西區上學，有時我們也會在我的世界碰面。我和許多住上區的人一樣，在西區和東區之間跑來跑去，但對我來說，上東區與上西區這兩個地方依舊感覺很不一樣，大部分的紐約人也這麼認為。如今，我已不再屬於上東區的下流階層，不必再解碼上東區文化，也不必再想辦法融入了，我開始熱愛、欣賞與擁抱兩個地方的不同之處。

我不能再拿柏金包。我到巴黎度假時，為了一直發麻的手臂到第六區看醫生。我在紐約找的神經科醫生說，這應該不嚴重，但也無法提供根治的方法。我不能打字，這很麻煩，畢竟我是作家。我在度假時幫自己按摩前臂，按摩了好幾天，一直憂心忡忡。時髦的巴黎醫生坐在桌子後頭，像個時髦的巴黎人那樣，不只聽進我是個無法打字的作家，還看到我穿的衣服、我的包包，以及我的一切穿著打扮。接著，他以法國人的口音重重強調，我的問題是背了太重的包包：「妳要不就選柏金包，要不就選寫作，自己選。」

莉莉兩年前生了一對雙胞胎女兒，並請我當乾媽。我幾乎每週四都會見到她們，把溺愛與縱容她們當成自己的任務。雙胞胎活力充沛，對世界充滿好奇心，而且很漂亮。莉莉的女兒總能帶來無窮歡樂。莉莉是我認識最好的母親，她雖然養著雙胞胎，卻比我只帶一個孩子的時候更優秀、更鎮定。有時我們會提到芙羅拉，莉莉告訴我，當想起她還是很難過，喪女之痛依舊沒有平復，但大部分的時候她很快樂；我告訴她，我懂。

我的兩個兒子已經是大男孩，他們能做所有西方人希望孩子做的事——主要是讀書、寫字、算數。我督促他們自己鋪床，要他們別再玩iPad，要寫感謝函，說話時要看著大人、要有禮貌。然後我懶了，讓他們自己長大。夏天，我們會去海灘，我看著他們游泳，盪鞦韆，在沙灘上和其他孩子與鄰居一起玩，有的認識，有的不認識，我自己也和熟識或陌生的家長閒聊。曼哈頓上東區與度假用的漢普敦很高級、井然有序，但童年依舊可以自由自在。當母親不必是件苦差事，也可以很輕鬆，很快樂。

我和先生現在一年會到歐洲旅行數次，不帶孩子，大部分是因為先生要出差的緣故——我們出門在外時，我深深想念自己的孩子。不同大陸、不同城市、不同地方的人們，帶孩子的方式很不一樣，令我感到驚奇。相隔遙遠的距離後，我曾經研究的那個小島一隅的小部落做法，變得奇特、有趣與觸動人心。我想起達爾文說過的話——

但不是那個研究結果過度簡化、替自私自利與「自私的基因」說話的達爾文；而是曾經失去三個孩子、哀傷到幾乎無法工作的達爾文，開心幫助妻子養大七個孩子的達爾文，以及平衡自己熱愛的工作與父愛的達爾文。這樣的達爾文教我們很多事：「社交直覺讓動物享受社交，牠們感到對他者的同情，並替其他動物做各種事。」

是的，我再次感到世界很美好。不久前，在漢普敦一棟巨大豪宅的整齊草坪上，在那場闔家出席的派對，我感到神清氣爽，對這個世界充滿愛與同情，而且覺得當一個媽媽與作家很開心。我剛賣出一本書，稿子交出去了，好萊塢想翻拍成電影。在那個我依舊偶爾會出現的小小八卦圈，這是一個大消息，人人想知道詳情。大部分的人替我高興，支持我寫書。兒子同學的家長與我認識的其他媽咪，祝我一切順利，新書大賣。大家還一直開玩笑，猜我會不會點出壞人的名字。我們聊著我的新書還有其他事，例如孩子轉學去哪裡、他們喜不喜歡新學校。此時，我家大寶走了過來，滿臉通紅，氣若游絲：「媽，我覺得不舒服。」我摸了摸他的額頭，燒得厲害。我告訴兒子：「親愛的，拿著這瓶水，到樹下沒有人的地方坐下，媽咪馬上帶你回家。」我的視線開

始尋找派對上的老公和二寶。

就在這個時候，她走了過來——女王蜂中的女王，賤人媽媽團中最惹人厭的女人。有好幾個月我都在躲她，每次都幸運被我逃過了。我在學校走廊上看到她，就會閃到樓梯上。如果是活動場合，我會跑去和真正的朋友聊天，祈禱她不會跟我說話。然而，她正朝我的方向走來，我忍不住小小倒抽一口氣，希望女王蜂中的女王要找的是別人。通常她不會紆尊降貴和我說話——妳根本沒看到的人，怎麼會和她們說話？就算是從共同養育與關懷後代的宏大角度來看，就算我在心中幫她找藉口——她有飲食失調的問題，還有她丈夫顯然出軌了；雖然她可以穿當季的香奈兒，但她的日子過得很不快樂——我還是無法接納她。最近又冒出很多她欺負別人的故事，她在一個女人的朋友面前，說她們那群人通通又醜又笨，孩子也有問題。我覺得她就是一個太妹，就算穿著香奈兒，依舊是沒穿衣服的女王。她因為有錢有勢，在她後頭翻白眼的人，害怕當面講出她可笑的地方。她捐大錢給學校時，學校的行政人員把頭轉到一邊。每個人在她講話酸人時乖乖聽著，依舊坐在她那一桌，希望能分到一杯我不知道是什麼的羹。生意？金錢？她華服上的衣領或緞帶？

「嗨。」她向我打招呼，但眼神看著我後方。我的心跳了一下，腦子開始混亂。

「抱歉，我兒子病了……」我開始結結巴巴找藉口，尋找逃走的方向。她不會在乎的。每次我試著和她講話，她都一副我以為自己是誰、居然可以回應她的招呼的樣子。

「我聽說了妳的故事，或是妳的書……還是什麼的。那本書叫什麼？」她掃視著草坪，尋找更美麗的風景。我感覺兒子在碰我的手肘。

我告訴女王蜂中的女王書名，然後轉頭安慰兒子，是的，我們要回家了，現在就走。

「那是個好名字。」她不屑地看了我家大寶一眼。

「謝謝，我們得……」

「我猜那是出版社取的。」她沒在問我，而是覺得就是這樣。妳這種人怎麼可能想得出好書名，更不要說是寫一本好書了。我站直了身體，抬頭看她，她得意地笑了。

我直直瞪著她。「不，那是我取的。」我的語氣一定很僵硬。兒子開始咳嗽，女王蜂中的女王露出嘲諷的笑容：「對啦，妳取的。」有那麼一秒鐘，我希望做出某個下城區女性在女王污辱她兒子時做過的事。據說，她把手放在女王肩膀上，重重地說：「沒，人，喜，歡，妳。」然後就掉頭離去。那個膽敢出言頂撞的女英雄，就像美國神話中的巨人保羅．班揚（Paul Bunyan）一樣，她的傳奇故事會被不停歌頌、永遠傳承下去。

我還沒來得及決定，要對眼前這個討厭的女人說什麼或做什麼時，兒子就打斷了我的幻想。他因為經過多年的禮儀訓練，搞不清楚狀況，像是慢動作一樣，有禮貌地和女王握手。我想像自己像動作片主角，也以慢動作插進他們兩人之間，戲劇性地攔住兒子的手，大喊「不！！！！！」我要救其他媽咪，讓她們在學期開始的時候，不必照顧得了重感冒發燒的女王。其他女人都會好心照顧女王，就像她們曾經照顧我一樣，因為女王明顯需要關愛。在我幻想的情景中，我看見自己因為做出英雄般的舉動，躺在地上，衣服被泥土和雜草弄髒了，女王蜂中的女王用訝異又感激的眼神看著我。

然而，今天又是平常的一天，陽光燦爛，不是電影。女王冷漠地隨便握了握兒子的手時，我什麼都沒做。我把兒子拉走，沒跟女王說再見，找到老公和二寶，匆匆謝過主人後就回家。我轉身，看了這場派對最後一眼，然後滿意地笑了。我看到也正要離開的女王，用剛剛握過發燒的兒子的手，摸著自己的眼睛和鼻子。

我知道兒子吃點布洛芬退燒藥，休息一下就會好了。明亮的藍色天空上，夕陽正在西沉。我們一家人降下車窗，在下午的美景之中回家，我感受到一股快意緩緩湧進全身，今天真是太開心了。

Acknowledgments

謝辭

我要感謝上東區教我如何當母親的眾媽咪。一開始，我對她們抱持戒心，她們也對我抱持戒心，不過她們證明了所有靈長類動物學家都知道的事：我們全是高度群居的動物，彼此結盟，在悠久的歷史長河中，一起合作養孩子，讓人類活到今天。

支持我本人、支持我的寫作計劃的上東區媽媽團，她們是大方的專業地方嚮導，用聰明、幽默、樂趣無窮的方式，在上東區替我「帶路」，並解說文化背後的信仰體系。她們就靈長類動物生命中的重大議題——包括權力、養兒育女、性愛、焦慮、喪子等等——分享令人捧腹大笑的軼事，以及令人心碎的故事。她們讓我看到幕後真相，打開大門請我進入她們家，分享真知灼見，並把自己的想法與情感攤開在我面前，還分享對人科動物來說再重要不過的食物。我一個外地人因為有了她們的協助，感受到營火旁有他人陪伴的溫暖。

我還要感謝所有曾聽我訴苦、幫我分析情形的朋友：里根・哈力艾斯內（Regan Healy-Asnes）、吉兒・畢寇夫（Jill Bikoff）、林賽・布蘭可（Lindsay Blanco）、賈桂・坎特（Jackie Cantor）、薇薇安・陳（Vivien Chen）、艾美・弗森曼（Amy Fusselman）、伊麗莎白・戈登（Elizabeth Gordon）、羅倫・葛雷（Lauren Geller）、巴瑞・葛蘭曼（Barrie Glabman）、朱蒂斯・葛威（Judith Gurewich）、瑪喬莉・哈利斯（Marjorie Harris）、伊芙・海曼（Eva Heyman）、蘇里・凱西瑞（Suri Kasirer）、珍妮佛・金森（Jennifer Kingson）、凱莉・克蘭（Kelly Klein）、貝絲・寇吉曼（Beth Kojima）、艾倫・權（Ellen Kwon）、南希・藍區（Nancy Lascher）、西蒙・列文森（Simone Levinson）、威林頓・藍弗（Wellington Love）、伊芙・麥克史威尼（Eve MacSweeney）、大衛・馬戈林克（David Margolick）、珍妮佛・麥克斯威爾（Jennifer Maxwell）、賈桂・米契爾（Jackie Mitchell）、莉茲・摩根・威爾希（Liz Morgan Welch）、亞莉安娜・紐曼（Arianna Neumann）、索拉納・諾爾風（Solana Nolfo）、

傑夫・魯諾卡納（Jeff Nunokana）、戴比・保羅（Debbie Paul）、瑞貝卡・拉菲爾（Rebecca Rafael）、芭芭拉・瑞西（Barbara Reich）、蒂娜・羅貝爾羅西伯格（Tina Lobel-Reichberg）、傑西卡・雷夫戈漢（Jessica Reif-Cohen）、亞圖莎・魯賓斯坦（Atoosa Rubenstein）、賈桂・薩克勒（Jackie Sackler）、艾莉卡・山謬（Erica Samuels）、珍・薩伯格（Jen Schiamberg）、卡洛琳・斯密特（Caroline Schmidt）、亞當・史華滋（Adam Schwartz）、卡蘿・史塔普（Carole Staab）、戴娜・史丹（Dana Stern）、瑞秋・塔伯特（Rachel Talbot）、艾美・塔爾（Amy Tarr）與艾美・威爾森（Amy Wilson），謝謝你們。

崔西・陶德（Trish Todd）以身為母親的敏銳度，知道其他母親有多保護自己的孩子，耐心進行本書的編輯工作，但又一針見血；她是最優秀的書籍巫師。感謝理查・潘恩（Richard Pine）不辭辛勞，感謝從不休息的珊蒂・曼德森（Sandi Mendelson）。貝瑟尼・薩特曼（Bethany Saltman）替本書的研究幫了大忙。我要感謝麥金儂、普魯姆、辛德與丹・華頓（Dan Wharton）幾位教授，他們花時間引導我這個門外漢，就算這個門外漢對他們的世界觀有著初級誤解，依舊耐心說明。感謝醫學博士海蒂・沃多夫（Heidi Waldorf）、醫學博士丹尼斯・葛羅斯（Dennis Gross）、紐曼博士，以及領有臨床社工執照的法律博士布萊克曼等幾位專家，他們對於美和焦慮的見解，拓展了我的思考。

要是沒有好幾位協助我照顧孩子的代理母親，我不可能完成本書。感謝卡羅斯．弗蘭戈索（Carlos Fragoso）、伊麗莎白．達爾（Elizabeth Dahl）與莎拉．史威特斯（Sarah Swatez）。此外，我的孩子和他們慈愛的堂哥、嬸嬸、伯伯、祖父母與繼姐，培養出深厚親情，我要感謝眾人的照顧。我要感謝我的母親，她在沒有娘家與保姆的幫忙下，自己一個人帶著三個孩子，卻仍在忙碌的生活中，培養出我對於人類學、生物學、女權主義者葛羅莉亞．斯坦能（Gloria Steinem）、珍．古德及岡貝黑猩猩的熱愛。我要特別感謝好友露西．巴恩斯（Lucy Barnes），她以特有的熱情大方，幾乎每天都問我：「書寫得怎麼樣了？」還請我當她女兒希薇（Sylvie）與薇拉（Willa）的教母。

我兩個孩子艾略特（Eliot）與萊爾（Lyle）教我要當個勇敢的媽媽，我愛你們，兩隻猴崽子。最後我要感謝最棒的讀者，以及我這輩子最對的選擇：我的丈夫約珥．摩瑟（Joel Moser）。他讓我成為一個母親，也讓我知道，雖然從演化的角度來看，由雙親單獨照顧孩子是很不尋常、非常近代才出現的現象，但小家庭依舊能讓人有家的感覺，我一輩子感激不盡。

Sources

參考資料

Baumeister, Roy, and Dianne Tice. "Anxiety and Social Exclusion." *Journal of Social and Clinical Psychology* 9, no. 2 (1990): 165–95.

Beck, Taylor. "Estrogen and Female Anxiety: Study Suggests Lower Levels Can Lead to More Mood Disorders." *Harvard Gazette*, August 9, 2012.

Bell, Adrian, Katie Hinde, and Lesley Newson. "Who Was Helping?: The Scope of Female Cooperative Breeding in Early Homo." PlosOne, December 2013 (http://www.plosone.org/article/info%3Adoi%2F10.1371%2Fjournal.pone.0083667).

Bennetts, Leslie. The Feminine Mistake: Are We Giving Up Too Much? *Voice*, 2007.

Blurton-Jones, N. "The Lives of Hunter-Gatherer Children: Effect of Parental Behavior and Parental Reproductive Strategy." In Pereira, Michael E., and Lynn A. Fairbanks, eds. *Juvenile Primates: Life History, Development, and Behavior*. New York: Oxford University Press, 1993. 309–26.

Bogin, Barrie. "Evolutionary Hypotheses for Human Childhood." *Yearbook of Physical Anthropology* 40 (1997): 63–89.

Campbell and Haussman. "Effects of Oxytocin on Women's Aggression Depend on State Anxiety." *Aggressive Behavior* 39, no. 4: 316–22.

Carmon, Irin. "Strong Proof: 'Drink' and 'Her Best-Kept Secret.' " Sunday Book Review, *New York Times*, November 13, 2013. Retrieved online April 14, 2014.

Cronk, L., N. Chagnon, and W. Irons, eds. *Adaptation and Human Behavior: An Anthropological Perspective*. Hawthorne, NY: Aldine de Gruyter, 2000.

de Waal, Frans. *The Bonobo and the Athiest: In Search of Humanism Among the Primates.* New York: W. W. Norton, 2014.

Deans, Emily, MD. "Dieting Can Make You Lose Your Mind." Online edition, *Psychology Today*, retrieved March 24, 2011, at http://www.psychologytoday.com/blog/evolutionary-psychiatry/201103/dieting-can-make-you-lose-your-mind.

Donner, Nina, and Christopher Lowry. "Sex Differences in Anxiety and Emotional Behavior." *European Journal of Physiology* 465 (2013): 601–26.

"Generalized Anxiety Disorder: An In-Depth Report." *New York Times*, retrieved online http://www.nytimes.com/health/guides/disease/generalized-anxiety-disorder/print.html.

Gesquiere, L., et al. "Life at the Top: Rank and Stress in Wild Male Baboons." *Science* 333: 357–60.

Glaser, Gabrielle. "Why She Drinks: Women and Alcohol Abuse," *Wall Street Journal*, June 13, 2013. Accessed online April 12, 2014.

———. *Her Best-Kept Secret: Why Women Drink—and How They Can Regain Control.* New York: Simon & Schuster, 2013.

Grant, Adam M., and Barry Schwartz. "Too Much of a Good Thing: The Challenge and Opportunity of the Inverted U." *Perspectives on Psychological Science* 6 (2011): 61.

Hayes, Sharon. *The Cultural Contradictions of Motherhood.* New Haven, CT: Yale University Press, 1996.

———. "The Ideology of Intensive Mothering," in *From Sociology to Cultural Studies: New Perspectives,* ed. Elizabeth Long. New York: Blackwell, 1997.

Hewlett, Barry, and Michael Lamb, eds. *Hunter Gatherer Childhoods: Developmental and Cultural Perspectives.* Piscataway, NJ: Aldine Transaction, 2005.

Hoffman, Stephan, and Anu Asnani. "Cultural Aspects in Social Anxiety and Social Anxiety Disorder." *Depression and Anxiety* 27, no. 12 (December 2012): 1117–27.

Hrdy, Sarah Blaffer. *Mothers and Others: the Evolutionary Origins of Mutual Understanding*. Cambridge, MA: Harvard University Press, 2009.

———. *Mother Nature: Maternal Instincts and How They Shaped the Human Species*. New York: Ballantine, 1999.

Konner, Melvin. *The Evolution of Childhood: Relationships, Emotion, Mind*. Cambridge, MA: Harvard University Press, 2010.

Kramer, Karen. "Variation in Children's Work among Modern Maya Subsistence Agriculturalists." Dissertation. University of New Mexico, 1998.

———. *Maya Children: Helpers at the Farm*. Cambridge, MA: Harvard University Press, 2005.

Lurey, David. *The Anthropology of Childhood: Cherubs, Chattel, Changelings*. Cambridge, UK: Cambridge University Press: 2008.

Mauss, Marcel. *The Gift*. New York: W. W. Norton, 2000.

Offer, Shira, and Barbara Schneider. "Revisiting the Gender Gap in Time-Use Patterns: Multitasking and Well-Being among Mothers and Fathers in Dual-Earner Families." *American Sociological Association* 76, no. 6 (2011): 809–33.

Sapolsky, Robert. *A Primate's Memoir: a Neuroscientist's Unconventional Life Among the Baboons*. New York: Scribner, 2002.

———. "Peace Among Primates" and "How to Relieve Stress" at http://www.beinghuman.org/mind/robert-sapolsky.

Scutti, Susan. "Binge Drinking—Rich Women Most Likely to Binge Drink." *Medical Daily*, April 24, 2013. Retrieved online April 14, 2014.

Shostak, Marjorie. *Nisa: The Life and Words of a !Kung Woman.* Cambridge, MA: Harvard University Press, 2000.

Small, Meredith. *Our Babies, Ourselves: How Biology and Culture Shape the Way We Parent.* New York: Random House, 1999.

———. *Kids: How Biology and Culture Shape the Way We Parent Young Children.* New York: Random House, 2002.

Smith, Harriet J., *Parenting for Primates.* Cambridge, MA: Harvard University Press, 2005.

Sterck, Elisabeth, et al. "The Evolution of Female Social Relationships in Nonhuman Primates." *Behavioural Ecology and Sociobiology* 41 (1997): 291–309.

Stockley, P. and A. Campbell, eds. *Female Competition and Aggression: Interdisciplinary Perspectives. Philosophical Transactions of the Royal Society/Biological Sciences,* October 2013.

"Summary of Vital Statistics 2012, The City of New York: Pregnancy Outcomes." New York City Department of Health and Mental Hygiene, 2014.

Symons, Jane. "Caveman Fasting Diet May Leave Women Diabetic." *Express* (home of UK Daily and Sunday Express), January 27, 2013. Retrieved online April 13, 2014.

"Take Care Upper East Side." *Community Profiles.* New York City Department of Health and Mental Hygiene, 2006.

Thompson, Clive. "The Ecology of Stress." *New York Magazine,* September 15, 2010. Retrieved online at http://nymag.com/nymetro/urban/features/stress/10888/.

Volk, A. A., and J. Atkinson "Is Child Death the Crucible of Human Evolution?" *Journal of Social and Cultural Evolutionary Psychology* 2 (2008): 247–60.

Walter, Chip. "Why Are We the Last Apes Standing? How Childhood Helped Modern Humans Conquer the Planet." *Slate,* January 29, 2013. http://www.slate.com/articles/health_and_science/science/2013/01/

evolution_of_childhood_prolonged_development_helped_homo_sapiens_succeed.html.

Warner, Judith, *Perfect Madness: Motherhood in the Age of Anxiety.* New York: Riverhead Press, 2005.

Weisner, Thomas, and R. Gallimore. "My Brother's Keeper: Child and Sibling Caretaking." *Current Anthropology* 18 (1977): 169–90.

我是一個媽媽，我需要柏金包！——耶魯人類學家的曼哈頓上東區臥底觀察 / 溫絲黛・馬汀（Wednesday Martin）著；許恬寧譯 -- 初版 . -- 台北市：時報文化 , 2016.7；　面；　公分（PEOPLE ; 400）
譯自：Primates of Park Avenue: A Memoir
ISBN 978-957-13-6703-3（平裝）
1. 馬汀 (Martin, Wednesday)　2. 傳記　3. 生活方式　4. 美國紐約市

785.28　　105010712

ISBN 978-957-13-6703-3
Printed in Taiwan.

PEOPLE 400

我是一個媽媽，我需要柏金包！——耶魯人類學家的曼哈頓上東區臥底觀察

Primates of Park Avenue: A Memoir

作者　溫絲黛・馬汀 Wednesday Martin｜**譯者**　許恬寧｜**主編**　陳盈華｜**美術設計**　陳文德｜**執行企劃**　侯承逸｜**董事長**　趙政岷｜**出版者**　時報文化出版企業股份有限公司　108019 台北市和平西路三段 240 號 3 樓　**發行專線**—(02)2306-6842　**讀者服務專線**—0800-231-705・(02)2304-7103　**讀者服務傳真**—(02)2304-6858　**郵撥**—19344724 時報文化出版企業股份有限公司　**信箱**—10899 臺北華江橋郵局第九九信箱　**時報悅讀網**—http://www.readingtimes.com.tw｜**法律顧問**　理律法律事務所　陳長文律師、李念祖律師｜**印刷**　紘億印刷有限公司｜**初版一刷**　2016 年 7 月 1 日｜**初版二十五刷**　2022 年 9 月 6 日｜**定價**　新台幣 350 元｜（缺頁或破損的書，請寄回更換）

時報文化出版公司成立於一九七五年，並於一九九九年股票上櫃公開發行，於二〇〇八年脫離中時集團非屬旺中，以「尊重智慧與創意的文化事業」為信念。